锦天城律师文集

The Lawyer's Guide

知识产权

上海市锦天城律师事务所◇编著

Intellectual Property

法律出版社 LAW PRESS · CHINA

图书在版编目(CIP)数据

锦天城律师文集. 知识产权 / 上海市锦天城律师事务所编著. -- 北京 : 法律出版社, 2019
ISBN 978-7-5197-3893-8

Ⅰ. ①锦… Ⅱ. ①上… Ⅲ. ①知识产权法－中国－文集 Ⅳ. ①D9-53

中国版本图书馆 CIP 数据核字(2019)第 209715 号

锦天城律师文集:知识产权
JINTIANCHENG LÜSHI WENJI:
ZHISHI CHANQUAN

上海市锦天城律师事务所 编著

责任编辑 董 昱
装帧设计 汪奇峰

出版 法律出版社
总发行 中国法律图书有限公司
经销 新华书店
印刷 中煤(北京)印务有限公司
责任印制 吕亚莉

编辑统筹 法规出版分社
开本 710 毫米×1000 毫米 1/16
印张 18.5
字数 300 千
版本 2019 年 10 月第 1 版
印次 2019 年 10 月第 1 次印刷

法律出版社/北京市丰台区莲花池西里 7 号(100073)
网址/www. lawpress. com. cn
投稿邮箱/info@ lawpress. com. cn
举报维权邮箱/jbwq@ lawpress. com. cn
销售热线/400-660-8393
咨询电话/010-63939796

中国法律图书有限公司/北京市丰台区莲花池西里 7 号(100073)
全国各地中法图分、子公司销售电话:
统一销售客服/400-660-8393/6393
第一法律书店/010-83938432/8433　西安分公司/029-85330678　重庆分公司/023-67453036
上海分公司/021-62071639/1636　深圳分公司/0755-83072995

书号:ISBN 978-7-5197-3893-8　**定价**:68.00 元
(如有缺页或倒装,中国法律图书有限公司负责退换)

总　序

2019 年,是中国律师制度恢复四十周年,也是锦天城建所二十周年。这期间适逢国家实行改革开放政策,大力推进社会主义市场经济建设,国家经济实力、人民群众法治思想都产生了飞跃,中国的律师行业也取得了长足发展——1999 年“实行依法治国,建设社会主义法治国家”载入宪法,我国法治建设揭开新篇章,律师成为“中国特色社会主义法律工作者”;2012 年党的十八大提出“全面推进依法治国”,推行一系列司法改革;2017 年党的十九大提出“坚持全面依法治国”,律师的地位和作用日益凸显,锦天城也在这一过程中实现了自身的发展壮大。可以说,锦天城的发展史,不仅是锦天城自身的历史,同样也是国内律师行业发展、国人法制意识强化、国家法律制度不断健全完善的一个缩影。

风雨兼程二十年,锦天城从未停止进行法律专业服务的升级与迭代,持续优化业务领域和体系。发展至今,锦天城已创设了证券与资本市场、银行与金融、公司与并购、国际贸易、跨境投资、房地产与建设工程、知识产权、海事海商、破产重整与清算、诉讼与仲裁十大专业委员会,并且,在各个业务领域中都取得了令人瞩目的成绩。

在证券与资本市场领域,锦天城是经司法部和中国证监会批准、最早取得证券业务资格的律师事务所之一。锦天城一直是中国证券业领域的主要法律服务提供者,并且也是证券业务最为多样化的中国律所之一。2017 年,锦天城 A 股 IPO 的过会数量及过会率均在行业内排名第一; LEGALBAND 在“2017 年中国顶级律所排行榜”中将锦天城证券与资本市场列为榜单第一梯队。

在银行与金融领域,尤其在商业银行、保险、信托、基金及资产管理、债券及资产证券化、融资租赁、PPP及金融科技等领域,锦天城在业内均素享盛誉,深受境内外金融机构的认可与信赖。2018年、2019年连续两年荣登"LEGALBAND中国顶级律所排行榜"。

在公司与并购领域,锦天城通过为众多知名、复杂的并购交易提供综合性法律服务,获得了市场与客户的广泛认可。2018年,锦天城获得Mergermarket三项并购法律大奖提名,并荣获最佳工业及化工并购法律大奖。

在国际贸易领域,锦天城律师的专业水准始终处于国际国内领先地位。目前已在贸易救济措施、世界贸易组织争端解决、海关法、进出口管制措施和贸易制裁、中国对外贸易政策、国际货物买卖、国际运输和保险、国际支付等关键业务领域积累了丰富的经验。多家国际著名法律评级机构(ALB、Chambers等)长期连续将锦天城列入国际贸易领域领先律所行列。

在跨境投资领域,锦天城深刻了解国内外企业的需求,谙熟国内外法律监管环境、商业惯例,被《法律500强》在《中国商业律师事务所指南》中评价为一家在外商直接投资领域顶尖的上海律师事务所。

在房地产与建设工程领域,锦天城借助完善的全国服务网络、对本土法律背景和市场前沿信息的把握以及坚实的专业优势,积累了丰富的经验。凭借在房地产和建设工程专业领域多年的精细耕耘,锦天城在旧城改造、PPP项目、EPC项目、商业地产和住宅、工业园区、开发区、项目投融资等方面建立了良好的声誉,承办了众多典型项目。

在知识产权领域,锦天城具有极高的知名度和良好的声誉,代理的知识产权案例曾多次入选"最高人民法院十大知识产权案件""最高人民法院50件典型知识产权案件",并数次入选"中国法院十大知识产权经典案件""全国检察机关保护知识产权十大典型案例"。

在海事海商领域,锦天城律师拥有丰富的航运实务经验,为国内外众多跨国大型航运企业、保险公司、保赔协会、船厂等企业提供高效率且高质量的法律服务。锦天城的海事海商业务多次被多家国际著名的法律杂志列为或提名为中国地区最有竞争力的海事海商领域律师事务所。

在破产重整与清算领域，锦天城已在全国各地成功处理大量破产重整、破产清算、强制清算以及公司自行清算案件，涉及国企、外资、民企等多种企业类型，涵盖了金融、房地产、建设工程、石油、新能源、互联网、航运、物流、文化传媒等多个行业。锦天城的专业团队已在全国各地获得了由省高级人民法院或市中级人民法院颁发的破产管理人资格，能够在全国各地为客户提供破产清算领域的各项专业服务。2019 年，锦天城取得了《商法》"2019 年度破产重组领域卓越律所"称号。

在诉讼与仲裁领域，锦天城一直着眼于中国经济发展的最前沿，及时掌握最新资讯及法规政策，对于依托 IPO、PPP、CB 等新型非诉项目延伸的争端解决业务，锦天城争端解决部门能依据丰富经验及行业领先的优势基础，第一时间为客户提供最优质的争端解决方案。

值此锦天城建所二十周年之际，十大专委会通力协作，共同推出了"锦天城律师文集"。该文集共分为七大分卷，分别是证券与资本市场分卷，银行与金融分卷，公司与并购分卷，国际贸易、跨境投资与海事海商分卷，房地产与建设工程分卷，知识产权分卷，诉讼与仲裁分卷，涵盖了锦天城十个专业委员会的法学理论研究成果以及典型案例解析，各有侧重，竭力做到法学理论和律师实务的融合汇集，既是锦天城人的"研修心得"，也是锦天城人的"实操手册"。其中每一篇文章，均源于锦天城的合伙人和资深律师群体，他们扎实的法学功底和丰富的实务经验，保障了文章的专业性、实用性；而文章编撰过程中作者们所表现出的积极和热切，也彰显了锦天城人的凝聚力和归属感。这样一套文集的完成，是对锦天城二十周年的献礼，更是对锦天城漫漫来路的追忆、对锦天城光辉未来的美好期待。

栉风沐雨，方知玉汝于成；筚路蓝缕，但求功不唐捐。锦天城如今已走过二十个年头,但我们相信这仅仅是锦天城发展壮大的开始。“一切过往,皆为序章”,今后,我们将继续在探索中求发展,在发展中找答案,走出属于我们自己的锦天城之路。

顾功耘

二〇一九年九月于上海

序言

当今世界，随着知识经济和经济全球化深入发展，知识产权日益成为国家发展的战略性资源和国际竞争力的核心要素，成为建设创新型国家的重要支撑和掌握社会发展主动权的关键因素。

2019年，上海市锦天城律师事务所成立二十周年，在这二十年里，锦天城律师事务所全心全意地为客户提供优质高效的法律服务，成功代理了大量疑难、复杂和有重大社会影响的知识产权争议案件，在知识产权领域取得了极高的知名度和良好的声誉。值此二十周年之际，锦天城律师事务所推出“锦天城律师文集”，这套丛书的出版，不仅集中展示了锦天城律师事务所律师的职业魅力和锦天城律师事务所的品牌形象，更是对锦天城律师事务所精神的最好注解。

本书旨在分享具有高质量的知识产权相关案例和文章，促进行业讨论与业内交流，加强律师、律所以及其他法律相关部门及人员之间的交流学习，提高法律职业素养，弘扬并传播法治精神，为推动法治中国建设，履行职责使命。

本书内容分为专利篇、商标篇、著作权篇、不正当竞争篇、海关知识产权保护篇、植物新品种知识产权保护篇和他山之石七个部分。在专利篇中，锦天城律师不仅对近年全民热议的区块链话题进行了分析，还对最高人民法院指导案例中彰显的法律意义进行了深层次的思考与探究；在商标篇中，锦天城律师就法律实务中如何充分平衡各方利益进行了阐述；在著作权篇中，介绍了涉及字体著作权、声音权及作品的权利边界与保护问题；在不正当竞争篇中，就商业秘密等关系到企业竞争的问题进行了探索；在他山之石篇，锦天城律师通过探讨不同地域、不同国家、不同法律制度下的不同视角，展现了锦天城律师思辨的深度与广度，为广大法律提供了指引。

锦天城律师在知识产权服务领域取得的骄人成绩，也是本书赖以出版的巨大宝库。在知识产权领域，锦天城律师的专业法律服务获得了一系列殊荣。例如，锦天城知识产权部律师代理的知识产权案例曾三次入选“最高人民法院十大知识产权案件”“最高人民法院50件典型知识产权案件”；多次入选“中国法院十大知识产权经典案件”“全国检察机关保护知识产权十大典型案例”“上海市高级人民法院十大知识产权案件”“上海知识产权法院十大典型案例”“北京市法院知识产权司法保护十大创新性案例”“山东法院知识产权审判十大案件”等；多次获得中国外商投资企业协会优质品牌保护委员会知识产权保护年度十佳案例、中华商标协会优秀商标代理等奖项；山东省政府还曾因锦天城代理的案件被欧盟商会授予“知识产权友好奖”。

本书作者为锦天城律师事务所知识产权专业委员会的高级合伙人或资深律师，他们扎实的法学理论基础和丰富的实务处理经验为文章的质量提供了坚实的保障。锦天城律师事务所知识产权专业委员会下设锦天城知识产权部，是以拓展和从事知识产权法律业务为核心任务的专业部门。

截至2019年9月，锦天城律师事务所知识产权部拥有17名合伙人，54名知识产权专业律师，20名专利代理人，律师助理及实习律师29名。专业领域涉及专利、商标、著作权、反不正当竞争、植物新品种等；涵盖从知识产权的注册登记、对侵权行为的行政打击、诉讼仲裁、许可交易、合规管理、海关知识产权保护等全方位业务类型；业务领域包括汽车、银行、生物医药、专业服务、消费品、教育和培训、金融服务、食品饮料和保健品、政府、零售业、互联网软件和 IT 服务、体育业、机械和电子、保险、通信、能源、化工、娱乐、农业等行业。其中多名律师具备同时使用汉语和主要外国语(包括英文、日文、法文等)作为工作语言的能力。

本书是指导律师办理知识产权案件的一份"实操手册"。我们法学界当前所面临的一个现状是,理论观点繁杂,各种"学说"层出不穷,这也给在一线实战的法律工作者带来困扰,但真正能够指导律师办案的"操作手册"却为数不多,本书正是立足于锦天城律师事务所的高层次平台,总结争议解决的经验,为广大律师同人和所有有志于从事律师职业的人员提供的一份有用的"实操手册"。

法律是治国之重器,法律的生命力在于实施,法律的权威也在于实施,这正是本书的目标与价值所在。在法学的世界里,我们努力构建出一个宏伟磅礴的法律事实,唯有通过理论来指导实践,通过实践来丰富理论,最终回归到实践中去,方能赋予思想与生命另一份独特的魅力。

廿载风华,锦誉天下!我们希望"锦天城律师文集"能给大家带来一些帮助和启迪,并促进法治建设取得一些进展,这也是我们的愿望和目的。

锦天城知识产权专业委员会

二〇一九年八月

目　录

专利篇

003 | 区块链技术的知识产权保护
——从著作权、专利到开源 / 刘民选　李本亚　茅署杰

015 | 软件专利对开源软件的影响
——以 GPL(v.1、v.2、v.3)版本为视角 / 丁　华　黄　威　陈岱源　王国钢

027 | 从“高通战苹果”看专利侵权救济规划:临时禁令,止损还是致损 / 齐宝鑫　王　静

035 | 一篇外观设计无效掉一件发明专利 / 汪妍瑜

043 | 论涉外职务发明奖酬纠纷中的适用法律问题
——以 3M 公司职务发明奖酬案为例 / 朱顺德

052 | 职务发明专利权属纠纷中实际发明人的认定 / 黄苏豫

059 | 发明专利申请日、公开日、授权日的法律意义
——从最高人民法院第 20 号指导案例到太原重工案 / 刘民选　高文杰

069 | 专利间接侵权之从属说 / 汪妍瑜

082 | 一件疑难专利合同案件引起的法律讨论 / 刘民选　陆世皎

商标篇

089 | 关于商标与企业名称权利冲突的法律分析和特定案件的具体解析 / 陆世皎

099 | 商标侵权类似商品关联性判断标准研究 / 齐宝鑫　池振华　龚未云

著作权篇

115 | 字体侵权的风险与抗辩 / 李本亚

129 | 声音利益的民法保护——从自然人声音到“拟人声音” / 刘民选　李本亚

137 | 戏仿作品的合理使用规制——从《一个馒头引发的血案》说起 / 王　云

145 | 国内字库著作权侵权的法律现状和争议焦点 / 赵　红

不正当竞争篇

155 | 虚假宣传不正当竞争民事诉讼案件中“无关误导性后果”判断标准探析 / 黄　威　丁　华　孙东顺

162 | 浅析教育培训行业特许经营人面临的三种常见法律争议及对策 / 黄　威　丁　华　陈岱源

170 | 商业秘密案件的刀光剑影——商业秘密刑事案件中的律师谋略 / 刘民选　李本亚

海关知识产权保护篇

181 | 知识产权海关保护中的担保问题解析 / 周　艳　贾小宁

植物新品种知识产权保护篇

191 | 农业植物新品种侵权的表现、原因及对策 / 王怀庆

他山之石

205 | 日本知识产权与反不正当竞争案件中的民事保全制度 / 高革慧

215 | 知识产权争议解决新趋势
——知识产权纠纷可仲裁性研究 / 池振华　龚未云

224 | 对我国技术调查官选任和培养的思考与建议
——以技术调查官的职能定位为视角 / 余海燕

233 | “诉权受让人”的当事人适格问题研究
——以知识产权商业化诉讼为例 / 董文涛

243 | 2018 年 ALB China 知识产权经典案例回顾 / 齐宝鑫

254 | 知识产权诉讼趋势研究
——基于最高法院全国十大知识产权案例 / 齐宝鑫

专利篇

区块链技术的知识产权保护

——从著作权、专利到开源

刘民选[*]　李本亚[**]　茅暑杰[***]

随着比特币币值的坠落，围绕区块链的喧嚣已经沉寂许多。区块链似乎已不再是一个热点。但事实上，大浪淘沙，伴随着投机者的散去，区块链具有颠覆性的技术原理才得以真正走到台前。笔者的律师团队在提供专利代理和其他法律服务中已多次遇到过涉及区块链专利申请、区块链与开源许可协议的关系等诸多前沿问题，因此特撰此文，尝试分享我们的思考、总结与探索。

从 2015 年的 23 件，到 2016 年的 362 件，再到 2017 年的近 700 件，区块链技术在中国持续催生着更多的专利申请。软件开发者寻求法律保护无可厚非，但专利权的垄断实质，似乎又与区块链技术本身所倡导的去中心化、平等共享的精神存在一定冲突。

在现有的知识产权法体系下，区块链技术的开发者有机会不仅得到专利法保护，更获得著作权、商业秘密，乃至合同法的全方位保护。不过对于区块链这样一个新生事物，单纯依赖传统体系的保护是否会抑制其发展、“开源”是否反而是更好的保护模式，值得我们更多地思考。

虽然笔者在标题中将著作权、专利与开源并列，但并不是说它们属于完全对立的概念。针对开源软件存在的首要误解，即认为开源等于放弃知识产权保护。而正确的理解是，开源并不是放弃著作权，而是在著作权保护基础上对于公共利益有限度的让步；开源也不意味着放弃专利，申请专利后的软件依然能够继续开

* 刘民选，上海市锦天城律师事务所上海办公室高级合伙人，复旦大学法律硕士；擅长领域为知识产权争议解决与非诉服务。

** 李本亚，上海市锦天城律师事务所上海办公室律师，北京大学法学硕士；擅长领域为知识产权争议解决与非诉服务。

*** 茅暑杰，上海市锦天城律师事务所上海办公室律师、专利代理人，南京航空航天大学工学硕士；擅长领域为知识产权争议解决与非诉服务。

源,且在部分许可证规范下,开源后的软件也依然有机会申请专利。

本文中,笔者将从区块链技术作为一种计算机软件所能获得的传统知识产权保护出发,尝试探索开源作为区块链技术更适宜的保护模式的可能性,并通过介绍现行主要开源许可协议的异同,对开源中的若干风险与问题进行提示,以期对区块链开发者以及开源软件使用者有所助益。

一、区块链技术的传统知识产权保护路径

(一)软件的著作权保护

首先,毫无疑问,计算机软件的源代码可以获得著作权法的保护。我国《著作权法》和《计算机软件保护条例》赋予了软件著作权人多种权利,包括发表权、署名权、修改权、复制权、发行权、出租权、信息网络传播权、翻译权等。

在著作权法的保护下,软件使用者所能享受的权利较少:我国《计算机软件保护条例》第十六条规定,软件用户仅享有三种权利:安装(或称运行)、复制(个人使用)、修改(个人使用)。如果未经许可,对软件进行了不当复制、修改、演绎,使用者便可能构成著作权侵权。

(二)软件的专利权保护

专利保护的是发明构思,也就是解决技术问题的构思和方法,而软件的源代码只是某一种具体实现方法的载体。也就是说,如果某一软件技术获得了专利权,那么其他开发者哪怕采用不同的编程语言,甚至完全重新编码,只要沿用了同一发明构思,都是无法绕过专利权的保护范围的。

因此,如果软件开发者将软件中的主要技术方案申请并获得了专利,就相当于铺开了一张巨大的罗网,或建立了一堵高耸的墙。虽然软件的构思会随着专利的公开而得到公开,但作为软件本体的源代码却并不会公开,其他开发者也就完全无法从代码中获得启迪。

通常而言,计算机软件会被认为属于数学算法,即“智力活动的规则和方法”(《专利法》第二十五条第一款第二项),而被排除出专利客体范畴,不具有可专利性。然而自 1999 年“美国道富银行案”后,美国逐渐放宽了对软件可专利性的限制,越来越多的软件技术作为“商业方法”获得了专利授权。

我国《专利审查指南》(2010 版)针对软件专利也明确指出:“……涉及计算机程序的发明专利申请只有构成技术方案才是专利保护的客体。如果涉及计算机

程序的发明专利申请的解决方案执行计算机程序的目的是解决技术问题，在计算机上运行计算机程序从而对外部或内部对象进行控制或处理所反映的是遵循自然规律的技术手段，并且由此获得符合自然规律的技术效果，则这种解决方案属于专利法第二条第二款所说的技术方案，属于专利保护的客体。”这就为软件专利敞开了大门。

实践中软件专利的申请早已成为常态，在“搜狗诉百度输入法专利侵权案”“握奇诉恒宝U盾专利侵权案”等案件中，软件专利便频繁展现出了其作为武器的锐利姿态。

在区块链技术爆发后，各国软件巨头、金融巨头立刻闻风而动，纷纷在各国进行区块链专利布局；声称自己是比特币之父中本聪本尊却难以自证的澳洲人克雷格·赖特（Craig Wright），便依赖名为EITC的公司提交了近百件涉及区块链底层技术的专利申请。

所幸，由于中本聪最初便在《比特币白皮书》中公开了所有构思，比特币社区也从一开始便开源了所有代码，而且区块链技术的底层核心技术——哈希算法、非对称加密、P2P技术等——都早已属于公知技术，专利流氓试图垄断基础技术的野心恐难得逞；但对区块链专利的“圈地运动”，依然会如火如荼。

（三）软件的商业秘密保护

对于传统的商业软件而言，其源代码是封装严谨、非公开的，因此显而易见，软件源代码通常可以满足商业秘密的构成要件——秘密性、保密性和价值性，从而属于软件开发者的商业秘密。

为了防止源代码的泄露，并且使软件带来的经济利益最大化，很多开发者甚至会通过设置“拆封协议”（最终用户许可协议）等方式，对软件用户的权利进行进一步的债法约束，比如约定禁止用户对软件进行反向破解。

在此种情形下，如果用户未经许可获取使用源代码，甚至可能会同时构成著作权侵权、商业秘密侵权和“拆封协议”违约。

二、计算机软件的开源之路

计算机软件基于著作权所带来的垄断尚且属于“市场性的垄断”，因为软件开发者确实是基于所开发软件的强大性能而赢得了市场，从而获得了一定程度的垄断力。而且从权利边界角度而言，著作权法仅保护表达不保护思想，法官在实质性近似判断中也通常会采取较为严格的方法,因而使基于著作权的垄断尚且能够为人们所接受,并有机会加以规避。

而在放宽专利客体要求,使计算机软件技术有机会获得专利注册后,软件权利人便可能借此拥有更强大的垄断力。专利保护技术方案,而不保护技术方案的实现形式;同时,专利法通过等同原则又进一步赋予了权利人更宽泛的权利范围。

这些因素都会使权利人拥有超过"市场性的垄断"的"法律上的垄断力",而这对其他软件开发者,尤其是缺乏资源的个人开发者,是致命的。

但事实上,对于很多软件开发者来说,这样层层叠叠的知识产权保护可能是完全没有必要的。他们愿意将软件源代码公开,愿意软件得到他人的修改、完善、兼容、组合,愿意与他人分享软件的设计思路。他们通常不会去申请专利,但是著作权法的保护却是自动取得的。在其编写完成代码之后,其就自动取得了著作权法下的各项权利,并潜在地对其他使用者课以了诸多限制。

虽然权利人可以通过许可授权他人任意使用软件,但这种单打一的许可显然与互联网极客们所追求的开放、自由不相兼容。然而,如果完全放弃著作权,将软件归于公有领域,他们却又担心作品被居心叵测之人据为己有,抹去自己的署名,变成别人的著作权作品或专利;而且因为著作权的放弃并没有任何公示制度,受制于信息的不对称,潜在用户也会因为并不清楚此种权利放弃,反而不敢任意使用这种公共软件。

那么解决办法就应运而生了:保留著作权,公开代码,许可他人任意使用,但对希望保留的具体权利和希望他人额外遵守的具体规则加以声明,并希求他人尊重并遵守该声明。这种声明便演化为了现在的"开源许可证";遵循上述思路在源代码中使用"开源许可证"的计算机软件便被称为"开源软件"。

为了保护自己的软件在公开后不被他人据为己有,一些开源软件开发者也会选择提前申请专利,因此很多开源协议中也会专门规定"开发者默认授予后续使用者永久性的、全球性的、非独占的、免费的专利授权",从而保障使用者仍能自由享受开源成果。而由于所有代码在开源后都已被公开,开发者并未为自己保留与软件相关的商业秘密、Know - how,使用者也便完全不必担心任何专利、商业秘密侵权的风险。

这种基于著作权,但又超越著作权,弱化开发者对于知识产权的控制,强调使用者权利与软件公益性的权利运用与保护方法,便是开源精神所在。而这种开源精神所达到的极致,便是所谓与 Copyright 相对应的、要求所有衍生软件进行"传染性"开源的 Copyleft 理念——"一种让程序或其他作品保持自由的方法"。

三、区块链技术开源保护的价值

(一)区块链技术的开源内禀

比特币、区块链都诞生于开源社区,渗透着开源的基因,而区块链的核心理念也与开源精神紧密相连。笔者认为,考虑到以下三个方面,开源有助于最大限度地凸显与实现区块链的特点与价值。

其一,开源有利于增强使用者的信任。《经济学人》把区块链比作"信任的机器",区块链通过对密码学、数学、计算机科学的精巧组合,创造出了一个安全可靠的分布式、去中介、去信任的价值传输网络,从而向人们"贩卖信任"。在区块链技术的前景中,人们无须再依赖第三方中介机构来确保交易安全,而只需要信任代码、算法本身即可。通过对源代码的开源,人们可以通过代码更好地理解区块链的运作,无疑会强化使用者对于技术本身和所能实现的效果的信任,促使公众更好地接受区块链技术。

其二,开源有利于充分发挥技术潜力。区块链技术本身属于有着极大潜力的技术平台,金融、法律、物联网、医疗……无数行业都可能在区块链的影响下产生颠覆性的变化。通过开源,开发者们能够从前人的创造中获得智慧火花,区块链的技术潜力可能得到更充分的释放。

其三,开源有利于贯彻区块链的去中心化理念。在区块链技术的展望中,所有市场主体都会成为链上公平的节点,以相同的方式传输信息,并且共同参与(共识)维护区块链的信息安全。现在的知识产权保护体系是严重依赖于中心化机构的,而区块链在数据存证方面的优越性使其可以在著作权登记、侵权公证方面发挥重要的作用。如果区块链一边倡导着对于知产保护中心性的摆脱,另一边其技术本身却又高度仰赖于现有体系的保护,其理念恐怕很难得到真正的贯彻。

(二)开源对于传统知识产权保护制度的非排斥性

笔者在本文开头即强调,开源与著作权、专利等传统知识产权保护制度并不冲突,开源是建立在著作权、专利基础上的更强调能动性与公益性的保护制度。因此,只要选择了正确的开源许可协议,软件开发者有机会在开源的同时依然获得著作权、专利保护。而且事实上,为了防范与对抗不诚信的使用者,著作权、专利保护对于开源软件依然是正当且必要的。

1. 软件开源后仍然可以获得著作权保护

开源是一种附条件的授权,而其首要前提便是原作者对源代码本身仍享有著作权。GPL 等开源协议对授权条件进行了规定,后续使用者只有在遵守开源协议的前提下,才能对软件进行使用。在遵守协议的前提下使用开源软件属于合理合法,但是如果未能完全遵守协议,则可能会构成著作权侵权,开源软件权利人便可以主张著作权保护。

如 GPL 的序言部分明确了开发者的两部分权利:(1)有权主张著作权;(2)有权对软件进行复制、发布和修改。许可条款和终止条款部分则写明,GPL 项下的所有权利,都是基于对许可协议的接受和履行,一旦违反 GPL 条款,使用者将被自动终止被许可的所有权利。虽然我国尚无相关判例,但可以参考德国法兰克福法院在"Welte v. D – Link 案"中的判决观点:在使用者违反 GPL 协议条款时,其所享受的"开源"权利便被即行终止,因而其继续使用软件的行为便会构成著作权侵权。

2. 软件开源后仍然可以获得专利保护

如果软件开发者在将软件开源前即进行了专利申请,那么在软件开源后,其仍然可以获得专利保护,同时也并不构成对开源精神的违反。相反,这种对于专利制度的综合运用正是对开源精神的保护,有助于防止恶意使用者将他人开源的软件以自己的名义申请专利寻求垄断,比如开源软件开发人的软件被其他公司抢注专利的事件。获得专利的开源软件并不会导致对于他人自由使用的限制,因为 GPL 等开源协议均明确规定,原作者将默认授予所有后续使用者全球性的、免费的、非独占的专利许可,保障使用者能够安心使用开源软件。

(三)开源的独有特性

除了上述与传统知识产权保护体系密切联系的特性,开源还有诸多独有特点,可以为开发者提供更丰富的选择和更多样的保护。

1. 开源的"传染性"

不同开源协议对基于开源软件开发的衍生作品是否同样开源,有着不同的要求。如果软件是基于 GPL 协议开源,那么衍生作品也必须同样遵循 GPL 进行开源,因此基础软件的开发者可以将其开源精神传递下去。GPL 第 5 款规定,开源软件的衍生作品必须继续按照 GPL 进行开源许可,并展示出所有修改内容、日期和针对附加条件的声明。也就是说,GPL 具有"传递性",甚至"传染性",使用者依据 GPL 获取了开源软件,对该开源软件进行继续开发而形成的新作品,必须也全部开源,并按照 GPL 协议自动许可给“下家”。GPL 还进一步解释,如果一个软件整体包含了 GPL 开源代码(如果该 GPL 开源代码是生成这个软件整体所需的代码),那么这个软件整体也必须按照 GPL 协议开源。

当然,并非所有协议均有着如此苛刻的后续开源要求。如果软件基于 BSD、MIT 等协议开源,衍生作品便不一定需要开源,或者即使开源也可以使用其他开源许可方式。

2. 开源软件开发者通常不必对软件瑕疵承担责任

大部分开源软件其实都属于尚待完善的半成品,开发者开源的一大目的便是希望其他开发者能在使用中发现问题,并共同促进软件的完善和提高。因此,包括 GPL 在内的大部分开源协议均会写明,开源软件对其功能效果不做任何保证(No Warranty)。因此,如果使用者在使用中发现软件完全无法达到自己的预期,也不能因此要求开发者承担任何责任。

也正因为其完全不保证软件功能效果,所以顺其自然,开发者对软件也不承担任何瑕疵担保责任。包括 GPL 在内的诸多开源协议均明确指出,除非另有书面约定,否则开源软件原作者以及所有遵守协议约定的后续开发者,均不会对使用者在使用过程中发生的任何损失承担任何形式的责任。

四、开源的细节——主要开源许可协议之比较

在上文中,笔者已反复说明,开源作为一种有限度的自由,并不等于放弃保护、没有规则、不受限制。通过利用不同的开源许可协议,软件开发者有机会以自己期待的方式将源代码贡献社会,并或多或少地对软件使用者施以限制。

现在经过国际开放源代码组织(Open Source Initiative,OSI)认证的开源协议已达到 70 多种,数量虽巨,但不同协议通常仅会在某些细节问题上存在差异——诸如是否要求衍生软件适用同样协议、是否要求公开修改内容、是否默认授权使用专利、是否限制反向破解、是否默认授予专利权等。区块链技术开发者在希望使用开源软件或将自己的软件以开源形式保护时,也要慎之又慎、细致地厘清不同许可协议的特点,以堤防不必要的风险。

常用的开源协议主要包括 GPL、LGPL、Apache、BSD、MIT、MPL 等,其中尤以 BSD、MIT、Apache 等因其宽泛的授权方式而广受商业用户青睐。如区块链技术领域的比特币钱包(Bitcoin Core)即采用了 MIT 协议,超级账本(Hyperledger)和

以太坊(Ethereum)则采用了 Apache 协议。在 2015 年著名开源软件社区 Github 公布的调查中,MIT、GPL v.2 和 Apache 分列使用榜前三位。

近年来为了适应需求,多个开源协议均进行了版本迭代,但中文世界对这些协议的介绍却仍大多集中于旧版。因此,笔者将结合上述协议的最新版本,对其特点和区别进行简要分析。读者也可以参考 Github 在 choosealicense. com 网站上推出的开源协议选择服务,便捷地选出最适用于自己的许可证。

表 1 开源协议之间的差异

许可证	版本	包含源代码	链接(包含许可证的全文链接)	状态变化(适用更新版本)	专利授权(默认授予非独占、世界范围的使用权)	允许转售	无担保责任	禁止使用原作者名字或商标做推广
Apache	2.0			√	√	√	√	√
BSD	3 句版					√	√	√
BSD	2 句版					√	√	
GPL	3.0	√		√	√	√	√	
Lesser GPL (LGPL)	3.0	√	√		√	√	√	
MIT		√			√	√	√	
MPL	2.0	√			√	√	√	√
Eclipse	1.0	√			√	√	√	
Affero GPL (AGPL)		√		√		√	√	

(一)GPL 3.0(GNU General Public License)

GPL 协议最早由 Richard Stallman 撰写于 1989 年,经过版本迭代,其 3.0 版本发布于 2007 年,成为现今最广为人知、最具代表性、最规则详尽的开源协议。著名操作系统 Linux 便基于 GPL 进行对外授权。

GPL3.0 许可证有 13 条主要条款,被许可人享有充分的权利:(1)有权为任何目的运行该程序;(2)有权为个人目的改编程序;(3)有权向他人传播该程序;

(4)有权向他人发布改编后的程序。但同时,GPL 对被许可人也有着较为苛刻的要求:(1)再发布的时候必须完整保留原作者的著作权声明;(2)再发布时整个作品都必须继续采用 GPL 许可证(GPL 也因此被称为是"具有传染性的病毒协议");(3)如果对源代码进行了修改,必须在被修改的文件内公开声明改动的内容和日期;(4)禁止进行反破解限制,如果在再发行软件时设置了 DRM,则任何后续使用者均有权对 DRM 进行破解,而无须担心违反著作权法(这也是 GPL v.3 针对 v.2 版本的核心修改之一)。

GPL 也对专利授权进行了承诺,如果原作者就软件技术取得了专利,则原作者将默认授予所有后续使用者全球性的、免费的、非独占的专利许可。因而被许可人只要合规使用软件,便完全不必担心开源软件权利人对其追究侵权责任。不过因为 GPL 所具有的"传染性",使用该协议的开源软件完全不适合商业软件或具有保密要求的软件所利用。

(二)LGPL 3.0(GNU Lesser General Public License)

LGPL 是 GPL 衍生出的一个主要为类库(library)使用设计的开源协议,弱化了 GPL 许可证的"传染性",在一定情况下不要求被许可人继续采用该协议,对希望进行商业化使用的开发者较为友好。LGPL 允许商业软件通过类库引用(link)的方式使用 LGPL 许可证软件的源代码,只要这种使用和修改未构成演绎,则不要求将新软件的代码开源。但是,如果对源代码的修改构成演绎,则所有相关代码仍必须继续采用 LGPL 协议。

(三)BSD License 3 - clause Version(Berkeley Software Distribution License)

BSD 许可证则进一步给予了使用者极大的自由,属于对于商业化使用非常友好的协议。使用者可以自由使用、修改源代码,也可以自行选择将修改后的代码作为开源或者商业软件再发布,并且不要求使用者公开其所进行的具体修改。

BSD 许可证对被许可人仅有如下要求:(1)如果再发布的产品中包含软件源代码,则必须保留原作者的著作权声明以及 BSD 许可证的条件和声明;(2)如果再发布的产品是以二进制形式发布,则必须在文档和著作权声明中保留上述内容;(3)不得使用开源代码的作者/机构名称进行宣传推广。

(四)MIT License

MIT 是在 Github 等开源社区中最广受欢迎的开源协议,与 BSD 一样都赋予了被许可人广泛的权利。作者仅要求使用者在再发行的产品里保留原作者的著作权声明和 MIT 许可证声明,也并不限制使用者利用著作权人名称对产品进行推广。

而因为 BSD 和 MIT 两个许可证均是在美国开始广泛接受软件可专利性之前拟就,因此其中均没有对专利授权进行任何规定,这也意味着商业使用者可以在 BSD 和 MIT 许可证软件的基础上对衍生软件技术申请专利,同时不需要对任何人进行默认专利授权。

(五)Apache License 2.0

Apache 也是一种较为宽泛、对于商业使用非常友好的许可证形式,其要求:(1)对于未经修改的源代码,使用者应该保留其许可证协议,以及各种原始著作权、专利、商标声明;(2)对于被修改的源代码,使用者必须在文档中将修改内容进行说明。

相比于 BSD 和 MIT,Apache 的主要特点就在于其同 GPL 一样,对专利授权进行了默认规定,所有软件贡献者均对后续使用者授予永久性的、全球性的、非独占的、免费的、不可取消的专利许可。如果有人违反规定起诉使用者专利侵权,那么基于 Apache 协议的专利许可将被即行终止。

(六)MPL License 2.0(Mozilla Public License)

MPL 协议介于 GPL 与 BSD、MIT 等协议之间,试图在开源软件开发者与商业软件开发者之间实现更好的平衡。MPL 将后续开发软件分为两种形式:Source Code Form 和 Executable Form,如果使用者选择以前者形式发布使用了开源软件的新软件,那么同 GPL 协议一样,其必须继续采用 MPL 协议;而如果使用者以后一种形式发布了新软件,其便可以自行选择许可模式,因此使商业化使用产生了可能性。

而同 GPL 类似,MPL 中也包含了终止条款,在许可证条件未经满足的情况下,MPL 协议会自行终止。此外,不同于其他开源协议在这方面的欠缺,MPL 还尤其对诉讼管辖进行了规定:所有与 MPL 协议有关的诉讼都应在被告主营业务所在地提出,所适用的法律为被告所在地法律,而无须考虑国际法中的冲突法规则。

因此,从防范诉讼风险角度,使用 MPL 可能比使用 GPL 要更加安全——“Artifex v. Hancom 案”中被告违反 GPL 协议,美国法院即根据 GPL 协议拥有了可以跨法域管辖的能力;而因为 MPL 的诉讼管辖约定的存在,外国开发者违反 MPL 协议产生违约纠纷时便没有这种风险。

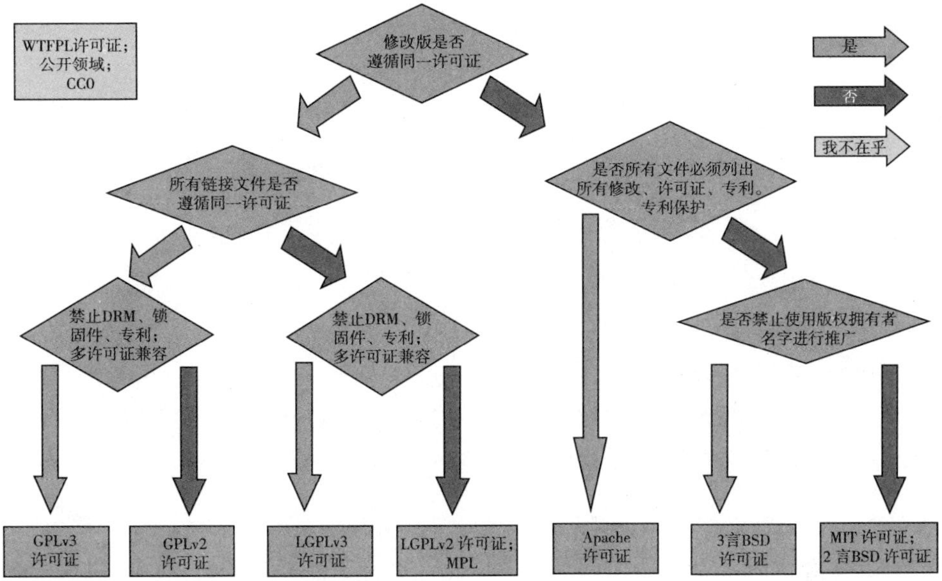

图 1　开源协议的选择

五、结语

作为律师,预测新技术、商业模式的潜在风险是最重要的;而作为知识产权律师,则希望更进一步,在依赖现有法律框架为新技术保驾护航的同时,协助创造者探索更多的可能性。从区块链的开源内禀、开源与传统知识产权保护体系的非排斥性以及开源的独有特点出发,我们相信将开源与著作权、专利有机结合,将能够全面、有效地保护区块链相关技术。本文的研究尚浅,但笔者将持续关注区块链技术发展与开源软件法律问题,期待更好地助力新技术的腾飞。

参考文献

著作类

1. 长铗、韩锋等:《区块链——从数字货币到信用社会》,中信出版社 2016 年版。
2. 吴广平:《诞生于比特币开源社区的区块链技术,最好用什么策略对其进行专利保护?》载《中国知识产权报》2017 年 12 月 3 日,第 2 版。
3. 经济学人集团:《区块链专利战一触即发》,载“经济学人”微信公众号,2017 年 6 月 27 日。
4. 冀婷:《区块链:你还在关心比特币的涨跌? 他们已经在用专利圈地!》,载“快法务”微信公众号,2018 年 1 月 25 日。

期刊类

1. 张汉华:《违反开源软件许可证的法律救济——以德国法为视角》,载《法学评论》2015 年第 3 期。
2. 肖建华、柴芳墨:《论开源软件的著作权风险及相应对策》,载《河北法学》2017 年第 6 期。
3. 张平、马骁:《开源软件对知识产权制度的批判与兼容(一)》,载《科技与法律》2004 年第 1 期。
4. 张平、马骁:《开源软件对知识产权制度的批判与兼容(二)——开源软件许可证的比较研究》,载《科技与法律》2004 年第 2 期。
5. 徐瑄、张汉华:《计算机开源软件许可证的许可条款性质认定——美国联邦巡回上诉法院第 2008 - 1001 号裁决评析》,载《知识产权》2014 年第 6 期。

软件专利对开源软件的影响
——以 GPL(v. 1、v. 2、v. 3)版本为视角

丁　华[*]　黄　威[**]　陈岱源[***]　王国钢[****]

一、GPL 许可证 v. 1、v. 2、v. 3 简介

GNU 通用公共许可证(GNU General Public License,GPL)是由自由软件基金会(Free Software Foundation)发行的用于计算机软件的许可证。随着 20 世纪 70 年代自由软件运动的兴起,最初版本 GPL v. 1 由 Richard Stallman 撰写并发布于 1989 年。在第一版发布不久,GPL v. 2 于 1991 年 6 月发布,在 GPL v. 2 发布 16 年后,为适应新的环境,GPL v. 3 正式版本发布于 2007 年 6 月 29 日。开源软件的代表者 Linux 系统,遵循的正是 GPL 许可证协议。[1]

GPL v. 1 发布的目的在于确保软件能够自由开发、发布、使用以及二次开发,同时排除那些阻碍自由软件的行为,而目前主要存在两种阻碍软件开源的行为:一种是软件发布者只发布可执行的二进制代码而不发布具体源代码,导致其他开发者无法在具体源代码基础上继续创作开发新软件以适应社会新兴的需求;另一种是软件发布者在软件许可证中加入限制性条款。因此按照 GPL v. 1,如果发布了可执行的二进制代码,就必须同时发布与之相匹配的可读的具体源代码,并且在发布任何基于 GPL 许可的软件时,不能添加任何限制性的条款。GPL v. 2 在 v. 1 版本的基础上完善了涉及软件版权方面的约定安排,并对自由软件涉及的软

* 丁华,上海市锦天城律师事务所上海办公室高级合伙人;擅长领域为竞争法、知识产权和争议解决。
** 黄威,上海市锦天城律师事务所上海办公室资深律师;擅长领域为竞争法、知识产权和争议解决。
*** 陈岱源,上海市锦天城律师事务所上海办公室实习生、浙江大学法学硕士研究生。
**** 王国钢,上海市锦天城律师事务所上海办公室实习生、复旦大学法律硕士研究生。

〔1〕 中国互联网协会:《互联网法律》,电子工业出版社 2016 年版,第 160 页。

件专利问题进行了原则约定。GPL v.3 在 v.2 版本基础上又进行了修改,这些修改主要涉及软件专利、版权保护措施(DRM)、用户修改权限制(tivoization)以及许可证的国际化与兼容性等几个方面。[2]

下面笔者将重点结合 GPL 许可证 v.1、v.2、v.3 版本演变,分析软件专利对开源软件的影响。

二、GPL v.1、v.2、v.3 版本中涉及专利的规定

(一)GPL v.1 版本

GPL 的产生和发展都与美国的知识产权法律制度息息相关。就时间角度而言,GPL 协议的历次更迭版本中对于专利问题的规定也体现出了美国软件专利制度和软件产业的发展。从软件产生到 20 世纪 70 年代末期,认为计算机软件可以理解为是一种算法或运算方式,不属于专利法的保护客体的观点占据主流。在 1972 年的"Gottschalk v. Benson 案"[3]中法院指出,专利申请人提交的申请是一种将二进制编码的十进制数字转化成纯二进制数字的数学方法,如果其无法与计算机实质性地结合,那么就不能获得专利,如果赋予了这样的软件专利,那么便等同于直接赋予算法本身专利。而赋予抽象概念专利是不允许的。[4] GPL v.1 发布于 1989 年,其诞生之初主要是为了解决软件的版权问题,加之当时软件专利制度尚在萌芽阶段,故其中并未出现关于软件专利的规定。

(二)GPL v.2 版本

从 20 世纪 80 年代初期到 90 年代末期,美国的立法界和司法界对于软件专利的观点开始改变,1981 年的"Diamond v. Diehr 案",[5]美国最高院才第一次有条件地对计算机软件进行专利保护。GPL 协议的 v.2 版本依然遵守主要管理版权的行使的基调,但对软件专利问题已经有了宣誓性的原则规定,现列举如下:

---

〔2〕 夏扬:《GUN 通用公共许可证第三版初探》,载《电子知识产权》2008 年第 8 期。

〔3〕 Gottschalk v. Benson, 409 U. S. 63 (1972), https://caselaw. findlaw. com/us - supreme - court/409/63. html.

〔4〕 Gottschalk v. Benson, 409 U. S. 63 (1972), "the patent would wholly pre - empt the mathematical formula and in practical effect would be a patent on the algorithm itself." https://caselaw. findlaw. com/us - supreme - court/409/63. html.

〔5〕 Diamond v. Diehr, 450 U. S. 175 (1981).

Finally, any free program is threatened constantly by software patents. We wish to avoid the danger that redistributors of a free program will individually obtain patent licenses, in effect making the program proprietary. To prevent this, we have made it clear that any patent must be licensed for everyone's free use or not licensed at all. [6]

最后,任何开源软件都将持续受到软件专利的威胁。我们希望避免下述情况的发生:软件的发布者以个人名义申请软件的专利。因为这样就会使得这个开源软件变成专利权人的私有财产,而违背了开源的本意。因此我们呼吁:即便要申请专利,依然要保障每个人的自由使用,否则这样的专利不应该存在。

If, as a consequence of a court judgment or allegation of patent infringement or for any other reason (not limited to patent issues), conditions are imposed on you (whether by court order, agreement or otherwise) that contradict the conditions of this License, they do not excuse you from the conditions of this License. If you cannot distribute so as to satisfy simultaneously your obligations under this License and any other pertinent obligations, then as a consequence you may not distribute the Program at all. For example, if a patent license would not permit royalty – free redistribution of the Program by all those who receive copies directly or indirectly through you, then the only way you could satisfy both it and this License would be to refrain entirely from distribution of the Program. [7]

如果因为法庭裁决或专利侵权指控或其他原因(不限于专利事宜),你面临与本协议条款规定的义务冲突的情况(来自法庭要求、协议或其他),那也不能成为你违反本协议的理由。倘若你不能在发布开源软件时同时满足本协议和其他文件的要求,你就不能发布开源软件。举例而言,例如某一项软件的专利授权不允许那些通过你直接或间接地获得开源软件的后续开发者,在不付授权费的前提下,继续开发并再发布开源软件,那么唯

[6] GNU General Public License Version 2, June 1991, Preamble.

[7] GNU General Public License Version 2, June 1991, Terms and Conditions for Copying, Distribution and Modification 7th.

一能同时满足不侵犯专利权和本协议的做法，便是你不发布开源软件。

If any portion of this section is held invalid or unenforceable under any particular circumstance, the balance of the section is intended to apply and the section as a whole is intended to apply in other circumstances.〔8〕

如果本条款在特定环境下无效或无法实施，本条款的其他部分仍适用且本条款整体在其他环境下仍适用。

It is not the purpose of this section to induce you to infringe any patents or other property right claims or to contest validity of any such claims; this section has the sole purpose of protecting the integrity of the free software distribution system, which is implemented by public license practices. Many people have made generous contributions to the wide range of software distributed through that system in reliance on consistent application of that system; it is up to the author/donor to decide if he or she is willing to distribute software through any other system and a licensee cannot impose that choice.〔9〕

本条款的目的不在于鼓励你去侵犯专利权或其他财产权利，或者对之抗辩。本条款的根本目的是保护开源软件发布体系的完整性，而这要通过应用开源协议实现。借助同样出自该系统的应用程序，许多人已经对在该系统上发布的软件作出了广泛而慷慨的贡献。作者/捐赠人有权确定是否通过其他渠道发布软件，被授权人不得干预其选择。

This section is intended to make thoroughly clear what is believed to be a consequence of the rest of this License.〔10〕

本条款旨在彻底阐明其余条款所带来的当然结果。

If the distribution and/or use of the Program is restricted in certain countries either by patents or by copyrighted interfaces, the original copyright holder who places the Program under this License may add an explicit geographical

〔8〕 GNU General Public License Version 2, June 1991, Terms and Conditions for Copying, Distribution and Modification 7th.

〔9〕 GNU General Public License Version 2, June 1991, Terms and Conditions for Copying, Distribution and Modification 7th.

〔10〕 GNU General Public License Version 2, June 1991, Terms and Conditions for Copying, Distribution and Modification 7th.

distribution limitation excluding those countries, so that distribution is permitted only in or among countries not thus excluded. In such case, this License incorporates the limitation as if written in the body of this License. [11]

如果由于专利或受版权保护的接口的问题,分发或使用开源软件在某些国家受到限制,原始版权持有人在其软件中使用本协议时可以附加明确的区域分发限制以排除那些国家,以支持此外地区的发布。在此情况下,这种限制条款将纳入协议之中。

由此可见,GPL 协议的 v.2 版本已经意识到如果对计算机软件申请专利后,专利权的私权属性会影响开源软件的进一步开放使用。因此在协议中点明了这一问题,警告开源软件的开发者和使用者专利权这一潜在的重大威胁,并且呼吁开源软件的开发者和使用者与专利权划清界限,避免由于申请专利导致的开源软件沦为某一个开发者的私人财产的情况出现,力求依靠开发者的自律来杜绝上述问题。

(三)GPL v.3 版本

1992 年后,美国对于软件专利保护的制度日趋成熟。1998 年,美国联邦巡回上诉法院在"State Street Bank & Trust Co. v. Signature Financial Group Inc 案"[12]中作出判决,认为"如果权利要求中所用到的数学算法产生了有用、具体化及有形的结果,则该权利要求的主体具有可专利性。确立并强化了其商业方法的可专利性,包含算法的方法专利权利要求,只要能实际运用并产生有用的结果就可以获得专利,不一定要物理转换"。[13] GPL v.3 发布于 2007 年,更加体现了对软件专

[11] GNU General Public License Version 2, June 1991, Terms and Conditions for Copying, Distribution and Modification 8th.

[12] State Street Bank and Trust Company v. Signature Financial Group, Inc., 149 F.3d 1368 (Fed. Cir. 1998), http://digital-law-online.info/cases/47PQ2D1596.htm.

[13] State Street Bank and Trust Company v. Signature Financial Group, Inc., 149 F.3d 1368 (Fed. Cir. 1998), Today, we hold that the transformation of data, representing discrete dollar amounts, by a machine through a series of mathematical calculations into a final share price, constitutes a practical application of a mathematical algorithm, formula, or calculation, because it produces "a useful, concrete and tangible result"—a final share price momentarily fixed for recording and reporting purposes and even accepted and relied upon by regulatory authorities and in subsequent trades.

利权问题的重视,设置了专节以规定此问题:

Finally, every program is threatened constantly by software patents. States should not allow patents to restrict development and use of software on general-purpose computers, but in those that do, we wish to avoid the special danger that patents applied to a free program could make it effectively proprietary. To prevent this, the GPL assures that patents cannot be used to render the program non – free.[14]

最终,每个软件都持续地受到软件专利的威胁。本协议认为,任何国家都不应该允许限制在为了公共目的的电脑上运行和开发软件的专利存在。但是对那些存在这样的专利的国家,我们希望避免自由软件被申请专利而后成为一种私有财产。为了防止上述情况的发生,GPL 确保专利不能被用来对非开源软件进行评价。

You may not propagate or modify a covered work except as expressly provided under this License. Any attempt otherwise to propagate or modify it is void, and will automatically terminate your rights under this License (including any patent licenses granted under the third paragraph of section 11).[15]

你只有在本协议的明确授权下才能传播或修改受保护的程序。任何其他的传播或修改受保护的程序的尝试都是无效的,并将自动终止你在本授权下获取的权利(包括依据第 11 节第三段条款授予的任何专利授权)。

You may not impose any further restrictions on the exercise of the rights granted or affirmed under this License. For example, you may not impose a license fee, royalty, or other charge for exercise of rights granted under this License, and you may not initiate litigation (including a cross – claim or counterclaim in a lawsuit) alleging that any patent claim is infringed by making, using, selling, offering for sale, or importing the program or any portion of it.[16]

---

[14] GNU General Public License Version 3, 29 June 2007, Preamble.

[15] GNU General Public License Version 3, 29 June 2007, Terms and Conditions, 8. Termination.

[16] GNU General Public License Version 3, 29 June 2007, Terms and Conditions, 10. Automatic Licensing of Downstream Recipients.

你不可以对通过本协议获得的权利附加额外的限制。例如,你不可以要求授权费用,版税要求或对从本授权获取的权利的执行收取任何费用。你不可以发起诉讼(包括联合诉讼和反诉)声称由于制作、使用、销售、批发或者引进本程序或其任何一部分而侵犯了任何专利权。

11. Patents.[17]

A "contributor" is a copyright holder who authorizes use under this License of the program or a work on which the program is based. The work thus licensed is called the contributor's "contributor version".

贡献者的意思是:其对一个软件享有著作权,并且通过本协议授权他人对软件进行使用,或者授权他人对"作为软件赖以开发的基础的作品"的使用。贡献者通过本协议授权的软件就叫作"贡献者版本"。

A contributor's "essential patent claims" are all patent claims owned or controlled by the contributor, whether already acquired or hereafter acquired, that would be infringed by some manner, permitted by this License, of making, using, or selling its contributor version, but do not include claims that would be infringed only as a consequence of further modification of the contributor version. For purposes of this definition, "control" includes the right to grant patent sublicenses in a manner consistent with the requirements of this License.

一个贡献者的"实质专利权利要求"是指,(无论是现在有的还是将来可能有的)可能会因为本协议的一系列授权(包括制作、使用、销售软件的贡献者版本)而遭到侵害的,贡献者的所有的,任何专利的权利要求。但是不包含仅仅修改贡献者版本就会导致侵害的专利的权利要求。本定义中,"控制"包含一项权利。这项权利是通过符合本协议的方式授予专利许可。

Each contributor grants you a non-exclusive, worldwide, royalty-free patent license under the contributor's essential patent claims, to make, use, sell, offer for sale, import and otherwise run, modify and propagate the contents of its contributor version.

〔17〕 GNU General Public License Version 3, 29 June 2007, Terms and Conditions, 11. Patents.

每个贡献者在该贡献者的实质的专利申明下授予你非独家的,全世界的,不需要版税的专利授权,允许你制作、使用、销售、批发、进口以及运行、修改和传播其贡献者版本内容。

In the following three paragraphs, a "patent license" is any express agreement or commitment, however denominated, not to enforce a patent (such as an express permission to practice a patent or covenant not to sue for patent infringement). To "grant" such a patent license to a party means to make such an agreement or commitment not to enforce a patent against the party.

在以下三个自然段中,无论通过什么命名方式,"专利授权"指:不强制行使专利权的协议或承诺。(例如使用专利权的口头许可,或者不为侵犯专利而起诉的契约)。向一个组织授予专利授权,指做出这样的不向该组织提出强制执行专利权的承诺。

If you convey a covered work, knowingly relying on a patent license, and the Corresponding Source of the work is not available for anyone to copy, free of charge and under the terms of this License, through a publicly available network server or other readily accessible means, then you must either (1) cause the Corresponding Source to be so available, or (2) arrange to deprive yourself of the benefit of the patent license for this particular work, or (3) arrange, in a manner consistent with the requirements of this License, to extend the patent license to downstream recipients. "Knowingly relying" means you have actual knowledge that, but for the patent license, your conveying the covered work in a country, or your recipient's use of the covered work in a country, would infringe one or more identifiable patents in that country that you have reason to believe are valid.

如果你在自己明确知道的情况下发布基于某个专利授权的覆盖程序,而这个程序的对应的源代码并不能在本授权条款下通过网络服务器或其他有效途径免费地向公众提供访问,你必须做到:(1)使对应的源代码按照上述方法可访问;或者(2)放弃从该程序的专利授权获取任何利益;(3)以某种与本授权要求一致的方法使该专利授权延伸到下游的接收者。"在自己明确知道的情况下”指你明确地知道:除了获取专利授权外,在某个国家,你传播相关程序的行为,或者接收者使用覆盖程序的行为,会由于该专利授权而侵犯一个或多个在该国可确认的专利权,而这些专利权你有足够的理由相信它们是有效的。

If, pursuant to or in connection with a single transaction or arrangement, you convey, or propagate by procuring conveyance of, a covered work, and grant a patent license to some of the parties receiving the covered work authorizing them to use, propagate, modify or convey a specific copy of the covered work, then the patent license you grant is automatically extended to all recipients of the covered work and works based on it.

如果根据一项事务或安排,抑或与之相关,你转发某受保护作品,或通过促成其转手以实现传播,并且该作品的接收方授予专利许可,使其可以使用、传播、修改或转发该作品的特定副本,那么这样的专利许可也将自动延及每一个收到该作品或其派生作品的人。

A patent license is “discriminatory” if it does not include within the scope of its coverage, prohibits the exercise of, or is conditioned on the non-exercise of one or more of the rights that are specifically granted under this License. You may not convey a covered work if you are a party to an arrangement with a third party that is in the business of distributing software, under which you make payment to the third party based on the extent of your activity of conveying the work, and under which the third party grants, to any of the parties who would receive the covered work from you, a discriminatory patent license (a) in connection with copies of the covered work conveyed by you (or copies made from those copies), or (b) primarily for and in connection with specific products or compilations that contain the covered work, unless you entered into that arrangement, or that patent license was granted, prior to 28 March 2007.

如果一个专利许可包含:禁止行使本协议许可的权利或者,要求不能行使任何一个或者多个本协议许可的权利,那么这样的专利许可就是“有偏见的”。如果你和一个做发行软件生意的第三方之间有协议,并且这份协议要求你根据发布软件的情况支付报酬,而且该专利与你转发的副本(或在此基础上制作的副本)有关,或针对包含该受保护作品的产品或联合作品并授予作品接收方歧视性专利。你就不得发布该程序。但如果你签署该协议或获得该专利授权的日期早于2007年3月28日,那么你不受本条款约束。

Nothing in this License shall be construed as excluding or limiting any implied license or other defenses to infringement that may otherwise be available to you under applicable patent law.

本协议的任何部分不应被解释成在排斥或限制任何暗含的授权,或者其他在适用法律下对抗侵权的措施。

GPL协议的v.3版本意识到即便通过自身的呼吁也无法改变很多软件已经申请了专利的事实,因此协议在v.3版本中尝试通过直接介入开发者的专利权的行使的方式来避免专利权成为开源软件发展的障碍。例如,在软件已经申请专利或者获得专利授权的情况下,如何通过限制专利权的行使方式,来保障软件的自由使用。但是由于GPL协议并不是国际公约,因此对各国的国内法并没有实质上的影响力,其义务的履行主要依靠开发者的自觉以及开源社区曝光的威慑力。

三、中国2017年修改《专利审查指南》后对开源软件开发和使用的影响

国内对计算机软件的保护,主要以《著作权法》和《计算机软件保护条例》保护为主,辅之以《反不正当竞争法》中的商业秘密条款来进行保护,对计算机软件的专利保护经历了如下过程:

1993年发布的《专利审查指南》规定:"计算机程序是一种为了得到某种结果而由计算机执行的代码化指令序列,是一种数学算法的表达形式的集合,它所体现的是一种智力活动的规则和方法,因而不能授予专利权。"〔18〕并规定:"如果发明专利申请只涉及计算机程序本身或者是仅仅记录在载体(例如磁带、磁盘或者其他的机器可读介质)上的计算机程序,则就其程序本身而言,不论它以何种形式出现,都属于智力活动的规则和方法,因此是不能授予专利权的。但是,如果一件含有计算机程序的发明专利申请的主题能够产生技术效果,构成一个完整的技术

〔18〕 中国专利局(已变更):《专利审查指南(1993)》,第二部分第一章4.2节。

方案,就不应仅仅因为该发明专利申请含有计算机程序而不授予专利权。"〔19〕根据1993年《专利审查指南》,软件是无法单独授予专利权的,但可以将软件和硬件作为整体来考虑,整体上构成一个完整的技术方案,对现有技术作出了改进且具有技术效果,存在被授权的可能性。

2006年修订后的《专利审查指南》第二部分第九章中依然认为:"如果一项权利要求仅仅涉及一种算法或数学计算规则,或者计算机程序本身或仅仅记录在载体(例如磁带、磁盘、光盘、磁光盘、ROM、PROM、VCD、DVD或者其他的计算机可读介质)上的计算机程序,或者游戏的规则和方法等,则该权利要求属于智力活动的规则和方法,不属于专利保护的客体。"〔20〕因此无论是计算机程序本身以及记录在相关载体上的计算机程序,都不属于专利法保护的客体。

2017年新修改后的《专利审查指南》明确了"计算机程序本身"〔21〕这一概念,并修订了2006年修订后的《专利审查指南》中的表述,在2017年《专利审查指南》中规定:"如果一项权利要求仅仅涉及一种算法或数学计算规则,或者计算机程序本身或仅仅记录在载体(例如磁带、磁盘、光盘、磁光盘、ROM、PROM、VCD、DVD或者其他的计算机可读介质)上的计算机程序本身,或者游戏的规则和方法等,则该权利要求属于智力活动的规则和方法,不属于专利保护的客体。"〔22〕该版本将不属于专利保护客体的范围限制在"计算机程序本身",这一变化为计算机程序与载体的结合("介质+程序")可专利性提供了可能。

考虑到前述2017年《专利审查指南》的变化,虽然总体而言GPL许可协议解决了开源软件开发和使用的著作权相关问题,但在专利权相关问题的处理上,GPL v.1、v.2、v.3版本演变虽然做出了努力,因GPL v.1、v.2、v.3许可协议约束力的相对性,并不能针对开源软件开发和使用涉及的专利权问题给出彻底完善的解决方案。

结合2017年《专利审查指南》的修订以及目前开源软件在中国的实践,随着互联网化的推进,在可以预见的将来,国内计算机软件的专利保护将会成为潮流。

---

〔19〕 中国专利局(已变更):《专利审查指南(1993)》,第二部分第九章第一节第三段。

〔20〕 国家知识产权局:《专利审查指南(2006)》,第二部分第九章第二节第二段。

〔21〕 国家知识产权局:《专利审查指南(2017)》,第二部分第九章第一节第三段。即本章所说的计算机程序本身是指为了能够得到某种结果而可以由计算机等具有信息处理能力的装置执行的代码化指令序列,或者可被自动转换成代码化指令序列的符号化指令序列或者符号化语句序列。计算机程序本身包括源程序和目标程序。

〔22〕 国家知识产权局:《专利审查指南(2017)》,第二部分第九章第二节第二段。

因此在开源软件的开发使用过程中,开源软件的开发使用相关方需要更多的关注软件专利保护的布局以及防范专利侵权的风险。

参考文献

著作类

中国互联网协会:《互联网法律》,电子工业出版社 2016 年版。

期刊类

夏扬:《GUN 通用公共许可证第三版初探》,载《电子知识产权》2008 年第 8 期。

案例类

1. Gottschalk v. Benson, 409 U. S. 63 (1972).
2. Diamond v. Diehr, 450 U. S. 175 (1981).
3. State Street Bank and Trust Company v. Signature Financial Group, Inc., 149 F. 3d 1368 (Fed. Cir. 1998).

其他类

1. 中国专利局(已变更):《专利审查指南(1993)》。
2. 国家知识产权局:《专利审查指南(2006)》。
3. 国家知识产权局:《专利审查指南(2017)》。
4. GNU General Public License Version 2, June 1991.
5. GNU General Public License Version 3, 29 June 2007.

从"高通战苹果"看专利侵权救济规划：临时禁令，止损还是致损

齐宝鑫*　王　静**

引　子

最近，福州中院的一纸禁令登上了国内外头条，苹果股价立即走低，高通着实风光了一把，最高人民法院也适时地公布了《关于审查知识产权纠纷行为保全案件适用法律若干问题的规定》(以下简称《知产纠纷保全规定》)。[1] 福州中院民事裁定书公布后，人们才发现，让全球手机业巨头苹果受挫的，并不是何方神圣，而是我国《民事诉讼法》第一百条规定的行为保全。

诉讼中的保全想必大家都不陌生，但专利诉讼中的保全却始终笼罩着神秘的面纱，一直没有广泛地进入公众的视野。在专利诉讼，保全措施通常是以禁令的形式体现，因此，专利诉讼一般不用"保全"一词，而使用"禁令"，这也符合国际通用的法律用语习惯。国外将这类禁令统称为临时禁令，它包括诉前禁令和诉中禁令。此次福州中院的民事裁定便属于临时禁令的一种——诉中禁令。

国际上，临时禁令在专利纠纷中早已有着广泛的运用，但在中国还在破冰。因为对临时禁令的不了解，实践中发生过不少赴国外参加展会的中国企业遭遇竞

---

* 齐宝鑫，上海市锦天城律师事务所上海办公室高级合伙人，复旦大学法律硕士、北京大学管理学博士；擅长领域为知识产权(包括商标、专利、著作权、不正当竞争及商业秘密)、国际贸易、资产收购与重组、企业常年法律顾问、"一带一路"等非诉讼法律服务，以及相关的诉讼与仲裁代理服务。

** 王静，上海市锦天城律师事务所上海办公室律师助理，德国弗赖堡大学法学博士；擅长领域为中外投资并购、资产证券化、数据安全以及相关的诉讼及非诉法律服务，并对欧盟《通用数据保护条例》(GDPR)和中国的《网络安全法》及其配套的规范性文件有深入研究。

[1] 本规定于2018年12月12日公布，自2019年1月1日起施行。

争对手在展会期间申请临时禁令,而被迫撤展。不仅如此,临时禁令的执行在中国更是遭到"遗忘",从福州中院禁令颁发至今,苹果在国内的线上及线下销售竟然丝毫未受到任何影响。

从国际司法实践来看,临时禁令被视作专利权人最迅速的救济方式,在解决专利案件方面发挥着巨大作用,因此,在福州案可谓彻底激活临时禁令的情况下,持有专利的企业和个人更应利用好这把利器,维护自身的权利。

一、"临时禁令":"双刃"效应

既然是利器,我们必须首先了解这件"利器"的特性是什么,才能确保在恰当的情形以恰当的方式使用之,而不是反被其伤。

(一)"临时"禁令

顾名思义,临时禁令是临时性的。在我国,临时禁令一般应维持到终审法律文书生效时止,例外情形也可确定具体期限。此次福州中院裁定的禁售是临时的,效力截止到法院判决之日。虽然禁令是临时性,但它只可复议,不可上诉。海内外媒体一开始惊呼"苹果不能上诉!"这并非任何非国民待遇,而是规定使然。面对禁售令,苹果绝不是只能坐以待毙,据笔者了解,苹果已正式回应提出了复议。不过,复议期间不停止裁定的执行。

临时性也彰显了"临时禁令"的另一个特点:程序简单,审理迅速。

对专利最有效的保护方式莫过于及时阻止侵权产品的销售,在激烈的市场竞争中,专利权人可否维护自身市场占有率,绝不是决战于"千里之外"的赔偿金额,而是决战于"迫在眉睫"的侵权行为。

临时禁令以"快"著称,这是它在国际上广受欢迎的原因之一。在我国,在专利侵权纠纷中,人民法院接受申请后原则上必须在48小时内作出裁定。[2]

(二)临时"禁令"

以"禁"止损,也是临时禁令在国外受到专利权人青睐的重要原因。既然是禁令,言下之意,它是指法院责令停止有关行为。在这个意义上,它不同于财产保

〔2〕《民事诉讼法》第一百零一条。《关于对诉前停止侵犯专利权行为适用法律问题的若干规定》第九条第二款规定:"人民法院在48小时内,需要对有关事实进行核对的,可以传唤单方或双方当事人进行询问,然后再及时作出裁定。"

全，它的执行对象是人的行为，而不是财物。

这里的行为可以是生产、制造、销售、进口、出口、展示、加工等一切不正当使用专利权的行为。此次福州中院颁发的是禁售令，即禁止苹果在中国市场进口和销售几乎所有型号的 iPhone 的行为。这里的行为还必须具有给申请人的合法权益造成难以弥补的性质。在这个意义上，临时禁令是止损的重要手段，它虽然不能弥补已经发生的损害，但它可以立即停止即将发生的损害，相当于给专利权人维权上了一道安全阀。

（三）不“保”不“禁”

在我国，专利权人提出诉前或诉中禁令申请时，应当提供担保；不提供担保的，驳回申请，毫无裁量余地。这种不保不禁，可谓中国特色。

为什么这么说呢？因为以美国为代表的域外司法实践，尽管原则上也要求提供担保，[3]但特殊情况下也允许不提供担保便签发临时禁令。比如说，申请人缺乏提供保证金的经济能力，但是有极大的胜诉可能性，则申请人不必提供担保。[4]

至于担保的金额，我国司法实践要求相当于采取临时禁令给被申请人造成的损失。从结果来看，这一要求客观上加大了专利权人申请诉前、诉中禁令的难度，即便申请成功，它也是一把悬在专利权人头上的达摩克利斯之剑。因为如果临时禁令事后被裁判为不当或者错误的话，专利权人须以担保承担损害赔偿责任，临时禁令便会从“止损”的手段，变成“致损”的途径，如后所述，我国司法实践中业已发生过这方面的案件。

根据最新的《知产纠纷保全规定》，人民法院发出的诉前或诉中禁令，一般不因被申请人提供担保而解除，但是申请人同意的除外。这意味着，未来在申请人同意的情况下，被申请人可提供反担保来解除禁令。

二、临时禁令在中国法院的破冰之旅

临时禁令在我国还算是“未成年人”。为适应 WTO 对中国知识产权保护提出的特殊要求，2001 年最高人民法院《关于对诉前停止侵犯专利权行为适用法律

〔3〕 美国《联邦民事诉讼规则》第六十五条。

〔4〕 毕潇潇、房绍坤：《美国法上临时禁令的适用及借鉴》，载《苏州大学学报》（哲学社会科学版）2017 年第 2 期。

问题的若干规定》首次规定了知识产权诉前、诉中禁令制度,随后《专利法》在修法中规定了诉前禁令条文。最高人民法院发布最新的《知产纠纷保全规定》,更是加快步伐建立起我国知识产权诉前禁令制度。

令人欣慰的是,近年来,诉前、诉中禁令的案件逐渐增多,相关案件通常受到社会及司法界的广泛关注,本次福州中院针对苹果的禁售令更是引起海内外的注意。尽管如此,临时禁令在我国司法实践的仍然存在以下问题:

(一)门槛高,适用少

我国司法实践根据现行相关法律法规,发展出知识产权诉讼临时禁令的一套审查标准,它包括:

1. 申请人享有合法的知识产权;
2. 被申请人正在实施或即将实施的行为构成侵犯知识产权;
3. 不采取有关措施,会给申请人的合法权益造成难以弥补的损害;
4. 申请人提供了有效担保。[5]

当然,禁令的作出以不违背公共利益为前提。

具体到本次福州禁售令,福州中院在民事裁定书中亦是从这几个方面进行审查。[6] 这样的审查标准不可谓不高。在实务中,"难以弥补的损害"不是简单等同于"损害金额巨大",它还要求侵权事态会进一步扩大,因而是比"损失巨大"认定要求更高的标准。不仅如此,高额的担保又构成了一道障碍,而且是更加现实的障碍,常常让专利权人望而却步。

正是由于近乎严苛的审查标准,临时禁令在我国专利侵权纠纷中用得很少。笔者难以统计截止到目前我国法院在专利案件中签发临时禁令的总数量,但从检索来看,地方法院临时禁令的签发数量绝大多数在两位数以下,有的法院甚至为零。[7] 仅以广州知识产权法院为例,广州知识产权法院自成立以来,从 2015 年至

---

〔5〕 杨静:《知识产权诉讼禁令审理的相关问题》,载知产力:http://news.zhichanli.cn/article/5610.html,最后访问日期:2018 年 1 月 8 日。

〔6〕 (2018)闽 01 民初 1208 号之一(第 10~11 页):"本院认为,由于被诉侵权行为正在现实、持续地发生,而本案的审理直至最终做出生效判决需要一定的周期,在此期间高通公司确有可能因……的被诉侵权行为而遭受难以弥补的损失,且高通公司已就其申请提供了符合法律规定的担保。"

〔7〕 笔者主要检索了 Westlaw,威科、中国审判案例数据库,三者均为法律领域专业且权威的数据库。

2017年仅仅支持了三起案件的诉前禁令申请。[8]

在这样严苛的审查标准之下,申请临时禁令的公司一般具备相当的财力及知名度,而且倾向于选择在知识产权领域知名的律师事务所"保驾护航"。本次高通和苹果都是业界巨头,双方均委托了像方达这样知名的律所。就在前不久,日本著名动漫游戏公司株式会社和万代合一信息技术(北京)有限公司(优酷网)则是委托上海市锦天城律师事务所向法院申请诉前禁令,均得到法院的支持。而这样的案件一般会受到社会及司法界的广泛关注。[9]

不过,随着新《知产纠纷保全规定》的施行,上述审查标准势必会得到调整或修正,从而变得更加"亲民"。从趋势来看,我国法院对知识产权的保护也会越来越强,而对侵权行为的认定也会随着相关法律法规的出台及完善越来越规范。这是经济发展规律使然,随着中国逐步融入全球贸易体系,经济发展步入新的阶段,不管是在国内还是在境外,对知识产权保护的呼声都越来越大。

在这个大环境下,临时禁令在专利纠纷中的运用呈递增趋势,可以合理地预见,未来临时禁令在专利纠纷中的运用会越来越多。在这种情况下,专利权人更应重视临时禁令在保护专利权方面的地位和作用。

(二)执行难,受挑战

对于专利权人来说,取得临时禁令只是"止损"第一步,更重要的是临时禁令实际得到执行。然而,判决的执行在我国有时会遭受到来自被执行人方面的阻力,在临时禁令领域更是如此。

本次福州中院的禁售令的执行可谓我国"执行受阻"的典型。苹果本应自禁售令送达之日起,立即执行。理论上,若不执行的话,苹果面临的后果不仅是人民法院的罚款、拘留,甚至追究刑事责任,[10]而且将会被认定为严重失信行为,进而面临共计33项联合惩戒措施。[11] 现实是,截止到行文之日,苹果相关的产品依然

---

[8] 《广州知识产权法院作出第三份诉前禁令裁定》,载搜狐网:http://www.sohu.com/a/205764310_667504,最后访问日期:2017年11月21日。

[9] 《锦天城申请诉中禁令为日本万代成功维权》,载锦天城官网:http://www.allbrightlaw.com/cn/news/events/21713.html,最后访问日期:2018年8月8日;《锦天城青岛知产团队代理热播大剧〈军师联盟〉申请诉前禁令》,载微信公众号:https://mp.weixin.qq.com/s/2uE-5mpQk2pMlIJYyZ0qUw,最后访问日期:2017年7月18日。

[10] 《民事诉讼法》第一百一十一条。

[11] 国家发展改革委员会等38部门于2018年11月21日印发的《关于对知识产权(专利)领域严重失信主体开展联合惩戒的合作备忘录》。

没有下架,而是继续销售给中国消费者,禁售令似乎被苹果有意无意地"忽视"了。

一方面是禁售令本身在业界造成巨大震荡,业界人士奔走相告,全球目光纷纷聚焦,认为这份裁定全国范围内激活临时禁令的效果毫不夸张;另一方面却是执行层面受到阻碍,且不论申请人实际上没有取得相应的保护效果,被执行人拒绝执行禁令的行为无疑是对国家司法权威的挑战。福州禁售令因为名声在外,所以它未被执行的情况也被公众知悉,但是,司法实践中还有更多的因为被执行人不配合而未被执行的临时禁令,它们因为没有进入公众视野而未被注意。

据相关报道,2012 年 6 月,上海法院首次以强制措施强化诉前禁令的执行力,在全国来说可谓具有示范和借鉴意义。〔12〕 该案中,上海市第一中级人民法院裁定被申请公司停止在展览会上销售和许诺销售涉嫌侵权产品,执行法官赴展会现场向该广东公司送达了裁定书,并责令其于 24 小时内将该产品撤展。几天后,得知该广东公司仍在展出和销售涉嫌侵权产品后,上海市第一中级人民法院执行庭法官会同法警、民五庭等部门十余人赴展览中心执法。由于执法行为遭到了该广东公司部分人员的故意阻挠和对抗,法官当场将多名违反诉前禁令的当事人带至法院,并对公司和相关人员分别采取了罚款及拘留等处罚。

随着被申请人不执行问题的凸显,尤其是本次福州禁售令执行的"受阻"令人咋舌,可以合理地推断,我国未来会更加重视临时禁令的执行问题,"执行难"的问题会在一定程度上得到缓解。

(三)未止损,反致损

前文已经提到,我国对专利诉讼中临时禁令的态度是不保不禁。诉讼有风险,担保须谨慎。一旦申请被认定有错误,申请人应当赔偿被申请人因临时禁令所遭受的损失。

新《知产纠纷保全规定》列明了以下四种情形属于"申请有错误":

1. 申请人在采取行为保全措施后三十日内不依法提起诉讼或者申请仲裁;
2. 行为保全措施因请求保护的知识产权被宣告无效等原因自始不当;
3. 申请责令被申请人停止侵害知识产权或者不正当竞争,但生效裁判认定不构成侵权或者不正当竞争;

〔12〕 金立宇:《上海法院首次对违反知识产权侵权纠纷诉前禁令采取强制措施》,载北大法宝:http://www.pkulaw.com/lawfirmarticles/2e291577e0b8ef8c274739b3f954ec31bdfb.html,最后访问日期:2014 年 7 月 11 日。

4. 其他属于申请有错误的情形。

申请有错误的情形一般很罕见,这是因为法院在审查时需要实质考虑"申请人的请求是否具有事实基础和法律依据,包括请求保护的知识产权效力是否稳定"。但是,我国目前专利质量良莠不齐,因此,不能排除临时禁令最后会被认定申请有错误须赔偿损失的可能。

"许某诉拜特公司、康拜特公司地毯外观专利案"[一审:(2006)宁民三初字第382号;二审:(2008)苏民三终字第0071号]便是这方面的典型判决。该案中,申请人的专利权被宣告无效,法院判决驳回全部诉讼请求,之前专利权人提出的财产保全和停止侵犯专利权申请给被申请人造成损失的,属于法律、司法解释规定的"申请有错误",许某应当赔偿因申请先行责令拜特公司和康拜特公司立即停止侵犯专利权而遭受的损失。

该案表明,取得临时禁令不是一劳永逸的。临时禁令是保护专利的利器,但"担保"要件的设置令这件利器有"双刃效应",稍有闪失的话,申请人可能伤到的是自己,因此,申请人需要谨慎谋划和使用,以避免"赔了夫人又折兵"。

三、律师观察:止损还是致损,需要谨慎规划

综上所述,笔者预测,未来临时禁令在我国专利纠纷中的运用会呈现以下趋势:

1. 福州禁售令有全面激活临时禁令在专利纠纷中的运用的效果,未来临时禁令在我国法院中的适用应呈递增趋势。

2. 新《知产纠纷保全规定》的出台调整及修订了司法实践沿用至今的审查标准,未来临时禁令的审查会越来越规范。

3. 新《知产纠纷保全规定》明文规定的审查标准的理解和适用,是未来决定申请临时禁令能否成功的关键,这方面尤其对法律专业人士提出了新的挑战和任务。

4. 临时禁令"执行难"的问题已经得到广泛的重视,我国法院在这方面亦有创新尝试,未来临时禁令执行的情况将有很大程度改善。

根据笔者对国外司法实践的观察,临时禁令是目前国际上在知识产权领域适用最广泛的禁令类型,在我国也顺应国际形势呈现递增趋势。从策略来说,临时禁令既可以作为暂时性措施,在争端最终解决之前阶段性地提供及时救济,避免损害的发生或者进一步扩大,又可以在大多数情况下结束争端,减少诉讼成本。

因此,合理地运用临时禁令,是重要的止损手段,然而,如果对临时禁令的审查标准理解及适用不当,申请被认定为错误的话,临时禁令将从止损手段变成致损方式。

止损还是致损,需要谨慎规划。新《知产纠纷保全规定》的颁布施行,解决了临时禁令的规范问题,但《知产纠纷保全规定》应如何理解适用,仍然需要法律专业人士进行深入研究。

参考文献

期刊类

毕潇潇、房绍坤:《美国法上临时禁令的适用及借鉴》,载《苏州大学学报》(哲学社会科学版)2017 年第 2 期。

电子文献类

1. 杨静:《知识产权诉讼禁令审理的相关问题》,载知产力:http://news. zhichanli. cn/article/5610. html,最后访问日期:2018 年 1 月 8 日。
2. 《广州知识产权法院作出第三份诉前禁令裁定》,载搜狐网:http://www. sohu. com/a/205764310_667504,最后访问日期:2017 年 11 月 21 日。
3. 《锦天城申请诉中禁令为日本万代成功维权》,载锦天城官网:http://www. allbrightlaw. com/CN/10482/9753c4e61e8d4c97. aspx,最后访问日期:2018 年 8 月 8 日。
4. 《锦天城青岛知产团队代理热播大剧〈军师联盟〉申请诉前禁令》,载微信公众号:https://mp. weixin. qq. com/s/2uE－5mpQk2pMlIJYyZ0qUw,最后访问日期:2017 年 7 月 18 日。
5. 金立宇:《上海法院首次对违反知识产权侵权纠纷诉前禁令采取强制措施》,载北大法宝:http://www. pkulaw. com/lawfirmarticles/2e291577e0b8ef8c274739b3f954ec31bdfb. html,最后访问日期:2014 年 7 月 11 日。

其他类

1. 最高人民法院:《最高人民法院关于审查知识产权纠纷行为保全案件适用法律若干问题的规定》(2018 年 12 月 12 日　法释〔2018〕21 号)。
2. 《中华人民共和国民事诉讼法》(2017 年 6 月 27 日修正)。
3. U. S. the Supreme Court. Federal Rules of Civil Procedure. Washington ; U. S. Government Printing Office 2014.
4. 中华人民共和国福建省福州市中级人民法院民事裁定书[(2018)闽 01 民初 1208 号]。
5. 国家发展改革委:《关于对知识产权(专利)领域严重失信主体开展联合惩戒的合作备忘录》(2018 年 11 月 21 日　发改财金〔2018〕1702 号)。

一篇外观设计无效掉一件发明专利

汪妍瑜*

可否用外观设计专利作为现有技术去无效发明专利？相信对于大部分人来说只是个传说，有幸的是，笔者碰到一个这样的案子，而且复审委的决定将发明专利全部无效，且该无效决定已被知识产权法院维持。

一、背景介绍

笔者曾接到一件有关钓鱼用鱼线轮的发明专利侵权诉讼，我们代理被告一方。原告一方为古洛布莱株式会社。不查不知道，原来古洛布莱株式会社是日本东证上市公司，原名大和精工，世界最大鱼线轮制造商，其鱼线轮走的是高端路线，价格是全世界首屈一指的。

然而，我们的当事人不算国内大型企业，走的是中端市场，鱼线轮的价格跟原告有着数量级的差距，在市场上双方客户从无交叉，不属于竞争对手的范畴。行业老大来找我们事我们也很不理解，但来都来了绝不怕事。只是后来原告对此事之重视，不在我们预料范围，这是后话按下不表。

二、案情介绍

涉案专利（下称本专利）专利号为 ZL201010207216.7，其涉及一种钓鱼用的鱼线轮，存在欧洲、美国、韩国专利同族且均已被授权。该方案基本内容如下："一种钓鱼用旋转卷线器，具有安装有支承构件的转子，在转子主体部的两侧相对地形成一对臂部，在一个所述臂部的顶端部具备钓线导向部，根据所述转子的旋转

---

* 汪妍瑜，上海市锦天城律师事务所北京办公室合伙人，北京师范大学理学硕士，美国天普大学法律硕士；拥有律师执业证和专利代理人执业证；擅长领域为知识产权及争端解决。

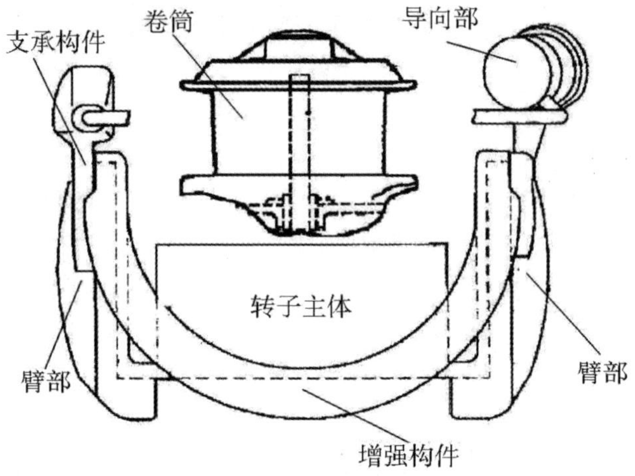

图1　发明摘要附图

将钓线通过所述钓线导向部卷回于卷筒,其特征在于,具备从所述一对臂部的各顶端部向所述转子主体部的后部延伸出的增强构件。”

浏览了本专利的一些基本信息以后,笔者脑中浮现了以下几个关键词:方案结构简单;权利要求保护范围大;有欧美韩同族且均授权;申请人日本企业且是行业老大。这不正是体现检索能力的大好时机嘛,随后笔者的肾上腺激素爆棚。

三、检索过程

一般来说检索之前,根据掌握的信息要初步拟定检索思路,或者起码有个前期检索思路,随后再根据情况调整。需考虑的信息包括专利领域、发明特点、申请人国别、行业情况、同族审查情况等,且这些信息考虑的顺序和侧重点随案子不同而不同。

(一)特点分析

具体到本专利,一个非常重要的特点是同族在欧美中韩四大局均获得授权。但居然没在本土日本申请,这是一个值得深究的问题。

根据笔者多年的主观经验,客观地说,五大局的检索特点如下:

1. 检索范围:一般来说美日韩基本只检索本国专利文件,欧洲检索欧美国家专利文件,中国检索所有国家专利文件。

2. 检索水平:得益于数据库系统、语言优势及工作态度,欧洲检索水平公认最高。剩下的四国中检索自身国家文献都是最厉害的，而日本专利检索结果比美国、韩国检索结果更有借鉴意义。而中国审查员的检索文件范围最大、手段的利用最丰富，主要缺陷是受制于数据库系统。总体来说，中国专利审查员条件最差、检索敬业度第一。

言归正传，本专利同族在欧美中韩均已授权，这些国家审查过程中均未引用日本专利文件，而且，鱼线轮行业日本的技术水平最高，通过检索 A01K89 这一鱼线轮相关分类号，发现总共有 30，710 篇专利，合计 18，429 个专利族，其中，日本专利为 14，241 篇，9773 个专利族，即该领域所有专利文件中日本专利文件约占一半，因此，可以看出，实际上相当于本专利所有同族在审查过程中，对申请量最大、技术最为先进的日本专利文件没有检索，漏检可能性最高的文件应该就是日本专利文件，所以笔者以此为突破点，初步检索思路为重点在日本专利文件中检索。

（二）初步检索

通过使用 IPC（国际专利分类号）、FI/FT（日本专利分类号）及其他分类号、关键词等组合检索，初步未发现特别相关的专利文件。

（三）思路调整

此时笔者又对本专利的信息进行了回顾，（1）本专利申请人为日本公司，却偏偏不在日本申请专利；（2）本专利的方案，较为简单，从外部附图就可以看出来。

根据（1），笔者怀疑申请人不在日本申请，是不是怕申请之后会出现什么不利的后果；根据（2），外观设计专利完全可以公开本发明专利的部分方案。因此，笔者推断，可能存在日本外观设计专利对比文件，因为，审查员在审查过程中一般不会去检索别国的外观设计专利文件。而如果存在这样的文件，日本本国审查员找到的可能性很大，所以，申请人可能是为避免这一情况发生，而不在日本就该方案申请发明专利。笔者认为需要考虑在日本外观设计专利中去寻找对比文件。

（四）再检索——利用洛迦诺分类

利用洛迦诺分类 22－05（狩猎和捕鱼器械），结合主题关键词、申请人名称等继续检索，未发现有效的对比文件，不过发现了一些在后的相关专利文件。

此时笔者有注意到很多日本外观设计专利在数据库中并没有洛迦诺分类，而是存在日本自己的外观分类号 K2－590（鱼线轮部件及配件）等。

（五）再检索——利用日本外观专利分类

用日本外观专利分类号检索，只有不到一百篇专利，很快就找到了JPD1340736S（公开日为2008年9月29日）及一些类似专利。其外观图与本发明方案限定的权利要求较像，于是对专利内容进行了仔细阅读，随后发现其可以作为对比文件使用。

通过对比发现，本专利的专利权人为古洛布莱株式会社，其原名为大和精工株式会社。外观设计专利的专利权人为DAIWA精工株式会社，其实就是大和精工株式会社，即本专利和外观设计对比文件均为一个专利权人所有。

四、方案比对

（一）附图对比（见图2）

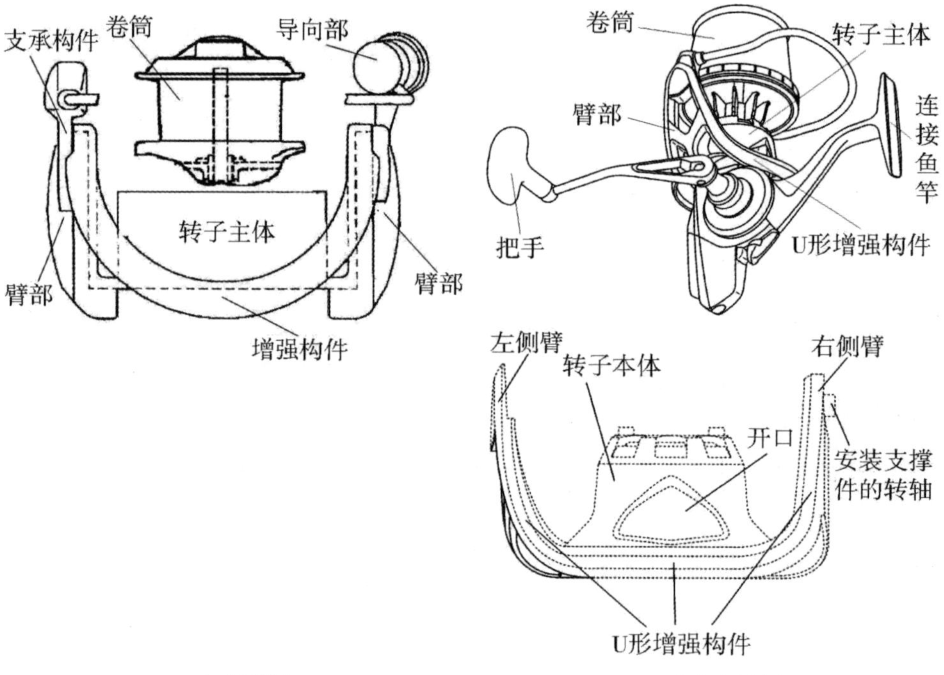

a. 本专利图　　　b. 对比文件图

图2　专利附图对比

（二）各方观点比对（见表1）

表1　专利方案各方观点对比

本专利方案	对比文件是否公开		
	我方观点	专利权人观点	无效决定
一种钓鱼用旋转卷线器，具有安装有支承构件的转子	公开	公开	公开
在转子主体部的两侧相对地形成一对臂部	公开	公开	公开
在一个所述臂部的顶端部具备钓线导向部	隐含公开	未公开	公知常识
根据所述转子的旋转将钓线通过所述钓线导向部卷回于卷筒	公开	未公开	公开
具备从所述一对臂部的各顶端部向所述转子主体部的后部延伸出的增强构件	公开	未公开	公开

（三）主要争议焦点及结论

口审时到庭一看，对方代理人上了四个，旁听席原告来了三名员工（日本人），一名中国人，华丽丽的一大片啊，原告很重视嘛。反观我们这里两名委托代理人，当事人没有到场。只是那一刻我猜中了开头，却没猜中六个小时庭审的结局。

庭审时四个代理人各个活跃，负责陈述的、负责挖坑的（当然能被识破的坑那都不是事儿）、负责演示PPT的、负责总结并挑错的。我们兵来将挡水来土掩，坚持自己的逻辑不被捎带着走，顺带着指出对方一些逻辑缺陷，六小时高强度唇枪舌剑不知不觉就过去了。

庭审的焦点很多，我们庭后唯一不确定的只有一点，因为之前的确没有单独用外观设计结合公知常识无效掉发明专利的先例，不知道合议组最后会如何认定。很幸运最后合议组还是以事实为依据，以法律为准绳作出了公正的评价，摘录如下：

外观设计专利的图片或照片通常能够在一定程度上反映出产品外观部结构等技术要素，若本领域技术人员根据外观设计专利的图片或者照片并结合其简要说明，能够直接地、毫无异议地确定其部件的名称、结构、位置关系以及功能和作用等技术要素以及它们组合所形成的技术方案，则应该认为该外观设计专利可以用于评价发明或实用新型的专利的创造性。

五、心得体会

通过本专利的检索及无效过程的处理,笔者觉得有以下一些简单体会可以和大家分享。

对于无效请求人的来说:

无效中检索是最大的王道,检索成功了案子就成功了80%。

当面对发明专利检索时,一定要不走寻常路。因为有过专业训练的审查员在寻常路上一定已经尝试过。

检索中要时刻注意调整检索思路,不要局限于固有思维方式。

检索中要注意积累知识,积累得越多,对案件的认识就越全面、客观。

几大专利局的检索都各有优缺点,检索过程中要注意参考使用但不要过分迷信。

外观设计专利公开的内容如果能够构成方技术案,则可以作为现有技术文件。

简单的结构类专利可以考虑去检索外观设计专利文件。

对于专利权人或代理人来说:

对于功能性限定的撰写方式,在从属权利要求及说明书中一定要有实现该功能的结构的描述,本专利中,增强构件是其核心发明点,如果权利要求中及说明书对于增强构件的参数有进一步的限定的话,由于外观设计专利只能看出定性的内容,无法得到定量的内容,因此,则无效决定的结果也未可知。

六、专利无效程序简介

(一)关于请求人

(1)根据《专利法》第四十五条的规定,自专利局授予专利权之日起,任何单位和个人认为该专利权的授予不符合法律规定的,可以请求专利复审委员会宣告该专利权无效。

(2)专利权人请求无效自己的专利,应当满足以下条件:

必须为全体专利权人提起请求;

只能请求专利部分无效;

必须是公开出版物证据(例如产品实物、设计日志等证据不予受理)。

(二)关于无效请求的理由和证据

(1)《专利法实施细则》第六十五条第二款明确规定了专利无效的13个理由,包括:

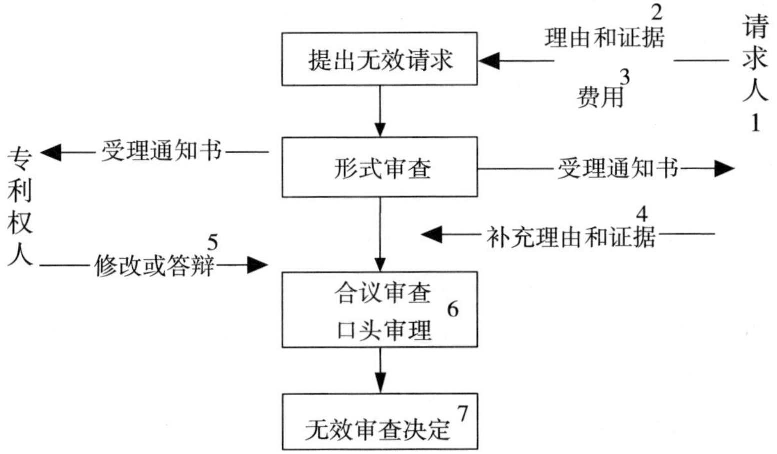

图3 认定专利无效的程序

《专利法》第二条,发明、实用新型、外观设计定义;

《专利法》第五条,违反法律、社会公德、妨害公共利益;

《专利法》第九条,禁止重复授权;

《专利法》第二十条第一款,向外国申请专利需申请保密审查;

《专利法》第二十二条,新颖性、创造性、实用性;

《专利法》第二十三条,外观设计相同、相近似、权利冲突;

《专利法》第二十五条,不授予专利权的内容;

《专利法》第二十六条第三款,说明书充分公开;

《专利法》第二十六条第四款,权利要求应清楚、简要,并以说明书为依据;

《专利法》第二十七条第二款,图片或照片清楚显示要求保护产品的外观设计;

《专利法》第三十三条,修改超范围;

《专利法实施细则》第二十条第二款,独立权利要求缺乏必要技术特征;

《专利法实施细则》第四十三条第一款,分案申请超范围。

(2)请求人在提出无效宣告请求时,应当结合无效理由提交相应的证据。

（三）关于无效请求的官方收取费用

申请人应在无效宣告请求之日起一个月内缴纳无效宣告请求费，无效请求的请求费为：

发明专利3000元；

实用新型专利1500元；

外观设计专利1500元。

（四）关于补充理由和证据

（1）请求人可以在提起无效请求之日起一个月内补充理由和证据。

（2）请求人在一个月后增加无效宣告理由仅限于：

针对专利权人以删除以外的方式修改的权利要求，在复审委指定期限内针对修改内容增加无效宣告理由；

对明显与提交的证据不相对应的无效宣告理由进行变更。

（3）请求人在一个月后补充证据仅限于：

针对专利权人提交的反证，请求人可以在专利复审委指定期限内补充证据，并在该期限内结合该证据具体说明相关无效宣告理由；

口审辩论终结前。仅限两种：公知常识证据（技术词典、技术手册、教科书等）；用于完善证据法定形式的原件、公证文书。

参考资料

著作类

1. 中华人民共和国国家知识产权局制定：《专利审查指南2010》（修订版），知识产权出版社2017年版。
2. 伊新天：《中国专利法详解》（缩编版），知识产权出版社2017年版。

专利文献类

1. 大和精工株式会社：钓鱼用旋转卷线器，中国专利：CN101933499B，2011年1月5日。
2. ダイワ精工株式会社：釣用リールのローター（部分外观设计），日本专利：JPD1340736S，2008年9月29日。

论涉外职务发明奖酬纠纷中的适用法律问题

——以3M公司职务发明奖酬案为例

朱顺德*

随着跨国合作研发的增长,我国带有涉外因素的职务发明专利也将日益增长。2017年,在中国获得授权的国内发明专利中,职务发明为30.4万件。其中含有涉外因素的职务发明专利,按占比2%计算一年亦有6000余件。因此,在我国法律框架下明确如何处理涉外职务发明奖酬纠纷的标准具有现实意义。

由于进入我国民事诉讼程序的涉外职务发明奖酬纠纷数量仍较少。迄今为止中国法院判决的唯一一起涉外职务发明奖酬纠纷案是"张某与3M中国有限公司、3M创新有限公司(美国)职务发明创造发明人、设计人奖励、报酬纠纷案"[以下简称"3M公司职务发明奖酬案",参见一审判决(2012)沪一中民五(知)初第240号民事判决书;二审判决(2014)沪高民三(知)终字第120号民事判决书]。本文将以"3M公司职务发明奖酬案"为例,对在我国法院审理的涉外职务发明奖酬纠纷应当如何解决的适用法律的问题进行研究。

一、"3M公司职务发明奖酬案"中二审法院对于适用法律问题的观点

已生效的"3M公司职务发明奖酬案"二审判决认为,"关于本案是否适用中国法。《专利法》及《实施细则》关于职务发明创造奖励与报酬制度的规定,适用于在中国大陆完成的发明创造。跨地域合作开展发明创造活动是跨国公司研发中的常见现象,所谓发明创造的完成地,并非要求该发明的整体技术方案及其各

---

* 朱顺德,上海市锦天城律师事务所上海办公室合伙人;擅长领域为知识产权与争议解决、跨境(涉日本)并购及合规。

个部分均在某地完成,其中部分技术贡献的完成地,也应当认定为发明完成地之一……张某在参与涉案发明创造活动期间,一直在中国境内工作,并且涉案发明在中国申请专利并获得专利权,因此中国当然是发明完成地之一。现张某就涉案发明提出职务发明报酬之诉讼请求,本案诉讼应当适用中国法。"

虽然二审判决中未直接援引中国法的冲突规范条文,但是,根据本案二审合议庭成员徐卓斌法官撰写的《3M公司职务发明报酬纠纷案评析》[1]一文,可以得知二审判决的内在逻辑是:依据最紧密联系原则,认定发明完成地与涉案职务发明奖酬纠纷具有最紧密联系,从而确定本案适用发明完成地法律。

由于涉案职务发明行为发生在《涉外民事关系法律适用法》施行前,基于"职务发明报酬纠纷实质上是合同纠纷"的判断,依据《合同法》第一百二十六条、《民法通则》第一百四十五条,涉外合同的当事人可以选择处理合同争议所适用的法律,法律另有规定的除外。涉外合同的当事人没有选择的,适用与合同有最密切联系的国家的法律。

"3M公司职务发明奖酬案"中,在涉外合同的当事人没有选择适用法律的情况下,二审法院适用与合同有最密切联系的国家的法律的做法是符合当时我国法律规定的。

二、"涉外职务发明奖酬争议适用发明完成地法律"不尽合理,应当适用《涉外民事关系法律适用法》第四十三条来确定涉外职务发明奖酬争议所适用的法律

对于二审法院提出的"涉外职务发明奖酬争议适用发明完成地法律"这一冲突规范,笔者认为:该冲突规范的设计本身存在缺陷,应当适用《涉外民事关系法律适用法》第四十三条关于劳动合同的适用法律的规定来确定涉外职务发明奖酬争议所适用的法律。具体理由如下。

(一)"发明完成地"难以直接举证和查明,间接认定"发明完成地"与认定"发明人工作地"通常没有差异

根据二审法院的观点,"发明完成地"解释为"部分技术贡献的完成地"。而"完成"是一个时点概念。为了查明时点性质的法律事实何时发生,通常需要相关证明、登记制度的配套。在职务发明创造过程中,创造性的贡献归根结底完成于

---

〔1〕 徐卓斌:《3M公司职务发明报酬纠纷案评析》,载《科技与法律》2015年第4期。

发明人的智力活动中，要直接查明发明人何时何处完成某一智力活动是相当困难的。

所以，通常只能采用间接方式来认定“发明完成地”。在“3M 公司职务发明奖酬案”中，二审法院就采用了根据发明人工作地来间接认定发明完成地的做法。二审法院认为：“张某在参与涉案发明创造活动期间，一直在中国境内工作，并且涉案发明在中国申请专利并获得专利权，因此中国当然是发明完成地之一。”从逻辑上讲，涉案发明在哪国申请并获得授权与该发明在哪里完成无必然联系。在甲国完成的发明可以在乙国申请并获得专利授权，在乙国完成的发明可以在甲国申请并获得专利授权。所以将“涉案发明在中国申请专利并获得专利权”去除后，二审法院实际上是根据原告张某的工作地来认定发明完成地的。

与“发明完成地”不同，“发明人工作地”对应的是一段时期内的状态，有劳动合同、考勤记录等方便易得的证据，举证和查明较为容易，各方当事人之间争议较少，更适合作为冲突规范的连接点。

（二）“适用发明完成地法律”难以应对多个“发明完成地”并存的情况

依据二审法院的观点，“部分技术贡献的完成地”是“发明完成地”之一（该观点也存在争议），所以同一个职务发明的发明完成地可能有多个。进而言之，发明人在甲国完成了技术贡献点 A，又在乙国完成了技术贡献点 B，该发明人在同一个职务发明中的发明完成地就有甲国和乙国两处。此种情况下如何认定该发明人的“发明完成地”并非显而易见，极易引发争议。

与此相对，发明人的工作地如果有多个，并且多个工作地之间没有明显的主次之分，难以认定哪国为发明人工作地的，《涉外民事关系法律适用法》第四十三条已明确规定了解决办法，即“难以确定发明人工作地的，适用用人单位主营业地法律”。

（三）“适用发明完成地法律”无法合理应对发明人通过网络远程参与研发的情况

在通过网络进行远程研发的情况下，发明人实际身处何处和职务发明行为并无内在联系。用人单位很可能不关心或不知道发明人实际身处何处。那么到底是以发明人实际完成创造性贡献时所在的国家或地区为发明完成地，还是以用人单位营业地、网络服务器所在为发明完成地，将引发新的争论。

如果适用《涉外民事关系法律适用法》第四十三条的冲突规范,对发明人通过网络远距离参与研发的情况,可以依据"难以确定发明人工作地的,适用用人单位主营业地法律"的规定解决。

(四)发明完成地与发明人工作地不一致时,发明完成地可能不是职务发明的最密切联系地

发明完成地和发明人工作地一致时,两种冲突规范的结果相同。发明完成地与发明人工作地不一致时,发明完成地可能不是职务发明的最密切联系地。例如,中国的用人单位的中国籍发明人在境外出差、旅游期间、境外治疗疾病期间、乘坐外籍飞机或船舶期间完成创造性贡献的,一律以境外的发明完成地作为最密切联系地从而排除适用中国法的话,无疑有失妥当。

(五)"适用发明完成地法律"尚无立法支持

"涉外职务发明奖酬争议适用发明完成地法律"尚无法律明文规定。如采用"适用发明完成地法律"的冲突规范则需要立法配套,制定法律或对《涉外民事关系法律适用法》进行修正或解释。

而对涉外职务发明奖酬纠纷依据《涉外民事关系法律适用法》第四十三条确定适用的法律,则法律依据完备,人民法院可以直接援引相关条文。

三、在《涉外民事关系法律适用法》框架下,对于涉外职务发明奖酬纠纷的法律适用最终归结到该法第四十三条的规定

(一)从合同关系角度看,《涉外民事关系法律适用法》第四十一条和第四十三条似均与涉外职务发明奖酬纠纷的法律适用有关

依据《涉外民事关系法律适用法》第二条规定:"涉外民事关系适用的法律依照本法确定。其他法律对涉外民事关系法律适用另有特别规定的,依照其规定。本法和其他法律对涉外民事关系法律适用没有规定的适用与该涉外民事关系有最密切联系的法律。"可见,只有在《涉外民事关系法律适用法》和其他法律对涉外民事关系法律适用没有规定的情况下才可依据《涉外民事关系法律适用法》第二条适用最密切联系原则选定适用法律。

《涉外民事关系法律适用法》第七章"知识产权"中的第四十八条至第五十条均未言及职务发明奖酬关系的法律适用。我国现有的其他法律中,对于涉外职务

发明奖酬纠纷的法律适用亦没有特别规定。

一方面,鉴于用人单位和发明人之间可能对职务发明奖酬进行了约定,此种约定性质上属于合同关系。职务发明奖酬权从债权性质而言亦属于合同之债。那么基于合同关系的界定,涉外职务发明奖酬纠纷存在适用《涉外民事关系法律适用法》第四十一条的可能。

另一方面,考虑到职务发明关系基于发明人与用人单位之间存在劳动关系才得以发生,职务发明的奖酬可以通过用人单位的规章制度规定,职务发明的奖酬是劳动报酬的一部分,所以职务发明奖酬纠纷的民事法律关系属于劳动合同关系的内容之一。那么基于劳动关系的界定,涉外职务发明奖酬纠纷存在适用《涉外民事关系法律适用法》第四十三条的可能。

(二)涉外职务发明奖酬纠纷不宜依据《涉外民事关系法律适用法》第四十一条来确定适用法律

《涉外民事关系法律适用法》第四十一条规定:"当事人可以协议选择合同适用的法律。当事人没有选择的,适用履行义务最能体现该合同特征的一方当事人经常居所地法律或者其他与该合同有最密切联系的法律。"如前所述,基于合同关系的界定,涉外职务发明奖酬纠纷存在适用《涉外民事关系法律适用法》第四十一条的可能。〔2〕

笔者认为,职务发明发明人和用人单位之间关于职务发明奖酬的约定,性质上不同于一般的民事合同,也不同于技术开发合同、知识产权转让和使用许可合同。原因在于职务发明的发明人和用人单位之间存在雇佣关系,双方之间存在经济地位差异和严重的信息不对称,所以难以平等地协商和交易。

特别地,一些国家(如美国、日本)的专利法规定,包括职务发明在内的一切发明创造的申请专利的权利原始地归属于发明人。所以在实务上,用人单位为了在这些国家遵循当地法律申请专利授权,针对所有相关职务发明创造均会安排发明

---

〔2〕"3M公司职务发明奖酬案"的被告方代理人傅强国律师在结案后的相关论文中认为:涉外职务发明奖酬纠纷本质上属于合同纠纷,"3M公司职务发明善资奖酬案"中,原告签署的"申请转让"声明证明原告和3M创新公司之间建立了合同关系,应根据《合同法》第一百二十六条、《民法通则》第一百四十五条、《涉外民事关系法律适用法》第四十一条来确定适用的法律,适用与"申请转让声明"有最密切联系的国家的法律。该文未提及根据《涉外民事关系法律适用法》第四十三条来确定涉外职务发明奖酬争议适用的法律。参见傅强国:《简评一起跨国职务发明专利奖酬纠纷案》,载中国知识产权法学研究会编:《中国知识产权法学研究会2015年年会论文集》,中国人民大学知识产权学院,2015年,第30~38页。

人与用人单位签订权利转移文件。绝大部分情况下,用人单位还会通过规章制度来规定发明人有义务配合用人单位签署由用人单位指定格式的权利转移文件。权利转移文件的整个签署过程高度流程化。在这些通常由用人单位的法务人员或外聘专业人员起草的权利转移文件中,往往要求发明人声明已收到奖酬(对价)且对奖酬(对价)合理性无异议。处于相对弱势的地位的发明人,关于上述条款和奖酬(对价)的计算方式及金额几乎没有任何谈判空间。

"3M 公司职务发明奖酬案"中就清楚地显示了发明人和用人单位之间关于职务发明奖酬的约定与事实的背离。2006 年 5 月,包括原告在内的四位涉案专利的发明人就基于其四人完成的发明的美国专利申请,签署"申请转让"声明,称基于合理及有价值的对价,并且在确认收到上述对价的前提下,同意将上述发明及申请的所有权利包括上述申请的部分及延续等转让至 3M 创新公司,并要求专利审查员对上述可能获准的申请颁发任何和所有专利证书至 3M 创新公司,3M 创新公司是享有全部权利、所有权及利益的受让人。而实际上,2010 年 1 月起, 3M 中国公司才开始起草发明奖励的相关政策。2011 年 11 月 26 日,3M 中国公司才向原告发明人支付第一笔职务发明奖酬。"申请转让"声明中提及的 3M 创新公司从未向发明人实际支付过任何"对价"。

所以,对发明人和单位之间有关于职务发明奖酬的约定根据《涉外民事关系法律适用法》第四十一条来确定适用的法律,将会诱发用人单位滥用意思自治权,恶意规避对用人单位不利的法律的适用,损害发明人的权益。

(三)涉外职务发明奖酬纠纷应依据《涉外民事关系法律适用法》第四十三条来确定适用法律

我国创设职务发明奖酬制度,其目的在于确保职务发明的发明人能获得合理的金钱补偿,同时鼓励发明、促进经济产业的发展。通过职务发明奖酬制度的立法来弥补发明人和用人单位之间强弱差异,调节当事人之间的利益平衡,是职务发明奖酬制度的重要功能。上述目的和功能使得职务发明奖酬制度的法律规定,带有强烈的劳动法特征。

职务发明奖酬的民事关系附随于职务发明发明人和用人单位之间的雇佣关系,用人单位支付给职务发明发明人的奖酬可以看作一种附条件的、在某些情况下与绩效挂钩的奖金,与用人单位支付给职务发明发明人的其他劳动报酬没有本质差异。

因此,涉外职务发明奖酬纠纷的冲突规范应当适用《涉外民事关系法律适用法》第四十三条,“劳动合同,适用劳动者工作地法律;难以确定劳动者工作地的,适用用人单位主营业地法律。劳务派遣,可以适用劳务派出地法律”。即涉外职务发明奖酬纠纷适用发明人工作地法律;难以确定发明人工作地的,适用用人单位主营业地法律。发明人被派遣的,可以适用发明人派出地法律。

从比较法的角度来看,欧盟、德国、荷兰、日本等国家和地区也均采用了以职务发明人和用人单位之间的劳动合同的准据法作为跨国职务发明奖酬纠纷的准据法的做法。

四、关于《涉外民事关系法律适用法》第四十三条运用于涉外职务发明奖酬纠纷中的几个具体问题的讨论

(一)涉外职务发明奖酬纠纷中,发明人和用人单位之间是否可以约定奖酬事宜适用发明人工作地以外的法律?

我国法律对职务发明的发明人和用人单位赋予了较高的意思自治权。发明人和用人单位对奖酬有约定的,优先适用约定。另外,还允许发明人和用人单位之间对职务发明的归属进行约定。那么,在涉外职务发明奖酬纠纷中,发明人和单位之间是否可以约定奖酬事宜适用发明人工作地以外的法律?

笔者认为《涉外民事关系法律适用法》第四十三条对于劳动合同未允许当事人之间协议约定适用法律,因此发明人和用人单位之间不得通过协议约定奖酬事宜的适用法律。即发明人和用人单位之间关于奖酬事宜适用法律的协议约定不产生法律效力,人民法院仍应当依据《涉外民事关系法律适用法》第四十三条确定涉外职务发明奖酬纠纷的适用法律。

值得一提的是,从实务角度而言,在发明人和用人单位之间关于奖酬事宜的文件中,明确规定发明人的工作地以及职务发明奖酬事宜适用发明人工作地法律能够使双方对于奖酬事宜的适用法律有准确的预期,减少将来争议的发生,具有积极意义。

(二)职务发明发明人和用人单位签订的协议中同时涉及权利转移的,应如何确定适用的法律?

职务发明发明人和用人单位签订的协议中同时涉及权利转移的,针对权利转移的民事法律关系应适用《涉外民事关系法律适用法》第四十九条的规定。即“当

事人可以协议选择知识产权转让和许可使用适用的法律。当事人没有选择的,适用本法对合同的有关规定”。

根据上述规定,当事人可以协议选择职务发明权利转移所适用的法律,当事人没有选择适用的法律时应适用的“本法对合同的有关规定”。所谓“本法对合同的有关规定”是指《涉外民事关系法律适用法》第四十一条[3]合同关系的适用法律规定。当事人没有选择职务发明权利转移所适用的法律的,适用履行义务最能体现该合同特征的一方当事人经常居所地法律或者其他与该合同有最密切联系的法律。

另外,最高人民法院《关于适用〈涉外民事关系法律适用法〉若干问题的解释(一)》(法释〔2012〕24号)第十三条规定:“案件涉及两个或者两个以上的涉外民事关系时,人民法院应当分别确定应当适用的法律。”因此,当事人之间的职务发明奖酬关系应当和职务发明权利转移予以区分,分别确定应当适用的法律。此时,涉及职务发明奖酬的部分仍适用《涉外民事关系法律适用法》第四十三条,不允许当事人协议选择适用的法律。

(三)发明人与用人单位之间属于退休返聘劳务关系、公务员人事关系等不构成我国《劳动法》下的劳动关系的,仍得以适用《涉外民事关系法律适用法》第四十三条

《涉外民事关系法律适用法》第四十三条属于冲突规范,其中的“劳动合同”并不仅仅限定于中国法下的劳动合同,应根据职务发明奖酬制度所适用的发明人和用人单位的关系范围做相应的解释。

依据《专利法实施细则》第十二条,《专利法》第六条的“本单位”不但包括基于劳动关系的用人单位,也包括基于人事关系的用人单位,还包括临时工作单位。这说明职务发明奖酬制度也适用于发明人和用人单位之间为人事关系的情形以及用人单位是发明人的临时工作单位的情形。

实践中,我国法院也已有案例认定退休返聘人员在返聘期间为执行本单位任务做出的发明创造仍然属于职务发明。[4] 这说明职务发明奖酬制度也适用于发

〔3〕《涉外民事关系法律适用法》第四十一条:“当事人可以协议选择合同适用的法律。当事人没有选择的,适用履行义务最能体现该合同特征的一方当事人经常居所地法律或者其他与该合同有最密切联系的法律。”

〔4〕参见上海市第一中级人民法院(2009)沪一中民五(知)重字第1号民事判决书,上海市高级人民法院(2008)沪高民三(知)终字第129号民事判决书。

明人和用人单位之间为劳务关系的情形。

因此,发明人与用人单位之间属于退休返聘劳务关系、公务员人事关系等不构成我国《劳动法》下的劳动关系的涉外职务发明奖酬纠纷中,仍应适用《涉外民事关系法律适用法》第四十三条作为冲突规范。

本文是笔者关于涉外职务发明奖酬纠纷中适用法律问题的一些初步的思考。涉外职务发明奖酬纠纷中适用法律问题中还包含许多其他富有争议、值得研究的问题。例如,同一个发明创造涉及在多个国家获得专利授权的,其奖酬纠纷是否可以适用某一国关于职务发明奖酬的法律一揽子地解决?人民法院适用外国法审理涉外职务发明奖酬纠纷时,能否直接适用我国法律中的强制性规定?《专利法》第十六条由单位向发明人支付奖励和合理报酬的规定是否属于人民法院可以直接适用的我国法律中的强制性规定?上述诸多问题还有待继续探索和研究。

参考文献

期刊类

徐卓斌:《3M 公司职务发明报酬纠纷案评析》,载《科技与法律》2015 年第 4 期。

会议论文集类

傅国强:《简评一起跨国职务发明专利奖酬纠纷案》,载中国知识产权法学研究会编:《中国知识产权法学研究会 2015 年年会论文集》,中国人民大学知识产权学院 2015 年版,第 30 ~ 38 页。

职务发明专利权属纠纷中实际发明人的认定

黄苏豫*

随着国家经济的高速发展，以及国家知识产权战略的施行，知识产权对于企业的重要性已经不言而喻。企业的发展离不开技术，技术的发展离不开人才，技术的重要性使企业对于技术人才的需求更加迫切。在市场竞争白热化的情势下，技术人员流动也更为频繁，而技术人员在流动过程中或多或少也会带动技术的流动，因此，与职务发明相关的专利权属纠纷也日益增多，趋势上升十分明显。

一、"职务发明"与"职务发明"发明人

职务发明，即职务发明创造，根据《专利法》第六条的规定，"是指执行本单位的任务或者主要是利用本单位的物质技术条件所完成的发明创造为职务发明创造。"

职务发明申请专利的权利属于发明人所属单位，如果专利申请被授权，该单位为专利权人。[1]

完成职务发明创造的发明人为职务发明创造发明人，职务发明人具有"奖励及报酬"请求权。

二、实际发明人与名义发明人

"实际发明人"，顾名思义，指的是相关发明创造真正的发明人。根据我国《专利法实施细则》第十三条之规定："专利法所称发明人或者设计人，是指对发明创造的实质性特点作出创造性贡献的人。在完成发明创造过程中，只负责组织工作

---

* 黄苏豫，上海市锦天城律师事务所南京办公室律师。

〔1〕 冯晓青：《知识产权法》，中国政法大学出版社 2008 年版。

的人、为物质技术条件的利用提供方便的人或者从事其他辅助工作的人，不是发明人或者设计人。”

“名义发明人”，是指在专利申请文件中记载的发明人。目前在我国的专利授权程序中，国家专利行政管理部门对专利申请文件中记载的发明人不作实质性审查。

由此我们可知，名义发明人并不一定是实际发明人，因专利管理部门并不对名义发明人进行实质审查，因此专利文件上关于发明人的记载并不具有绝对的证明效力，只有在无相反证据的情形下，名义发明人才可以推定为实际发明人。因此，名义发明人不能当然认为属于涉案专利的实际发明人。

三、实际发明人应如何认定

鉴于“实际发明人”必须是对发明创造的“实质性特点”作出“创造性贡献”之人。因此，对于“实质性特点”和“创造性贡献”两者的理解就至关重要。那么何为“实质性特点”，一般是指发明创造的设计要点或关键技术特征，体现着该发明创造与已有成果的技术差别，[2]这是发明创造不同于现有技术的“创造性”所在；何为“创造性贡献”，可以理解创新性的智力劳动。[3] 因此，“实际发明人”的认定的核心在于诉争专利“实质性特点”的技术贡献由谁作出。

“揭开名义发明人的面纱，寻找在名义发明人背后的实际发明人”，但是实务中，关于实际发明人的认定并未有统一的标准，而且不同案件存在较大的个案差异，况且部分实际发明人在个别案件中隐藏较深，是如何拨云见日，已经不只是法律问题，很多情形下都已经演变为技术问题。

以下，我们结合两个案例，也正好是目前涉及实际发明人认定的两类典型案件，来进一步了解法官在实际发明人认定的过程中，采用了何种审理思路，是如何进行“实际发明人”认定的。

（一）离职员工是诉争专利的名义发明人之一

第一类案件，员工离职后参与的发明创造，员工作为名义发明人之一。

此类案件中，员工本身是诉争专利的名义发明人之一，按照《专利法实施细则》第十二条第一款第三项之规定，“（三）退休、调离原单位后或者劳动、人事关

---

〔2〕 唐震：《署名人须对专利的实质性特点作出创造性贡献》，载《人民司法》2015年第10期。

〔3〕 徐棣枫：《不正当行为抗辩制度之移植可行性及设计构想——基于〈专利法〉第四次修改中的“诚实信用原则”》，载《东方法学》2018年第6期。

系终止后1年内作出的，与其在原单位承担的本职工作或者原单位分配的任务有关的发明创造”。这类案件中诉争专利直观上应当属于“职务发明”，但是离职员工仅是发明人之一，是否对涉案发明创造的实质性特点作出创造性贡献尚无法确定，而且其他发明人有没有作出贡献也并不知晓，因此，此类案件中，“实际发明人”首先需要明确诉争专利的“实质性特点”，而后认定实际的发明人。

【案例1】湖北宜都运机机电股份有限公司诉湖北宜都中机环保工程有限公司专利权权属纠纷案［湖北省高级人民法院（2016）鄂民终504号］

本案二审由湖北省高院审理，现本案已终结。在本案中，诉争专利具有三个名义发明人，其中辛某善和毛某以前为湖北宜都运机机电股份有限公司（以下简称宜都运机公司）员工，案件受理时辛某离职已超过一年，毛某离职尚未满一年；其中，覃某为湖北宜都中机环保工程有限公司（以下简称宜都中机公司）员工，诉争专利系宜都中机公司申请。

本案的核心焦点在于：三位名义发明人中谁对于诉争专利的实质性特点作出了创造性贡献，即谁为实际发明人。法官在审理此案时，重点考虑了以下因素：

1. 宜都运机公司有证据证明诉争专利系毛某作出；宜都运机公司初步举证证明诉争专利的实质性特点源自该公司前员工毛某设计或编制的图纸。

2. 覃某具有教师资格证书，能够证明其具有一定的发明创造能力。

3. 宜都中机公司没有提供证据证明辛某善、覃某对诉争专利作出技术贡献。

4. 诉争专利与毛某其在原单位承担的本职工作或者原单位分配的任务具有较强的关联性。

最终法院认定，覃某具有一定的研发能力，但是与其对诉争专利的技术贡献没有因果关系。而且，宜都中机公司未提供证据证明辛某善、覃某对诉争专利作出技术贡献。因此，认定诉争专利的实际发明人为毛某，诉争专利系职务发明。

本案中，法官认定毛某对诉争专利作出技术贡献是核心在于宜都运机公司提供了一份毛某在职期间设计的图纸，法官将该图纸记载的技术内容与诉争专利进行比对之后，认定诉争专利的实质性特点与该图纸中的技术特征不存在实质性区别，因此认定毛某为实际发明人。

（二）公司和离职员工以外的第三人为诉争专利的名义发明人

第二类案件，涉案发明创造的名义发明人为第三人，但该第三人与员工具有某种联系。

此类案件中，名义发明人为第三人，而且与员工具有某种联系，这种情形下，很可能是员工明知职务发明的申请权归属于公司，为将“职务发明”占为己有，员工在职期间或离职之后1年内，在专利申请过程中，以他人作为发明人。这类案件，员工可能存在规避法律之嫌，因此，此类案件的重点在于如何推翻名义发明人，从而确定实际发明人，以达到云开雾散之效果。

【案例2】南京伟思医疗科技股份有限公司与南京麦澜德医疗科技有限公司专利权权属纠纷案[江苏省高级人民法院(2016)苏民终988号]

此案为最高人民法院公布的2017年五十大知识产权典型案例之一。本案中，南京伟思医疗科技股份有限公司(以下简称伟思公司)与南京麦澜德医疗科技有限公司(以下简称麦澜德公司)诉争专利的名义发明人为杨某，专利申请时的申请人也是杨某，后杨某将专利转至麦澜德公司名下。

对于本案，法官在审理时，对于杨某是否是实际发明人进行了重点考量：

1. 杨某是否具有与诉讼发明创造相关的工作经验。

2. 杨某是否具备与诉讼发明创造相关的学习经历或专业知识。

因杨某缺乏相关的学习经历和工作经验，也没有提供与诉争专利相关的技术文件相关文档，法官认定杨某并非诉争专利的实际发明人。那么，法官如何认定实际发明人呢？本案中，法官对于实际发明人的认定采用了同样的认定思路，对于原伟思公司员工，现麦澜德公司副总经理史某怀：(1)其具备相关的学习经历和工作经验；(2)而且其在伟思公司担任技术人员，作为多个专利的发明人；(3)诉争专利在进行专利申请时，由其与专利代理人及审查员进行沟通联系；(4)诉争专利与其在伟思公司工作期间的工作任务有关；(5)杨某与其具有联系。因此，法官认定诉争专利的实际发明人为史某怀，诉争专利构成职务发明，专利权应当归属于伟思公司。

四、实际发明人认定的一般思路分析

从以上两个案例的分析，我们可以看出法官对于实际发明人的认定都会围绕相关发明人的专业知识及工作经验等方面进行展开。在确定了诉争专利“实质性特点”之后，再判断由谁作出了相应的技术贡献，进一步确定实际发明人之后，最终判断诉争专利是否属于职务发明。因此，笔者结合多个相关案例，分析了法官在进行实际发明人认定过程中的侧重点，以下几个方面与实际发明人认定密切相关。

(一)相关技术的研发能力

技术不会凭空产生,对于任何一项新技术而言,研发能力是基础。上述两个案例中法官对于发明人的研发能力都较为看重,是否具备一定的发明创造能力对于实际发明人的认定具有较大影响。

1. 相关的著作及论文

在笔者研究的多个案例中,著作及论文作为证据提交以证明发明人具备一定研发能力的案件不在少数,而且专业的著作及论文对于研发能力的认定明显属于加分项。

2. 相关学习、培训经历

在涉案专利相关领域具有相应的学习培训经历,例如正规学历、技术培训、技术相关的执业证书等材料,可以体现发明人具有一定的学习研发能力。

3. 在其他领域的专利申请

在其他领域有一些专利申请,也可以从侧面反映出发明人具备一定的研发能力,但是由于技术领域专业知识的限制,其他领域的专利申请只可作为参考,不具备因果关系。

(二)相关技术的研发动机

大部分专利技术,都是为解决特定的技术问题而产生。因此,研发动机对于发明创造的完成是较为重要的,在缺乏研究动机的情形下,法官对于实际发明人的认定也会有所影响。

1. 工作经历或培训经历

学习经历决定是否具有一定的研发能力,而相关领域的工作经历可以展现研发动机,尤其是具备一定的工作经验,了解相关行业信息和发展趋势,对于相关技术的研发具有一定的迫切需要,相对于缺少相关工作经历,对行业缺乏一定了解和认知的人,具有工作经验的人被认定为实际发明人的可能性更高。

2. 本领域的相关专利申请

在本领域具有多项相关的专利申请,一方面说明发明人具备较好的研发能力,另一方面,发明人深耕某一领域,说明其对于该领域具有持续的较为理想的研发动机。

（三）相关技术的研发过程

专利技术的起点可能来自奇思妙想、天马行空，但是完整的专利技术应当是需要不断改进和完善的。一项技术从突发奇想到趋于完善，其中要经历很多阶段，对于发明人而言，相关专利技术的原始文档、图纸、参数等资料是也能直接反映发明人研发思路、实验数据、阶段成果等研发过程，因此，技术文件相关的材料对于实际发明人的认定具有较为重要的影响。

（四）专利申请活动

专利申请过程中，专利文件的完备需要专利代理人不断地与发明人进行沟通，而且对于涉案专利审查意见的答复以及专利文件的修改，也需要发明人参与其中。因此，在专利申请文件完善过程中，以及专利授权程确权过程中，发明人相关的活动也可以作为认定其为实际发明人的证据。

五、关于实际发明人之认定的司法建议

（一）诚实信用原则及建立配套制度

诚实信用原则一直以来都是民商事法律中的“帝王条款”，是民法的基本原则。《专利法》第四次修改送审稿第一次引入了“诚实信用原则”，在第十四条中新增加了一款，即“申请专利和行使专利权应当遵循诚实信用原则”。此次在《专利法》中加入“诚实信用原则”对于专利法将产生深远之影响。

因目前《专利法》还未正式确立诚实信用原则，而且对于配套的制度设计仍未见端倪，笔者只能寄希望于立法者在专利申请程序中加大诚实信用原则的影响力，辅之以配套的制度设计，以利于此类纠纷的解决或减少此类纠纷之发生。

（二）积极调取专利审查档案

专利审查档案，包括专利审查、复审、无效程序中专利申请人或者专利权人提交的书面材料。专利审查档案可以反映专利在授权确权过程中所面临的问题，其中，尤其对于诉争专利的“实质性特点”的认定，具有较为的积极作用。

对于专利审查档案的调取，主张职务发明一方，因其并非专利申请人或专利权人，无法通过合法的途径接触审查档案；而对于被告一方，目前并没有强制给予其相应的举证责任，为避免不利后果，被告消极举证，也不利于案件的进一步审

理。因此,如果法官主动调取专利审查档案,以供双方作为证据使用,对于实际发明人认定相关的案件能够更好地定分止争,具有较为积极的意义。

六、结语

实际发明人的认定,对于职务发明案件的审理定案至关重要。在现行法律制度下,关于实际发明人的规定尚不够细致,认定标准尚不够明确,对于以后的疑难复杂案件的依然面临较大挑战。在《专利法》即将再次修改之际,笔者希望立法者能够进一步细化实际发明人的相关规定,出台明确的认定标准,以利于此类案件快速、公平地定分止争。

参考文献

著作类

冯晓青:《知识产权法》,中国政法大学出版社 2008 年版。

期刊类

1. 唐震:《署名人须对专利的实质性特点作出创造性贡献》,载《人民司法》2015 年第 10 期。
2. 徐棣枫:《不正当行为抗辩制度之移植可行性及设计构想——基于〈专利法〉第四次修改中的“诚实信用原则”》,载《东方法学》2018 年第 6 期。

发明专利申请日、公开日、授权日的法律意义

——从最高人民法院第20号指导案例到太原重工案

刘民选[*]　高文杰[**]

一、最高人民法院第20号指导案例

（一）案件基本情况

1. 案件背景

深圳市斯瑞曼精细化工有限公司（以下简称斯瑞曼公司）于2006年1月19日向国家知识产权局申请发明专利，该专利于2006年7月19日公开，2009年1月21日授权公告，授权的发明名称为“制备高纯度二氧化氯的设备”，专利权人为斯瑞曼公司。2008年10月20日，深圳市坑梓自来水有限公司（以下简称坑梓自来水公司）与深圳市康泰蓝水处理设备有限公司（以下简称康泰蓝公司）签订“购销合同”一份，坑梓自来水公司向康泰蓝公司购买康泰蓝二氧化氯发生器一套，价款26万元。康泰蓝公司已于2008年12月30日就上述产品销售款要求税务机关代开统一发票。在上述“购销合同”中，约定坑梓自来水公司分期向康泰蓝公司支付设备款项，康泰蓝公司为坑梓自来水公司提供安装、调试、维修、保养等技术支持及售后服务。2009年3月16日，斯瑞曼公司向广东省深圳市中级人民法院诉称：其拥有名称为“制备高纯度二氧化氯的设备”的发明专利（以下简称涉案发明专利），康泰蓝公司生产、销售和坑梓自来水公司使用的二氧化氯生产设备落入涉

---

* 刘民选，上海市锦天城律师事务所上海办公室高级合伙人，复旦大学法律硕士；擅长领域为知识产权争议解决与非诉服务。

** 高文杰，上海市锦天城律师事务所上海办公室律师助理，复旦大学硕士；擅长领域为知识产权法律业务。

案发明专利保护范围。请求判令二被告停止侵权并赔偿经济损失30万元、承担诉讼费等费用。

2. 法院判决

深圳市中级人民法院一审认为:涉案发明专利系经国家知识产权局依法授权,且处于有效状态,应受到保护。被诉侵权产品一直被坑梓自来水公司使用,康泰蓝公司并为该被诉侵权产品的正常运转提供维修、保养等技术支持。由此可见,康泰蓝公司、坑梓自来水公司的行为可以分为专利公开之后、授权之前的行为与专利授权之后的行为。康泰蓝公司制造、销售被诉侵权产品的行为主要发生在涉案发明专利公开之后、授权公告之前。坑梓自来水公司使用被诉侵权产品的行为以及康泰蓝公司为该使用行为提供维修、保养、技术支持的帮助行为从专利授权之前延续到专利授权之后。在一审法院已作释明的情况下,斯瑞曼公司仍坚持原诉讼请求没有明确在本案中要求康泰蓝公司、坑梓自来水公司支付发明专利临时保护期使用费,故一审法院在本案中对发明专利临时保护期使用费不予考虑,斯瑞曼公司可另案解决。但是,一审法院亦注意到,自涉案发明专利公开之后授权之前、授权之后直至本案诉讼,坑梓自来水公司一直持续使用被诉侵权产品,康泰蓝公司亦为该使用行为提供帮助,康泰蓝公司、坑梓自来水公司在涉案发明专利授权后未经许可继续实施该专利属于侵犯专利权行为,应承担相应的侵权赔偿责任。考虑坑梓自来水公司自来水消毒、净化处理涉及社会公众利益,停止被诉侵权产品的使用将在某种程度上影响社会公益,故一审法院对于坑梓自来水公司已在使用中的被诉侵权产品不判令停止使用,但康泰蓝公司、坑梓自来水公司应就该使用侵权行为向斯瑞曼公司作出赔偿。根据涉案发明专利的类型、侵权行为情节、斯瑞曼公司维权所支出费用等,酌定康泰蓝公司、坑梓自来水公司连带赔偿斯瑞曼公司经济损失人民币8万元。

广东省深圳市中级人民法院于2010年1月6日作出(2009)深中法民三初字第94号民事判决:康泰蓝公司停止侵权,康泰蓝公司和坑梓自来水公司连带赔偿斯瑞曼公司经济损失8万元。康泰蓝公司、坑梓自来水公司均提起上诉,广东省高级人民法院于2010年11月15日作出(2010)粤高法民三终字第444号民事判决:驳回上诉,维持原判。坑梓自来水公司不服二审判决,向最高人民法院申请再审。最高人民法院于2011年12月20日作出(2011)民提字第259号民事判决:撤销原一审、二审判决,驳回斯瑞曼公司的诉讼请求。

(二)核心法律问题

斯瑞曼公司在本案中没有提出支付发明专利临时保护期使用费的诉讼请求,因此本案的主要法律问题在于,坑梓自来水公司在涉案发明专利授权后使用其在涉案发明专利临时保护期内向康泰蓝公司购买的被诉专利侵权产品是否侵犯涉案发明专利权,康泰蓝公司在涉案发明专利授权后为坑梓自来水公司使用被诉专利侵权产品提供售后服务是否侵犯涉案发明专利权。

(三)问题评析

众所周知,专利制度的价值核心在于"公开换保护",即鼓励专利权人通过向公众披露其发明创造,使发明成果能在社会生产中使用,转化为生产力,促进科学技术进步和经济社会发展。同时,专利权人因此而获得排他性的权利。相比实用新型和外观设计,发明专利的授权过程更复杂。对于任何发明专利来说,三个时间节点与专利法所给予的保护程度密切相关,一是专利申请日,二是专利申请公开日,三是专利授予日。且由于我国没有采用类似美国、日本等国家所施行的将"公开"与"实质审查"平行进行的模式(称为"平行模式"),而是规定专利申请必须公开才能进入实质审查阶段后才进行实质审查(称为"连续模式"),为避免该时段内权利保护的"真空",法律对于处在专利临时保护期的专利申请提供了较弱的临时保护。在专利法没有给出足够清晰的规定的前提下,最高人民法院发布的指导案例以及具有标杆意义的经典案例对后续的诉讼实践无疑有巨大的指导意义。

《专利法》第十三条所设置的发明专利申请的临时保护,是指在专利申请公开日至授予日期之间,实施所申请发明专利的单位或者个人应向申请人支付适当费用。发明专利申请存在临时保护期最直接的原因就是"早期公开,延迟审查"制度。该审查制度的建立有很多优点,因而被世界上绝大多数国家所采纳。

但是在这种制度设计下,发明专利申请从公开到授权之间所需实质审查时间很长,这必然导致专利保护的"真空期"。发明专利公开后随时可能会被第三人利用,又由于此时尚未产生发明专利权,发明专利申请人因公开而获取保护的对价并未得以实现。基于这一考虑,《专利法》第十三条针对公开后授权前第三人的实施行为设置了临时保护期内的补偿金制度。由此可见,临时保护是基于"早起公开,延迟审查"制度所产生的权利保护"真空期"而给予申请人的一种补偿的阶段性救济措施。之所以说这种救济措施是阶段性的,是因为所申请的发明专利申请有可能被授权,也可能不被授权,如果因为属于现有技术而最终未获授权,该补偿也就没有存在的基础了。因而,我国《专利法》及相关规定对于临时保护制度并未给予足够的重视,其规定过于简单,可操作性不强,一直就是专利法实践上存在较大模糊性的问题。

关于临时保护制度,笔者对相关法条整理如下。

《专利法》第十三条:“发明专利申请公布后,申请人可以要求实施其发明的单位或者个人支付适当的费用。”

《专利法》第六十八条第二款:“发明专利申请公布后至专利权授予前使用该发明未支付适当使用费的,专利权人要求支付使用费的诉讼时效为二年,自专利权人得知或者应当得知他人使用其发明之日起计算,但是,专利权人于专利权授予之日前即已得知或者应当得知的,自专利权授予之日起计算。”

《专利法实施细则》第八十五条:“除专利法第六十条规定的外,管理专利工作的部门应当事人请求,可以对下列专利纠纷进行调解:……(四)在发明专利申请公布后专利权授予前使用发明而未支付适当费用的纠纷……对于前款第(四)项所列的纠纷,当事人请求管理专利工作的部门调解的,应当在专利权被授予之后提出。”

可以看出,《专利法》第十三条仅仅对临时保护制度作了一个原则性的规定,第六十八条第二款对临时保护两年诉讼时效进行了规定,《专利法实施细则》对临时保护费纠纷处理进行了规定,规定临时保护费纠纷可以由管理专利工作的部门调解,且请求需在专利授权后提出。对于双方未请求调解或调解不成的情形,最终显然还是要诉诸法院裁判,然而专利法对于临时保护制度的具体费用、临时保护范围又均未规定。毕竟,临时保护期内实施发明不是专利法意义上的侵权行为,只有在真正获得授权之后,权利人才能够完整获得《专利法》第十一条提供的垄断保护。从这个角度看,在专利法规定的临时保护制度可操作性不强,未就很多可能产生争议的核心问题作出直接规定的前提下,相关司法判例就具有很高的指导价值。

深入分析来看,本案的争议焦点在于:对于临时保护期内获得的产品是否应给予其在专利授权后的实施行为权利用尽的待遇?是否给予善意第三人免责的待遇?换句话说:

1. 制造者将其在专利临时保护期内生产的产品于专利授权后出售的行为是

否侵权？

2. 购买专利临时保护期内生产的产品的使用者于专利授权后的后续使用行为是否侵权？

最高人民法院认为，专利制度的设计初衷是“以公开换保护”，且是在授权之后才能请求予以保护。根据《专利法》第三十九条的规定，专利权自授权公告之日起生效。在授权公告日之前，专利权并未形成，因此，也就不具备专利法所赋予的专利权的效力。对于发明专利申请来说，在公开日到授权日之间，为发明专利申请提供的是临时保护，在此期间实施相关发明，不为专利法所禁止，同样也应当允许实施发明得到的产品在此期间之后的后续实施行为。否则，就违背了专利法的立法初衷，为尚未公开或者授权的技术方案提供了保护。另外，专利法规定了先用权，虽然仅规定了先用权人在原有范围内继续制造相同产品、使用相同方法不视为侵权，没有规定制造的相同产品或者使用相同方法制造的产品的后续实施行为是否构成侵权，但是不能因为专利法没有明确规定就认定上述后续实施行为构成侵权，否则，专利法规定的先用权没有任何意义。

关于专利权用尽，依据《专利法》第六十九条的规定，专利权用尽的条件在于经过专利权人许可从事的实施行为，专利权人已经在许可过程中获得了合理对价。而在临时保护期内，由于专利法规定的补偿金的存在，专利权人已经获得了法定的合理对价，因而无论专利权人是否明确承认补偿金的支付行为构成其许可第三人实施行为的意思表示，都应当认定专利权的用尽。当然，如果第三人实施专利后，专利权人未请求补偿金，即主动放弃获取对价，依然应当产生权利用尽的效果。因而，制造者将其在专利临时保护期内生产的产品于专利授权后销售、许诺销售的行为不构成侵权。

此外，关于善意第三人免责，判决原文中提到了“对于在专利临时保护期内制造、销售、进口的被诉专利侵权产品，在销售者、使用者提供了合法来源的情况下，销售者、使用者不应承担支付适当费用的责任”。对比《专利法》第七十条“为生产经营目的使用、许诺销售或者销售不知道是未经专利权人许可而制造并售出的专利侵权产品，能证明该产品合法来源的，不承担赔偿责任”对善意第三人的保护，依据“出罪举重以明轻”的一般原则，认为善意第三方购买专利临时保护期内制造的产品并于专利授权之后继续使用的行为不侵权，显然是合理的。即侵犯获得《专利法》第十一条完整保护的专利权都可以免责，那仅仅是购买专利临时保护期内产品的善意第三人的后续使用行为自然不应被认定为侵权。

那么,对于在专利临时保护期内业已完成销售并投入使用的产品,申请人于发明专利申请公布后要求支付适当的费用时,究竟应当向制造并销售者主张,还是应当向购买并使用者主张呢?对于此,最高人民法院认为专利法规定的五种禁止实施的行为是否构成侵权的认定并不是相互独立的。专利法对于五种实施行为的侵权认定和责任确定,均注重控制其源头制造行为。并且,根据《专利法》第七十条对善意购买者的保护,专利法对于未经许可的制造与其他实施行为在构成侵权的情况下应承担的侵权责任显然是区别对待的。即制造者要承担更为重大的责任,因为制造行为毕竟是所有专利侵权行为的源头,制造者凭借对技术领域的了解,对于自己行为是否侵权往往也有着较为清晰的认识。而善意购买者往往难以从技术上准确辨别产品是否落入相关专利的保护范围,法律对其加以保护有利于降低市场交易成本,促进经济发展。综上所述,显然应由临时保护期内制造相关产品的制造者向申请人支付适当的费用。

二、太原重工案

(一)案件基本情况

1. 案件背景

2006 年 7 月 28 日,丹尼利公司以“具有三个可调辊机架的轧机”为发明名称向中国国家知识产权局申请了发明专利,并于 2011 年 5 月 11 日获得授权,至提起诉讼时该专利持续有效。2008 年 7 月 11 日,太原重工股份有限公司(以下简称太原重工)与山东墨龙石油机械股份有限公司(以下简称墨龙公司)签订销售 TZΦ180 三辊连轧机组及其他系列产品的销售合同。

2012 年 10 月 30 日,丹尼利公司向山东高院起诉太原重工、墨龙公司侵犯其在中国申请的第 200680027781.7 号、名称为“具有三个可调辊机架的轧机”发明专利权(以下简称涉案专利权)。丹尼利公司请求法院判令太原重工立即停止制造、许诺销售及销售 TZΦ180 三辊连轧机组及落入涉案专利权保护范围的其他系列产品,立即清除及销毁所有关于被诉侵权产品的宣传资料,赔偿丹尼利公司侵权损失(以太原重工侵权获利计算)以及为制止被诉侵权行为所支付的各项费用共计人民币 9000 万元;判令墨龙公司立即停止使用侵犯丹尼利公司涉案专利权的被诉侵权产品,并支付专利使用费及侵权赔偿款共计 1000 万元。

太原重工答辩称,交付墨龙公司的设备所采用的三辊连轧技术来源于 40 多年的经验和 2 年多的专门研发。并且,根据专利法的相关规定,在发明专利申请之后、公布之前,专利权人享有的权益,仅仅是享有专利申请上的排他权益,而没有禁止他人生产与专利相同产品的权利,也无权要求支付费用。太原重工销售给墨龙公司被诉侵权设备的日期为2008年7月11日,发生在涉案专利权公布日2008年7月30日之前,因此该行为没有侵犯丹尼利公司的专利权,也不应当支付任何费用。同时,太原重工对涉案专利权提起无效宣告请求,并请求法院中止本案的审理。

墨龙公司答辩称,本案并非发明专利侵权案件,而是涉及发明专利临时保护使用费纠纷的案件。太原重工制造、销售给墨龙公司的被诉侵权产品实际上不仅早于涉案专利权的授权日,而且还早于涉案专利的公开日,所以本案案由至少不应为"侵害发明专利权纠纷",起诉和审理也不应依据《专利法》第十一条进行。墨龙公司在涉案专利临时保护期之前通过合法渠道购买被诉侵权产品,无须停止使用也不应承担使用费。请求驳回丹尼利公司的诉讼请求。

法院查明,丹尼利公司系专利号为200680027781.7名称为"具有三个可调辊机架的轧机"发明专利的专利权人,该专利申请日为2006年7月28日,申请公开日为2008年7月30日,授权公告日为2011年5月11日,至提起诉讼时现存续有效。2008年7月11日,太原重工、墨龙公司签订《三辊连轧管机组设备制造供货合同》(以下简称合同),约定太原重工根据墨龙公司提供的基本数据、基本设计等技术资料进行设备的设计和制造,为墨龙公司TZΦ180石油专用管改造工程提供三辊连轧管机组设备。在该供货合同中,太原重工承担了全线主轧设备的工艺流程布置,全部热轧变形工艺的轧制工艺设计,穿孔机组、三辊连轧管机组、脱管机组、24机架张力减径机组四大主变形机组的设备设计和制造任务。关于太原重工生产、销售给墨龙公司的TZΦ180三辊连轧机组是否落入涉案专利权保护范围的问题。本案中,丹尼利公司主张太原重工生产、销售、许诺销售的TZΦ180三辊连轧机组具有涉案专利权利要求1的技术特征,落入涉案专利权的保护范围,并提交了太原重工、墨龙公司签订的合同所附《技术规格书》、太原重工工程师就TZΦ180三辊连轧机组发表的论文以及法院证据保全照片、视频等证据加以证明。法院认为,关于比对对象的问题,一般应将被诉侵权产品实物用作比对对象,但是将能够反映被诉侵权产品技术特征的实物照片、产品技术说明书、技术资料等用作比对对象,可以达到与使用被诉侵权产品实物进行比对同样的比对效果的,该比对方式并无不当,也不违反专利法及相关司法解释的规定。根据丹尼利公司提交的技术比对意见及当庭比对,法院认为,被诉侵权产品具有涉案专利权利要求1

的全部技术特征。落入涉案专利权的保护范围。

2. 法院判决

根据丹尼利公司提交的现有证据,仅能证明太原重工在涉案专利申请公开日之前存在生产、销售被诉侵权"TZΦ180 三辊连轧机组"的行为,不能证明太原重工在涉案专利申请公开以及授权公告后仍存在生产、销售、许诺销售侵害丹尼利公司涉案专利权产品的行为,不能证明墨龙公司对其在涉案专利申请公开日之前购买的" TZΦ180 三辊连轧机组"的后续使用行为应为专利法所禁止,故法院对丹尼利公司针对太原重工、墨龙公司主张的各项诉讼请求均不予支持。依照《专利法》第十一条、第十三条,最高人民法院《关于审理侵犯专利权纠纷案件应用法律若干问题的解释》第三条第一款、第七条第一款,《民事诉讼法》第六十四条第一款、第二百六十九条规定,驳回丹尼利公司对太原重工和墨龙公司的全部诉讼请求。

(二)核心法律问题

首先,在本案中,太原重工与墨龙公司的销售合同在涉案专利公开日以前就已签订,但是设备的交付却在公开日后才完成,那么销售日期的认定究竟以何为准就成为第一个问题,直接决定丹尼利公司是否有要求太重公司支付适当费用的权利。本案的第二个法律问题在于,购买及后续使用被诉侵权产品的墨龙公司在专利授权之后的后续使用行为是否侵害了丹尼利公司涉案专利权,应否承担停止侵权、支付使用费及赔偿损失等责任。

(三)问题评析

在太原重工一案中,公开日这一关键时间点的确定显得尤为重要。根据《专利法实施细则》第一百一十四条"对要求获得发明专利权的国际申请,国务院专利行政部门经初步审查认为符合专利法和本细则有关规定的,应当在专利公报上予以公布;国际申请以中文以外的文字提出的,应当公布申请文件的中文译文。要求获得发明专利权的国际申请,由国际局以中文进行国际公布的,自国际公布日起适用专利法第十三条的规定;由国际局以中文以外的文字进行国际公布的,自国务院专利行政部门公布之日起适用专利法第十三条的规定。对国际申请,专利法第二十一条和第二十二条中所称的公布是指本条第一款所规定的公布"之规定可知,对于国际申请,即 PCT 申请进入中国的,如果国际阶段以中文公布的,则国际阶段的公布视为国家阶段的公布，如果以外文公布的，则以国家阶段的公布为准。

该案中，涉案专利的国际申请日和中国申请日均为2006年7月28日，该专利的国际阶段的公布日为2007年8月20日，国际申请语言和公布语言均为英文，中国(国家阶段)的公布日期为2008年7月30日。按照《专利法实施细则》第一百一十四条之规定，由于涉案专利的国际阶段的公布为英文，因此其根据《专利法》第十三条享有的临时保护的权利应当从中国的公布日期为准，即以2008年7月30日为准。太原重工、墨龙公司合同签订日期为2008年7月11日，在涉案专利公布日之前，而被诉侵权产品交付时间和试车时间均发生在涉案专利临时保护期内，可见，对太原重工销售行为的发生时间的认定将直接决定丹尼利公司是否有要求太原重工支付适当费用的权利。

最终，法院认为太重公司在签署供货合同时提供的附件1《技术规格书》对涉案产品详细列明了技术内容并附有图纸，应认定太原重工此时已经完成制造被诉侵权产品所必需的主要技术图纸或者工艺文件，即已经做好制造的必要准备。太原重工在后的产品交付和试车行为仅仅是履行供货合同的行为。如果因合同履行期间落入专利临时保护期内或者专利授权之后，即认定在专利申请公开日前签订合同并做好制造必要准备的供货方承担支付专利临时保护期使用费或者承担停止供货、赔偿专利权人损失的责任，将与专利法规定的用以弥补专利申请在先制度缺陷的先用权制度冲突，从而使专利权人获得不适当的过度保护。因而，太原重工生产、销售被诉侵权产品行为应认定为发生在合同签订时，即发生在涉案专利申请公开日之前。由于法律明确规定，发明专利授权后实施相关发明的行为属于禁止行为；在临时保护期，实施相关发明的行为，不属于禁止行为，但应当支付适当费用。因此，按照法律规定，发明专利公布之前实施相关发明的行为，也不属于禁止行为，同时也无须支付费用。因而，太原重工未在涉案专利临时保护期或专利授权公告后从事侵害涉案专利权的生产、销售以及许诺销售行为，无须支出任何专利使用费、赔偿金及维权支出费用。

对于购买及后续使用被诉侵权产品的墨龙公司在专利授权之后的后续使用行为是否侵害了丹尼利公司涉案专利权，应否承担停止侵权、支付使用费及赔偿损失等责任的问题，本案判决参考了前案，即最高人民法院第20号指导案例中给出的指导性判断，认定虽然产品交付时间发生在涉案专利临时保护期内，产品持续使用至专利授权之后，但墨龙公司作为善意购买者和使用者理应受到保护，对其在先合法购买产品的后续使用行为不应承担停止使用、支付使用费及赔偿损失等责任，并可在涉案专利授权后继续使用所购产品。

至此，法院的判决结果是：太原重工案以太原重工及墨龙公司的大获全胜而告终。但是，既然太重案的最终判决从根本上来说是基于重要时间节点的确定以及最高人民法院第20号指导案例对认定善意第三人不承担侵权责任的认定，那么在太原重工案的判决书对被诉侵权产品是否落入涉案专利保护范围的大篇幅认定依然值得商榷。根据《专利法》第六十一条，专利侵权纠纷涉及新产品制造方法发明专利的，制造同样产品的单位或者个人应当提供其产品制造方法不同于专利方法的证明。从最高人民法院第20号指导案例的再审判决来看，法院对侵权人康泰蓝公司向坑梓自来水公司出售的二氧化氯发生器与斯瑞曼公司的发明专利——制备高纯度二氧化氯设备的制造方法和工作原理有较为详细的比对并最终得出落入专利保护范围的结论。最高人民法院在技术上作出认定的原因无他，只因技术因素会直接影响最终判决，即如果康泰蓝公司向坑梓自来水公司出售的设备本身并未落入涉案专利保护范围，那么基于专利临时保护期的补偿金自然无需支付。在太原重工案的诉讼期间，双方都先后花费大量精力进行取证、举证，判决书对技术方案的比对更是占用了整个判决的大半篇幅。但逻辑上讲，无论太原重工的产品的全部技术特征是否落入涉案专利权的保护范围，太原重工公司的制造、销售行为及墨龙公司的后续使用行为都不会构成对丹尼利公司涉案发明专利权的侵犯，太原重工案的审判过程完全可以省去或是精简技术部分的比对和认定，从关键点入手，以简要而精准的法律推理得出结论并做出判决。

三、结语

对于临时保护期以及专利申请日后公开日前这两个时段内，他人所为的制造、销售、许诺销售行为，以及专利授权后的后续使用、销售、许诺销售行为是否侵犯专利权的问题，本文通过对最高人民法院第20号指导案例（“深圳市斯瑞曼精细化工有限公司诉深圳市坑梓自来水有限公司、深圳市康泰蓝水处理设备有限公司侵害发明专利权纠纷案”）及“意大利丹尼利机械设备股份公司诉太原重工股份有限公司、山东墨龙石油机械股份有限公司侵害发明专利权纠纷案”的详细分析，阐述了两案的对司法实践的重要指导意义。

两案的判决解决了司法实践中的争议，符合专利法“以公开换市场”的立法精神，对审判类似案件具有指导意义。

专利间接侵权之从属说

汪妍瑜*

“上海贝莱奥信息科技有限公司诉高德地图导航产品发明专利侵权案”是地图领域第一起专利侵权诉讼案件，笔者代理高德公司一方。在本案诉讼中，面临多主体实施专利方法的问题，即涉及专利间接侵权的法律问题，因而在办案中，笔者着重研究了专利间接侵权制度中的相关法律问题。但最后上海贝莱奥公司的发明专利权在专利复审委的无效程序阶段被全部宣告无效，本案以原告失去权利基础后主动撤回诉讼结案，[1]没有实质地进入专利侵权的庭审中。在诉讼准备过程中，因为笔者对间接侵权的法律问题做了深入的研究，因此也作为阶段性成果供各位参考。

2016年4月1日，最高人民法院颁布《关于审理侵犯专利权纠纷案件应用法律若干问题的解释(二)》(法释〔2016〕1号)(以下简称《专利侵权司法解释二》)，其中的第二十一条[2]中规定了专利间接侵权制度。自该制度实行以来，以此条作为请求权基础的案件时有发生，但是法院在适用此条时却出现了不一致情况，出现了“同案不同判”的现象。笔者通过北京知识产权法院的两个案例来对其中

---

* 汪妍瑜，上海市锦天城律师事务所北京办公室合伙人，北京师范大学理学硕士，美国天普大学法律硕士；拥有律师执业证和专利代理人执业证；擅长领域为知识产权及争端解决。

〔1〕 北京知识产权法院(2017)京73民初1169号民事裁定书。

〔2〕 最高人民法院《关于审理侵犯专利权纠纷案件应用法律若干问题的解释(二)》第二十一条：明知有关产品系专门用于实施专利的材料、设备、零部件、中间物等，未经专利权人许可，为生产经营目的将该产品提供给他人实施了侵犯专利权的行为，权利人主张该提供者的行为属于侵权责任法第九条规定的帮助他人实施侵权行为的，人民法院应予支持。

明知有关产品、方法被授予专利权，未经专利权人许可，为生产经营目的积极诱导他人实施了侵犯专利权的行为，权利人主张该诱导者的行为属于侵权责任法第九条规定的教唆他人实施侵权行为的，人民法院应予支持。

存在的问题做一些分析,以求教于专家。需要说明的是,我国的专利间接侵权制度采用了“二元立法模式”,即在专利间接侵权制度中既规定了专利诱导侵权,也规定了专利帮助侵权,本文主要立足于专利帮助侵权的讨论。

一、两个案例

第一个案例为“西安西电捷通无线网络通信股份有限公司与索尼移动通信产品(中国)有限公司侵害发明专利权纠纷案”[3],在此案原告西安西电捷通无线网络通信股份有限公司(以下简称原告或西安西电捷通公司)提出被告索尼移动通信产品(中国)有限公司(以下简称被告或索尼中国公司)构成专利帮助侵权,即被告制造、销售的被控侵权产品作为终端(MT)方,未经许可与接入点(AP)、鉴别服务器(AS)共同实施了涉案专利,以及被告制造、销售的被控侵权产品作为一种必不可少的工具,为他人实施涉案专利提供了帮助,因此构成帮助侵权。

对原告的上述帮助侵权,法院认为,《侵权责任法》第九条第一款规定:“教唆、帮助他人实施侵权行为的,应当与行为人承担连带责任。”《专利侵权司法解释二》第二十一条第一款规定:“明知有关产品系专门用于实施专利的材料、设备、零部件、中间物等,未经专利权人许可,为生产经营目的将该产品提供给他人实施了侵犯专利权的行为,权利人主张该提供者的行为属于侵权责任法第九条规定的帮助他人实施侵权行为的,人民法院应予支持。”一般而言,间接侵权行为应以直接侵权行为的存在为前提。但是,这并不意味着专利权人应该证明有另一主体实际实施了直接侵权行为,而仅需证明被控侵权产品的用户按照产品的预设方式使用产品将全面覆盖专利权的技术特征即可,至于该用户是否要承担侵权责任,与间接侵权行为的成立无关。之所以这样解释,是因为在一些使用方法专利中,实现“全面覆盖”涉案专利权利要求技术特征的主体多为用户,而用户因其“非生产经营目的”不构成专利侵权,此时如果机械适用“间接侵权行为应以直接侵权行为的存在为前提”,将导致涉及用户的使用方法专利不能获得法律保护,有违专利法针对该类使用方法授予专利权的制度初衷。

第二个案例为“北京奇虎科技有限公司、奇智软件(北京)有限公司与北京江民新科技有限公司 GUI 外观设计专利纠纷案”[4],在此案中,原告北京奇虎科技

---

[3] 北京知识产权法院(2015)京知民初字第 1194 号民事判决书。

[4] 北京知识产权法院(2016)京 73 民初 276 号民事判决书。

有限公司、奇智软件(北京)有限公司(以下简称原告或奇虎公司)提出即使被告只是开发并免费发布了被诉侵权软件系专门用于计算机中的杀毒软件,即《专利侵权司法解释二》所称的“零部件”或“中间物”。被告出于生产经营目的将被诉侵权软件在互联网上发布,其用意明显是提供给他人下载并实施侵权行为,该软件下载后任何人一经安装并运行,即完成了制造被诉侵权软件的图形用户界面(以下简称被诉侵权设计),在此基础上,还有可能销售或者许诺销售安装了被诉侵权软件的电脑,上述侵权行为均是在被告教唆、帮助下完成的。被告开发的被诉侵权软件不具有侵权之外的其他用途,其一旦安装必然侵犯原告涉案专利的专利权,故被告行为构成帮助侵权行为。

对上述原告的帮助侵权主张,法院认为:被诉侵权行为构成帮助侵权行为的前提之一是用户具有直接实施涉案专利的行为。本案中,用户实施的行为仅为下载被诉侵权软件至其电脑的行为,并不存在制造、许诺销售、销售电脑等行为。原告虽主张用户存在销售或许诺销售预装有被诉侵权软件的电脑的可能性,但原告并未提交证据证明存在这一事实。基于此,在本案中并不存在直接实施涉案专利行为的情况下,即便确如原告所述被诉侵权软件属于侵权产品的中间物,被告提供被诉侵权软件的行为亦不可能构成帮助侵权行为,据此,原告的相应主张不能成立。

二、问题的提出

(一)专利帮助侵权之从属说、独立说和折中说之争

专利帮助侵权最早起源于美国的判例法,由美国法院在1871年审理的“Wallace v. Holmes案”[5]中得以确立,后又于1952年修订专利法时,在第271条中对此制度进行了明确的规定,在1984年和1988年对该条进行了修订。继美国之后,德国、法国、日本、韩国、中国香港地区等都在专利法中规定了专利帮助侵权。

我国在《专利法司法解释二》出台之前,学界就对专利帮助侵权就有很多讨论,其中设计专利帮助侵权的一个核心问题就是专利帮助侵权是否必须以存在专利直接侵权行为为前提。独立说认为,专利帮助侵权是一种独立的侵权行为,不以直接侵权行为成立为前提。而从属说则认为,专利帮助侵权必须以直接侵权行

---

〔5〕 Wallace v. Holmes, 29 F. Case 74(CC Conn. 1871), cited in Dawson Chem. Co. v. Rohm Hass Co. , 448 U. S. 176, 206 U. S. P. Q. 385(1980).

为成立为前提,否则不仅动摇专利侵权制度中的"全面覆盖原则"这一核心原则,而且也与民法中的共同侵权相矛盾。折中说则更务实,认为应以从属说为原则,以独立说为例外,具体情况具体分析。

从第一个案例来看,法院的态度是折中说,法院认为:"一般而言,间接侵权行为应以直接侵权行为的存在为前提。"即一般情况下,应采用从属说,间接侵权以直接侵权为前提。法院接着论述说"但是,这并不意味着专利权人应该证明有另一主体实际实施了直接侵权行为,而仅需证明被控侵权产品的用户按照产品的预设方式使用产品将全面覆盖专利权的技术特征即可",从此处法院的论述可以看出,法院认为在某些情况下,专利间接侵权是一种独立于直接侵权的形态,不以直接侵权的成立为前提,如果不做此解释,法院认为将会导致"涉及用户的使用方法专利不能获得法律保护,有违专利法针对该类使用方法授予专利权的制度初衷"。

从第二个案例来看,法院的态度是从属说,法院认为:"被诉侵权行为构成帮助侵权行为的前提之一是用户具有直接实施涉案专利的行为。本案中,用户实施的行为仅为下载被诉侵权软件至其电脑的行为,并不存在制造、许诺销售、销售电脑等行为。……基于此,在本案中并不存在直接实施涉案专利行为的情况下,即便确如原告所述被诉侵权软件属于侵权产品的中间物,被告提供被诉侵权软件的行为亦不可能构成帮助侵权行为,据此,原告的相应主张不能成立。"也就是说,法院认为要构成专利帮助侵权(或者说专利间接侵权),那么其前提是必须存在专利直接侵权,否者不可能构成专利帮助侵权。

上述两个案例均出自北京知识产权法院,可见即使在同一个法院,面对专利帮助侵权时,也莫衷一是,没有统一的裁判标准,那么所谓"同案同判"的法律追求自然就会落空。

(二)构成专利帮助侵权,原告的举证责任是必须证明有直接侵权之事实发生,还是证明有直接侵权事实发生的可能性即可

根据"谁主张,谁举证"的法学原理,要构成专利帮助侵权,原告必须举证证明构成专利帮助侵权,但是这里有一个原告举证责任限度的问题,即原告的举证责任是必须证明有直接侵权之事实发生,还是证明有直接侵权事实发生之可能性即可?

在一个案例中,法院认为:"这并不意味着专利权人应该证明有另一主体实际实施了直接侵权行为,而仅需证明被控侵权产品的用户按照产品的预设方式使用产品将全面覆盖专利权的技术特征即可。"也就是说法院认为,构成专利帮助侵

权，专利权人的举证责任仅为证明有直接侵权事实发生之可能性即可，当然这种可能性应为只要侵权产品的用户使用了帮助侵权人的产品即会全面覆盖专利权的技术特征，而不是侵权产品的用户使用了帮助侵权人的产品有时会全面覆盖专利权的技术特征，有时不会。也就是说，侵权产品是“专门用于实施专利的材料、设备、零部件、中间物等”。

第二个案例中，法院认为：“本案中，用户实施的行为仅为下载被诉侵权软件至其电脑的行为，并不存在制造、许诺销售、销售电脑等行为。原告虽主张用户存在销售或许诺销售预装有被诉侵权软件的电脑的可能性，但原告并未提交证据证明存在这一事实。”也就是说法院认为，构成专利帮助侵权，专利权人的举证责任应为证明有直接侵权事实实际发生才可以，而不是仅证明有这种可能性即可。

可见，对于这一问题，同一法院也给出了不同的观点，这种同案不同判的情况，会使举证责任人陷于无所适从的境地。

三、分析

针对上述两个问题，笔者试着对其从以下几方面展开分析，最后给出笔者的观点。

（一）专利帮助侵权与共同侵权

从《专利侵权司法解释二》第二十一条对专利帮助侵权的表述来看，专利帮助侵权是归结在《侵权责任法》共同侵权名下，具体为《侵权责任法》第九条第一款[6]的帮助侵权。既然将专利帮助侵权归结在共同侵权名下，那么专利帮助侵权就必须符合共同侵权的理论，而不能不顾共同侵权的理论而任意突破，否则会破坏整个法律体系的完整性。

在共同侵权的理论中，间接侵权必须以直接侵权为前提是其理论基石之一，所以在专利帮助侵权中，专利帮助侵权也必须以专利直接侵权为前提就是其应有之义。据此，笔者认为专利帮助侵权的“独立说”自然是不能成立的。

《侵权责任法》第九条第一款规定帮助侵权人“应当与行为人承担连带责任”，如果按照“独立说”，专利帮助侵权可以称为一种独立的侵权形态，那么“连带责任”就无从说起，也是与共同侵权理论相矛盾的。

---

〔6〕《侵权责任法》第九条第一款：教唆、帮助他人实施侵权行为的，应当与行为人承担连带责任。

有的学者认为，在传统的共同侵权理论中，共同侵权人必须具有“意思联络”才有可能构成共同侵权，也就是说共同侵权人必须具有“共同过错”才能构成共同侵权。而对于专利帮助侵权人只是向他人提供了专门用于实施专利的产品，并没有与他人有任何的“意思联络”，从而也不可能构成共同侵权，所以专利帮助侵权应该采“独立说”。事实上在我国《侵权责任法》中已经出现了即使没有“共同过错”也有可能出现共同侵权的规定，[7]即《侵权责任法》中已经扬弃了所谓“共同过错”才能构成共同侵权的理论。传统民法中的一般共同侵权已由“共同过错”走向了“行为关联”，即不再强调“意思联络”，只要数个加害人因其行为紧密联系，导致同一损害结果，便可构成共同侵权。[8] 因此笔者认为就共同侵权的主观方面，专利帮助侵权归结在共同侵权下并无障碍。

在美国，专利帮助侵权是一种独立的侵权形态，因此有的学者就认为我国也应承认专利帮助侵权的独立形态，需要指出的是，美国的专利帮助侵权脱胎于判例法，其并不存在所谓的《专利法》中的专利侵权形态与《侵权责任法》中的侵权形态的协调问题。我国作为大陆法系国家，需要考虑整个法律体系的协调统一，而不能照搬美国的立法形式。

经过上述《侵权责任法》中的共同侵权与专利帮助侵权关系的对比分析，笔者认为，在我国，专利帮助侵权采“从属说”更符合我国的立法实际。

（二）专利帮助侵权与全面覆盖原则

专利帮助侵权的“独立说”所存在的问题在于和专利侵权判定中的“全面覆盖原则”[9]存在矛盾。这也是“独立说”不得不面对的问题。“全面覆盖原则”要求只有被诉侵权方案包含了权利要求中的所有技术特征才能构成专利侵权，而专利帮助侵权如果能够独立的称为一种专利侵权形态，那么也就意味着被诉侵权方案

---

〔7〕《侵权责任法》第十二条：二人以上分别实施侵权行为造成同一损害，能够确定责任大小的，各自承担相应的责任；难以确定责任大小的，平均承担赔偿责任。

〔8〕熊文聪：《被误读的专利间接侵权规则——以美国法变迁为线索》，载《东方法学》2011年第1期。

〔9〕最高人民法院《关于审理侵犯专利权纠纷案件应用法律若干问题的解释》第七条：人民法院判定被诉侵权技术方案是否落入专利权的保护范围，应当审查权利人主张的权利要求所记载的全部技术特征。

被诉侵权技术方案包含与权利要求记载的全部技术特征相同或者等同的技术特征的，人民法院应当认定其落入专利权的保护范围；被诉侵权技术方案的技术特征与权利要求记载的全部技术特征相比，缺少权利要求记载的一个以上的技术特征，或者有一个以上技术特征不相同也不等同的，人民法院应当认定其没有落入专利权的保护范围。

部分包含权利要求中的技术特征也可以构成专利侵权，这样就变相地承认了我国对专利权的部分或者局部保护，这将不适当地扩大对专利权人的保护，而侵害公众的利益，这是与专利法的宗旨相违背的。反观“从属说”则不存在这样的问题，“从属说”认为专利帮助侵权必须以专利直接侵权为前提，那么在专利直接侵权成立的前提必然要满足“全面覆盖原则”。

（三）专利帮助侵权采“从属说”的现实困境及分析

之所以有些学者坚持“独立说”是因为“从属说”在面对以下案件时会失灵，或者说会出现有失公平的现象，下面依次列举和分析：

第一类案件：为自己生活需要从行为人处购买专门用于实施他人专利的产品，本人不构成直接专利侵权，那么行为人自然也不构成专利帮助侵权。

第二类案件：行为人在我国制造并销售专门用于实施他人专利的产品，销售到境外后，在境外被他人用于实施直接侵权行为，国内的制造者和销售者在国内是否应该承担专利帮助侵权的责任成为疑问。

第三类案件：行为人为生产经营目的向他人提供专用产品，他人实施专利权人的专利，但他人属于《专利法》第六十九条第（三）、（四）、（五）项规定〔10〕的情形，行为人是否应该承担专利帮助侵权的责任也成为疑问。

第一类案件其实和本文第一个案例一样，诚如法院在说理部分所言，之所以这样解释，是因为在一些使用方法专利中，实现“全面覆盖”涉案专利权利要求技术特征的主体多为用户，而用户因其“非生产经营目的”不构成专利侵权，此时如果机械适用“间接侵权行为应以直接侵权行为的存在为前提”，将导致涉及用户的使用方法专利不能获得法律保护，有违专利法针对该类使用方法授予专利权的制

---

〔10〕《专利法》第六十九条：有下列情形之一的，不视为侵犯专利权：

（一）专利产品或者依照专利方法直接获得的产品，由专利权人或者经其许可的单位、个人售出后，使用、许诺销售、销售、进口该产品的；

（二）在专利申请日前已经制造相同产品、使用相同方法或者已经作好制造、使用的必要准备，并且仅在原有范围内继续制造、使用的；

（三）临时通过中国领陆、领水、领空的外国运输工具，依照其所属国同中国签订的协议或者共同参加的国际条约，或者依照互惠原则，为运输工具自身需要而在其装置和设备中使用有关专利的；

（四）专为科学研究和实验而使用有关专利的；

（五）为提供行政审批所需要的信息，制造、使用、进口专利药品或者专利医疗器械的，以及专门为其制造、进口专利药品或者专利医疗器械的。

度初衷。但是否真的如法院所说,为了保护这类案件下专利权人的专利权,就必须牺牲共同侵权理论中的“间接侵权必须以直接侵权为前提”的理论基石和专利侵权中的“全面覆盖原则”,从而承认“独立说”或者“折中说”呢?

《专利法》第六十条规定“未经专利权人许可,实施其专利,即侵犯其专利权”。《专利法》第十一条第一款规定“发明和实用新型专利权被授予后,除本法另有规定的以外,任何单位或者个人未经专利权人许可,都不得实施其专利,即不得为生产经营目的的制造、使用、许诺销售、销售、进口其专利产品,或者使用其专利方法以及使用、许诺销售、销售、进口依照该专利方法直接获得的产品”。《专利法》第六十条对专利侵权的规定与《侵权责任法》中所规定[11]的侵权是一致的,都属于一种侵害他人民事权益的行为。只是在《专利法》中具体表现为“未经专利权人许可,实施其专利”的行为。而到《专利法》第十一条则进一步将需要追责的侵权行为限定在了“以生产经营为目的,制造、使用、许诺销售、销售、进口专利产品或者使用其专利方法以及使用、许诺销售、销售、进口依照该专利方法直接获得的产品”的这几种侵权行为,而对其他侵权行为,《专利法》则明确不追责或者不视为侵权。[12]《专利法》这样规定是由其作为一种法定的垄断权和立法宗旨决定的,即平衡专利权人和公众的利益。从上述分析,我们可以得出这样的结论,构成专利直接侵权,只要具备“未经专利权人许可实施其专利”这一要件即为满足,而要构成可以追责的专利直接侵权,则除具备上述要件之外,还必须同时具备“以生产经营为目的”和实施专利的具体行为方式为“制造”、“使用”、“销售”、“许诺销售”和“进口”这两个要件,我们可以将这两个要件分别称为“目的要件”和“行为方式要件”,而“未经专利权人许可实施其专利”这一要件我们称为“行为要件”。

对于第一类案件,笔者认为,用户或者消费者购买行为人的专门产品实施他人专利的行为已然满足专利直接侵权的“行为要件”,已构成专利直接侵权,只是因不满足“目的要件”和“行为方式要件”而未构成可以追责的专利直接侵权而已。既然用户或者消费者构成了专利直接侵权,那么追究专利帮助侵权行为人的侵权责任就没有任何理论上的障碍,且不必采“独立说”,从而与“全面覆盖原则”

---

〔11〕《侵权责任法》第六条:行为人因过错侵害他人民事权益,应当承担侵权责任。根据法律规定推定行为人有过错,行为人不能证明自己没有过错的,应当承担侵权责任。
《侵权责任法》第七条:行为人损害他人民事权益,不论行为人有无过错,法律规定应当承担侵权责任的,依照其规定。

〔12〕例如,《专利法》第六十九条的规定的几种不视为侵权的情况。

相冲突。

对于第三类案件,即《专利法》第六十九条所规定的几种不视为侵犯专利权的行为,这几种行为无一例外地都满足专利直接侵权的“行为要件”,有的甚至还满足“目的要件”和“行为方式要件”,所以这几种行为认定为专利直接侵权应无问题,甚至可以认定为可以追责的专利直接侵权。只是法律将这几种行为拟制为不侵犯专利权的行为而已,那么在“从属说”的理论框架下追究这类案件中的专利帮助侵权者的侵权责任应无障碍。

对于第二类案件,专利直接侵权发生在国外,而国内的行为人向国外的专利直接侵权行为人提供了实施专利的专门产品。对于这类案件,其实存在一个按照国外的法律来认定专利直接侵权还是按照国内的法律来认定专利直接侵权的问题。知识产权法的一个重要特征即地域性,对于专利法来说,该特征尤其重要,如果说专利权人在该国外根本就没有申请专利,那么在国外存在专利直接侵权就是一个伪命题,如果专利权人在国外申请专利了,那么专利权人完全可以到国外进行专利维权,那么国内的专利帮助侵权自然就会得到遏制。而且我国现阶段还处于发展中国家,“世界工厂”的历史恐怕还要延续一段时间,按照林毅夫教授的“后发优势”理论,我们国家将会有 60~70 年的技术追赶期。如果按照“独立说”承认专利帮助侵权为一种独立的侵权形态,那么势必会对这类案件中的我国生产商进行追责,这样不利于我国的经济发展。而按照“从属说”则没有对这类案件中的我国生产商追责的理论基础。

(四)专利帮助侵权在我国的立法考察

虽然直到 2016 年 4 月 1 日在最高人民法院发布的《专利侵权司法解释二》中的第二十一条对专利帮助侵权才正式以司法解释的形式规定下来,但是对于专利帮助侵权的立法探索早就有所涉及。笔者将按照时间顺序对于这一制度在立法过程中的变迁做一梳理。

专利帮助侵权的规定最早见于北京市高级人民法院 2001 年 9 月 29 日发布的关于《专利侵权判定若干问题的意见(试行)》(京高法发〔2001〕229 号)第七十三条至第八十条中,在此意见中,并没有就专利帮助侵权单独做出规定,而是杂糅在专利间接侵权制度中。但是基本提出了专利帮助侵权的在我国的“从属说”地位。例如在第七十八条中规定:间接侵权一般应以直接侵权的发生为前提条件,没有直接侵权行为发生的情况下,不存在间接侵权。但是该意见并没有将“从属说”贯彻到底,紧接着在该意见的第七十九条和第八十条〔13〕又出现了"独立说"的影子。

十二年之后,上述意见被北京市高级人民法院 2013 年 9 月 4 日发布的《北京市高级人民法院专利侵权判定指南》(京高法发〔2013〕301 号)(以下简称《2013 年专利侵权指南》)所取代,上述意见同步废止。奇怪的是《2013 年专利侵权指南》中,对于专利帮助侵权采"独立说"还是"从属说"采取了回避的态度,只是从司法实践的角度进行了规定,只是在第一百零八条规定"提供、出售或者进口专门用于实施他人产品专利的材料、专用设备或者零部件的,或者提供、出售或者进口专门用于实施他人方法专利的材料、器件或者专用设备的,上述行为人与实施人构成共同侵权"。并没有就专利间接侵权与专利直接侵权的关系进行规定。从《2013 年专利侵权指南》中,可以看出,试图将专利帮助侵权归进共同侵权中的努力。

2014 年 7 月 31 日,最高人民法院发布了《关于审理侵犯专利权纠纷案件应用法律若干问题的解释(二)(公开征求意见稿)》,在第二十五条第一款中规定,"明知有关产品系专门用于实施发明创造的原材料、零部件、中间物等,未经专利权人许可,将该产品提供给无权实施该专利的人或者依法不承担侵权责任的人实施,权利人主张该提供者的行为属于侵权责任法第九条规定的帮助侵权行为的,人民法院应予支持"。该规定是完全照搬美国专利帮助侵权的规定,其中没有规定帮助侵权者的主观目的要件,即"以生产经营为目的";也没有明确规定"专利帮助侵权必须以专利直接侵权为前提",可以看出该条的规定"独立说"的成分更多。

2015 年 12 月 2 日,在《中华人民共和国专利法修订草案(送审稿)》[以下简称《专利法修订草案(送审稿)》]第六十二条中对专利帮助侵权进行了新增规定,"明知有关产品系专门用于实施专利的原材料、中间物、零部件、设备,未经专利权人许可,为生产经营目的将该产品提供给他人实施了侵犯专利权的行为的,应当与侵权人承担连带责任"。在该规定中规定了帮助侵权者的目的要件,即行为人

〔13〕《专利侵权判定若干问题的意见(试行)》(京高法发〔2001〕229 号)第七十九条:发生下列依法对直接侵权行为不予追究或者不视为侵犯专利权的情况,也可以直接追究间接侵权行为人的侵权责任:

(1)该行为属于专利法第 63 条所述的不视为侵犯专利权的行为;

(2)该行为属于个人非营利目的的制造、使用专利产品或者使用专利方法的行为。

第八十条:依照我国法律认定的直接侵权行为发生或者可能发生在境外的,可以直接追究间接侵权行为人的侵权责任。

必须具备“生产经营目的”才有可能构成专利帮助侵权。同时规定只有行为人向他人提供了专用产品且该他人“实施了”侵犯专利权的行为时，行为人才能构成专利帮助侵权，也就是专利帮助侵权必须以专利间接侵权为前提。所以，《专利法修订草案（送审稿）》第六十二条的规定虽然还未最后确定下来，但基本上确定了专利帮助侵权在我国的采“从属说”的大基调。

在《专利法修订草案（送审稿）》第六十二条“从属说”的大基调下，2016 年 4 月 1 日生效的《专利侵权司法解释二》第二十一条基本上照搬了《专利法修订草案（送审稿）》第六十二条的规定，只表述上略有不同。在《最高人民法院民三庭负责人就专利法司法解释（二）答记者问》中，最高人民法院对此也重点进行了说明：“需要强调的是，间接侵权应当以直接侵权为前提，故条文表述为‘实施了’侵犯专利权的行为。”

2017 年 4 月 20 日北京市高级人民法院最新发布的《北京市高级人民法院专利侵权判定指南》也采用了《专利法修订草案（送审稿）》和《专利侵权司法解释二》的表述，具体规定在第一百一十九条第一款中，“行为人明知有关产品系专门用于实施涉案专利技术方案的原材料、中间产品、零部件或设备等专用产品，未经专利权人许可，为生产经营目的向他人提供该专用产品，且他人实施了侵犯专利权行为的，行为人提供该专用产品的行为构成本指南第 118 条规定的帮助他人实施侵犯专利权行为，但该他人属于本指南第 130 条或专利法第六十九条第（三）、（四）、（五）项规定之情形的，由该行为人承担民事责任”。在该条中，“本指南第 130 条”所规定的情形即本文在“专利帮助侵权采‘从属说’的现实困境及分析”一节中所论述的第一类案件，而“专利法第六十九条第（三）、（四）、（五）项规定之情形的”即本文在“专利帮助侵权采‘从属说’的现实困境及分析”一节中所论述的第三类案件。有关这两类案件采用“从属说”的合理性，在此不再赘述。

通过上述对专利帮助侵权在我国立法变迁的考察可以看出，专利帮助侵权从“从属说”到“独立说”，再到“从属说”，并不是一个简单的理论选择的变化，而是随着对专利帮助侵权这种侵权形态的认识不断深入而作出的理论选择，最终“从属说”战胜“独立说”，成为立法者所认可的理论。

（五）专利帮助侵权与司法实务

“折中说”曾一度在司法实务界非常流行，例如本文北京知识产权法院的第一个案例就采用的“折中说”，但“折中说”事实上是一种“和稀泥”的学说，一方面会破坏理论上的统一性,同时也会给法官以过大的自由裁量权从而引起“同案不同判”的结果。当然,“折中说”似乎在解决本文“专利帮助侵权采‘从属说’的现实困境及分析”一节中所提到的三类案件上非常有效,但是通过本文的论述可以看出,“从属说”在解决上述三类案件上也是完全可以胜任的,所以笔者认为,在《专利侵权司法解释二》中的第二十一条对专利帮助侵权有了明确的规定之后,司法实务界应该严格按照该规定进行裁判,彻底摒弃“独立说”和“折中说”,从而保证“同案同判”司法价值的实现。

(六)构成专利帮助侵权,原告的举证责任必须以证明有直接侵权之事实发生才为满足

通过本文的上述分析,在专利帮助侵权采“从属说”的前提下,构成专利帮助侵权必须以直接侵权事实已现实发生为必要就成为“从属说”的应有之义。如果在专利权人未证明有专利直接侵权事实发生的情况下即可判定专利帮助侵权成立,那么不仅会出现不当扩大专利权人的权利——《专利侵权司法解释二》正是通过让专利权人证明有专利直接侵权事实现实发生从而加大其举证责任来平衡专利权的权利和公众利益的——从而损害公众的利益的可能,而且专利帮助侵权也会再次陷入“独立说”的桎梏不能自拔。再者,也不符合《专利侵权司法解释二》第二十一条所规定的“他人实施了侵犯专利权行为”中的“实施了”的规定。

四、余论

行文至此,本文要论述的问题基本结束,限于篇幅,尚有一些问题本文并未论及,例如专利帮助侵权中“专用产品”〔14〕的认定,“专用产品”与“非实质性侵权用途”的关系,“专用产品”与“明知”的关系等。有关上述问题,笔者将另行撰文论述。

参考文献

期刊类

1. 宋晓明、王闯、李剑:《〈关于审理侵犯专利权纠纷案件应用法律问题的解释(二)〉的理解与适用》,载《人民司法》2016 年第 10 期。
2. 李扬:《帮助型专利权间接侵权行为的法律构成》,载《人民司法》2016 年第 16 期。

---

〔14〕 这里的“专用产品”是指《专利侵权司法解释二》第二十一条中所规定的“专门用于实施专利的材料、设备、零部件、中间物等”的简称。

3. 杨柏勇、焦彦:《北京市高级人民法院〈专利侵权判定指南(2017)〉修改解读》,载《中国专利与商标》2017 年第 3 期。
4. 柯珂:《解释论视角下的“专利间接侵权”》,载《中国专利与商标》2016 年第 4 期。
5. 李宗辉:《论〈侵权责任法〉之共同侵权制度在专利法中的适用》,载《河南财经政法大学学报》2017 年第 1 期。
6. 闫珠君:《论专利间接侵权行为的责任承担》,载《中国发明与专利》2017 年第 6 期。
7. 徐晓颖:《试论专利间接侵权的独立性——兼评〈专利法修订草案(送审稿)〉第 62 条》,载《广西政法管理干部学院学报》2016 年第 2 期。
8. 张其鉴:《我国专利间接侵权立法模式之反思——以评析法释〔2016〕1 号第 21 条为中心》,载《知识产权》2017 年第 4 期。
9. 闫文军、金黎峰:《专利间接侵权的比较与适用——兼评 2016 年最高人民法院司法解释的相关规定》,载《知识产权》2017 年第 7 期。
10. 王宝筠、李少军:《专利间接侵权的理论分析及现实解决方案》,载《河北法学》2017 年第 10 期。
11. 马云鹏:《专利间接侵权的司法审查与认定——兼论〈专利法修订草案(送审稿)〉第 62 条的修改》,载《知识产权》2017 年第 4 期。
12. 熊文聪:《被误读的专利间接侵权规则——以美国法的变迁为线索》,载《东方法学》2011 年第 1 期。
13. 张玉敏、邓宏光:《专利间接侵权制度三论》,载《学术论坛》2006 年第 1 期。
14. 张怀岭:《从“Nespresso 咖啡胶囊案”看德国专利间接侵权构成要件理论发展趋势及其启示意义——兼评北京高院〈意见(2001)〉及〈指南 2013〉的相关规定》,载《财经法学》2015 年第 3 期。
15. 邓文:《对美国专利引诱侵权规则的几点思考——兼评美国 Commil 公司诉 Cisco 公司引诱侵权案》,载《湖北职业技术学院学报》2016 年第 1 期。
16. 张韬略、张伟君:《零部件销售导致组合物专利权利用尽研究——以美国、德国判例为视角》,载《知识产权》2017 年第 10 期。
17. 蔡元臻:《论日本专利间接侵权构成要件及其对我国的启示》,载《河北法学》2017 年第 1 期。
18. 刘友华、徐敏:《美国多主体专利侵权认定规则的演变与启示》,载《知识产权》2015 年第 9 期。
19. 万方:《专利法第四次修订草案中间接侵权制度的研究》,载《法制与社会》2016 年第 6 期。

一件疑难专利合同案件引起的法律讨论

刘民选[*] 陆世皎[**]

专利合同纠纷中兼具有专利属性决定的特殊法律问题以及合同法法律问题，相对于一般合同纠纷更为复杂，本文笔者就经办处理的一件疑难专利案件展开相关的法律讨论。

一、案件背景情况

2013 年，王某、蒋某合作完成涉案科研项目，二人决定联手樊某欲将该项目转让给他人，获得收益后三人间进行分配，因此三方先行签订协议，约定将项目及核心专利权先转让至蒋某控制的苏州 A 公司，然后以苏州 A 公司的名义向第三方转让涉案项目。王某将其与蒋某共有的核心专利权（该专利于 2004 年申请且授权，以下称 2004 年专利）转让给了苏州 A 公司，但王某未将三方协议中承诺的以王某名下的专利申请（该专利申请于 2010 年申请，2016 年 7 月因复审驳回失效，以下称 2010 年专利申请）转让给苏州 A 公司。经过多次周折之后，苏州 A 公司与苏州 B 公司签订项目转让合同，将涉案项目转让给苏州 B 公司，但苏州 B 公司签约后，以 2010 年专利申请对项目转让构成实质性障碍为由，对苏州 A 公司提起违约和解除合同的诉讼，并将王某列为该案第三人。经审理，法院认定 2010 年专利申请对项目转让构成实质性障碍，涉案合同解除，苏州 A 公司承担违约责任，赔

---

* 刘民选，上海市锦天城律师事务所上海办公室高级合伙人，复旦大学法律硕士；擅长领域为知识产权争议解决和知识产权非诉讼法律服务。

** 陆世皎，上海市锦天城律师事务所上海办公室律师；擅长领域为知识产权争议解决和知识产权非诉讼法律服务。

偿违约金人民币100万元,在先判决生效[1](以下称77号案件)。随后,蒋某、樊某依据在先判决以王某未将2010年专利申请转让给苏州A公司造成项目转让失败为由,主张王某违约并要求其承担人民币450万元的违约金[2](以下称578号案件)。我们在接受王某委托后,我方另行向法院提出了解除王某、蒋某和樊某的合同并要求返还已转让的核心专利2004年专利的诉讼[3](以下称271号案件)。由于在先生效77号案判决中法院的认定,对我方诉讼一审造成重大不利影响,但在二审中我方围绕以下三方面核心问题,向法官全面剖析案件的来龙去脉,扭转颓势,通过二审调解达成了案件理想的结果。[4]

案件核心问题包括:(1)专利转让合同案件中因实质性妨碍造成合同违约的判断;(2)在先判决77号案件中直接损失与在后271号案件、578号案件的关系;(3)关于涉案合同解除的利益平衡。

二、专利转让合同案件中因实质性妨碍造成合同违约的判断

从法律层面而言,对于实施专利是否构成实质性妨碍的评价,一般应当考量是否侵犯在先的专利权,而非在后的专利申请。退一步讲,即使是2010年专利申请需要被作为妨碍排除,那么本案王某、蒋某、樊某三人已经对2010年专利申请的转让作出三方约定,已经为苏州A公司和苏州B公司履行合同排除了妨碍,因为通过协议约定后,2010年专利申请人不可能再行向苏州A公司、苏州B公司主张权利,对于77号案涉案合同的履行不会构成障碍。另外,2010年专利在271号案件和587号案件判决时法律状态为驳回失效,客观上也不会对项目转让造成任何妨碍。

2014年4月30日,国家知识产权局就2010年专利申请发出《第一次审查意见通知书》,2014年12月16日发出驳回决定,2016年7月13日,复审维持原决定。再经技术特征比对,2004年的专利保护范围已完全涵盖了2010年专利申请的保护范围,且复审决定书中显示,维持驳回决定引用的对比文件还是2004年专利的公开文本,且仅有这一份对比文件。2010年专利申请客观上不会对2004年

---

[1] 上海知识产权法院苏州世林医药技术发展有限公司与上海颐岭投资管理咨询有限公司、苏州颐华生物医药技术股份有限公司技术秘密让与合同纠纷与专利转让合同一审民事判决书,案号:2015沪知民初字第77号。

[2] 上海市知识产权法院专利申请权转让合同纠纷,案号:(2016)沪73民初578号。

[3] 上海市知识产权法院专利申请权转让合同纠纷,案号:(2017)沪73民初271号。

[4] 上海市高级人民法院专利申请权转让合同纠纷,案号:(2018)沪民终107号和108号。

专利的实施构成障碍。该专利申请本身就无授权前景。

综上所述,本案中,2010 年专利申请不存在对转让项目造成妨碍的法律和技术理由。此种判断的基础不仅只在于考虑合同约定及合同条款本身,更应当从订立合同的目的本身为出发点。本案王某未依约转让 2010 年专利申请确实涉及违反与蒋某、樊某的合同约定,但这并不必然构成苏州 A 公司和苏州 B 公司之项目转让合同的履行妨碍。因知识产权特有属性而具有的特殊性,机械地引用合同约定,无法促使合同判决的公正和合理。

三、在先判决 77 号案件中直接损失与在后 578 号案件和 271 号案件的关系

(一)违约损失认定的法律逻辑

根据 578 号案件判决,一审法院在认定违约金时认为,本案中蒋某、樊某的直接经济损失是转让款的损失,进而认定苏州 A 公司与苏州 B 公司合同金额即 1500 万元的 30% 的违约金相比两人的损失即转让款 1110 万元的 30% ,并未过分高,因此认定了 450 万元的违约金。从上述逻辑来看,要造成蒋某、樊某损失了转让款这一结果,也就应当意味着,用来换取转让款的对价要么在苏州 A 公司与第三人的合同履行中灭失了,要么已经转让给第三人不可返还了。但这样推导的结果是与事实直接矛盾的。事实是,涉案项目转让标的即转让款的对价 2004 年专利和涉案项目从未从苏州 A 公司转让至第三方名下。因此,在苏州 A 公司与苏州 B 公司的合同解除的情况下,蒋某、樊某的直接损失根本不是转让款,由其实际控制的苏州 A 公司反而还能继续实施 2004 年专利和专利项目获利。因此,一审判决时依据转让款作为违约损失的比较是显然错误的。

(二)违约损失的因果关系

蒋某、樊某主张因为王某的行为造成苏州 A 公司在 77 号案件中承担违约责任,直接导致了蒋某、樊某的损失,而 77 号案件是由苏州 A 公司与第三方合同的纠纷,王某不可能直接导致其合同违约,其中没有直接的因果关系。

首先,从 77 号涉案合同的约定和实际履行中均可以表明,苏州 A 公司并未将 2010 年专利申请包含在转让给第三方的合同的转让标的中,而实际上,双方都知道 2010 年专利申请并不包含在项目转让合同之内。77 号涉案合同是苏州 A 公司与第三方签订的,王某并没有参与合同的签订。

其次，假设，苏州 A 公司在与第三方的转让合同中转让标的必须包含 2010 年专利申请，则在王某未将 2010 年专利申请转让到苏州 A 公司名下时，苏州 A 公司与第三方签订转让合同的条件未成就。而苏州 A 公司在转让条件没有成就的情况下进行转让，则过错在于苏州 A 公司而不在于王某。

最后，苏州 A 公司在转让标的不包括 2010 年专利申请的情况下，在其与第三方签订的合法、有效的转让情况下，积极抗辩，应对诉讼才是常理，而故意增加合同外的义务，并将该合同的义务指向王某，显然不能成为王某承担 578 号案件违约责任的理由。

四、关于涉案合同解除的利益平衡

本案中，在解决了上述两项问题后，仍然面临了违约方无合同解除权以及合同目的客观不能实现，守约方却要求继续履行的两难。

一般情况下，只有符合《合同法》第九十三条及第九十四条的协商解除、约定解除以及法定解除的情形时，合同才能解除，而且合同解除权归属于合同的守约方。但根据《最高人民法院公告》2006 年第 6 期公布的新宇公司诉冯玉梅商铺买卖合同纠纷案可以看到，根据在先案例和最高人民法院的观点，即使认定王某违约，也并非当然无权解除涉案合同。法院认为，有违约行为的一方当事人请求解除合同，没有违约行为的另一方当事人要求继续履行合同，当违约方继续履约所需的财力、物力超过合同双方基于合同履行所能获得的利益，合同已不具备继续履行的条件时，为平衡双方当事人利益，可以允许违约方解除合同，但必须由违约方向对方承担赔偿责任，以保证对方当事人的现实既得利益不因合同解除而减少。此种观点的形成是基于实务中复杂多样的情况，即使合同不存在可以解除的情形，当合同继续履行出现了极大的事实阻碍，无论是守约方还是违约方基于该合同都无法取得预期收益时，在违约方承诺合理赔偿守约方的损失后，可以依法请求解除合同。

根据《合同法》第一百一十条规定，“当事人一方不履行非金钱债务或者履行非金钱债务不符合约定的，对方可以要求履行，但有下列情形之一的除外：(一)法律上或者事实上不能履行”。271 号案件中，王某、蒋某和樊某三方约定中的 2010 年专利申请已然失效，法律上和事实上均不可能再转让，王某已无法继续履行此合同，而在 77 号案件和 578 号案件中法院也认定了涉案项目的合同目的不能实现，那么按照最高人民法院的观点，该案件从平衡各方利益的情况下，应当允许王某解除合同。

综上,根据一审法院作出的对于578号案件和271号案件的两个判决,王某面临的状况是,既认定合同约定目的不能实现,没有履行必要,却又判决合同不能解除的尴尬处境。对于王某而言,既要承担违约责任,又无法根据三方约定的通过项目转让获取其应有的经济收益,因此,一审法院的两份判决对王某而言是极其不公平的。

五、结语

经过法律论证可见,该专利转让合同纠纷,因知识产权特有属性而具有的案件特殊性,机械地引用合同约定和适用法律规定,无法促使法律达到公平正义的社会效果。专利申请是否转让,与技术的实质性障碍之间,有很多种判定方式,不可简单归结为按合同约定转让就构成障碍,因为专利申请阶段是一种典型的权利未定状态,但专利申请的过程是透明的,授权前景是可以预测的,在知道可能不会授权或已经被驳回申请的情况下,应该更为谨慎对待加以判断。

另外,本案需基于合同整体判断案件判决的公平合理性,将所涉及的法律问题独立开来看就很难明晰全案,虽然该案的这种特殊性未被578号案件和271号案件的一审法官和在先判决77号案的法官所采纳,但从所有判决结果中也可以明显看到,该判决将导致专利权利人的权、财两空。所幸,二审法官在了解案件全部实施和争议焦点后,全面解决了双方当事人的纠纷,也维护了王某的合法权益。

参考文献

案例类

1. 上海知识产权法院苏州世林医药技术发展有限公司与上海颐岭投资管理咨询有限公司、苏州颐华生物医药技术股份有限公司技术秘密让与合同纠纷与专利转让合同一审民事判决书,案号:2015沪知民初字第77号。
2. 上海市知识产权法院专利申请权转让合同纠纷,案号:(2016)沪73民初578号。
3. 上海市知识产权法院专利申请权转让合同纠纷,案号:(2017)沪73民初271号。
4. 上海市高级人民法院专利申请权转让合同纠纷,案号:(2018)沪民终107号和108号。
5. 新宇公司诉冯玉梅商铺买卖合同纠纷案。(《最高人民法院公报》2006年第6期)

商标篇

关于商标与企业名称权利冲突的法律分析和特定案件的具体解析

陆世皎*

在商业标识的使用、管理和维权过程中，企业名称和注册商标冲突的问题往往会困扰着企业，虽然两者分别通过不同的注册登记机关，依据不同的法律规定，合法登记或注册存在，但也正是因为主管机关不同、法律规定平行存在，才必然引发了企业名称和商标权利冲突的产生。纵向来说，企业名称因由不同行政区划下的工商行政部门负责审查登记，因此，不同行政区划下本身就可能合法登记有字号相同的同行业企业名称。而商标虽然不存在行政区划的问题，但存在未注册商标和注册商标并存、在先使用与在先注册并存的情况。横向来说，企业名称和商标形成的时间先后、具体使用行为均会形成不同的冲突形态。

本文笔者从三方面就商标与企业名称冲突中的法律问题开展讨论：(1)当企业名称与企业名称之间、注册商标与未注册商标之间以及企业名称和商标之间发生权利冲突时，一般情况下的法律适用与法律责任的归纳；(2)典型案件中对于企业名称与商标权利冲突问题的法律诉讼策略；(3)企业名称和注册商标冲突诉讼案件中，企业名称构成侵权时，停止使用、变更企业名称法律责任的司法执行问题。

一、当企业名称与企业名称之间、注册商标与未注册商标之间以及企业名称和商标之间发生权利冲突时，一般情况下的法律适用与法律责任的归纳

首先，笔者对企业名称和商标权利冲突的不同形态进行了逐一梳理。从表1可以对特定案件进行分析，先系统定位案件的冲突属于以下哪种形态，具体行为

---

* 陆世皎，上海市锦天城律师事务所上海办公室律师；擅长领域为知识产权争议解决和知识产权非诉讼法律服务。

的特点如何，进而归纳一般情况下的法律适用和法律责任。

表 1　企业名称、商标间的冲突情形

序号	在先权利	冲突权利	行　为	法律适用	法律责任
1.1	企业名称	注册商标	在经营活动中正常使用其企业名称以及企业名称中的字号。 在经营活动中，以核准注册的商标和核定使用的商品为限进行注册商标使用	**《企业名称登记管理规定》** **第三条：**企业名称在企业申请登记时，由企业名称的登记主管机关核定。企业名称经核准登记注册后方可使用，在规定的范围内享有专用权。 **《商标法》** **第四条第一款：**自然人、法人或者其他组织在生产经营活动中，对其商品或者服务需要取得商标专用权的，应当向商标局申请商标注册。 **第四十八条：**本法所称商标的使用，是指将商标用于商品、商品包装或者容器以及商品交易文书上，或者将商标用于广告宣传、展览以及其他商业活动中，用于识别商品来源的行为。 **第五十六条：**注册商标的专用权，以核准注册的商标和核定使用的商品为限	合法共存
1.2			将与他人在先登记、使用并具有一定知名度的字号相同或者近似的文字申请注册为商标，容易导致公众混淆，致使在先字号权人的利益可能受到损害的行为	**《商标法》** **第三十二条：**申请商标注册不得损害他人现有的在先权利，也不得以不正当手段抢先注册他人已经使用并有一定影响的商标。 **最高人民法院《关于审理商标授权确权行政案件若干问题的规定》** **第二十一条：**当事人主张的字号具有一定的市场知名度，他人未经许可申请注册与该字号相同或者近似的商标，容易导致相关公众对商品来源产生混淆，当事人以此主张构成在先权益的，人民法院予以支持。当事人以具有一定市场知名度并已与企业建立稳定对应关系的企业名称的简称为依据提出主张的，适用前款规定	向商评委提起注册商标无效宣告

续表

序号	在先权利	冲突权利	行　　为	法 律 适 用	法律责任
2.1	注册商标/未注册的驰名商标	企业名称	将具有较高知名度的注册商标/未注册的驰名商标作为企业名称中的字号使用，企业字号虽规范使用，即未突出使用，客观上仍容易使相关公众对商品/服务来源产生误认混淆，主观上具有攀附恶意	**最高人民法院《关于当前经济形势下知识产权审判服务大局若干问题的意见》** 按照诚实信用、维护公平竞争和保护在先权利等原则，依法审理该类权利冲突案件。……企业名称因突出使用而侵犯在先注册商标专用权的，依法按照商标侵权行为处理；企业名称未突出使用但其使用足以产生市场混淆、违反公平竞争的，依法按照不正当竞争处理。 **《商标法》** **第五十八条**：将他人注册商标、未注册的驰名商标作为企业名称中的字号使用，误导公众，构成不正当竞争行为的，依照《中华人民共和国反不正当竞争法》处理。 **《反不正当竞争法》** **第二条**：经营者在市场交易中，应当遵循自愿、平等、公平、诚实信用的原则，遵守公认的商业道德	可定性为不正当竞争行为，可诉至法院请求停止使用企业名称和字号或变更企业名称
2.2			将与他人注册商标相同或者相近似的文字作为企业的字号在相同或者类似商品上突出使用，容易使相关公众产生误认的	**最高人民法院《关于审理商标民事纠纷案件适用法律若干问题的解释》** **第一条**：下列行为属于商标法第五十二条第（五）项［2013年《商标法》第五十七条第（七）项］规定的给他人注册商标专用权造成其他损害的行为：（一）将与他人注册商标相同或者相近似的文字作为企业的字号在相同或者类似商品上突出使用，容易使相关公众产生误认的……	可基于商标侵权行为向法院请求停止突出使用商标侵权行为
2.3	驰名商标	企业名称	在同行业内将驰名商标作为企业名称的字号登记注册用	**原国家工商总局《企业名称禁限用规则》** **第二十七条**：企业不得使用工商总局曾经给予驰名商标保护的规范汉字作同行业企业名称的字号，但已经取得该驰名商标持有人授权的除外	登记机关基于限制注册不予注册

续表

序号	在先权利	冲突权利	行　为	法律适用	法律责任
3.1	未注册商标	注册商标	未注册商标使用人在先使用并使商标具有一定影响力	**《商标法》** **第五十九条:**商标注册人申请商标注册前,他人已经在同一种商品或者类似商品上先于商标注册人使用与注册商标相同或者近似并有一定影响的商标的,注册商标专用权人无权禁止该使用人在原使用范围内继续使用该商标,但可以要求其附加适当区别标识	共存。未注册商标使用人在原有范围内使用,或附加适当区别标识使用
3.2			注册商标权利人采取了不正当手段在在先使用并具有一定影响力的未注册商标使用人相同或类似的商品/服务上注册了相同或近似的商标	**《商标法》** **第三十二条:**申请商标注册不得损害他人现有的在先权利,也不得以不正当手段抢先注册他人已经使用并有一定影响的商标	向商评委提起注册商标无效宣告
4	企业名称	企业名称	擅自登记使用他人具有知名度企业名称或企业名称中的字号,造成市场混淆,攀附他人商誉。	**《反不正当竞争法》** **第六条:**经营者不得采用下列混淆行为,引人误认为是他人商品或者与他人存在特定联系:……(二)擅自使用他人有一定影响的企业名称(包括简称、字号等)…… **最高人民法院《关于审理不正当竞争民事案件应用法律若干问题的解释》** **第六条:**企业登记主管机关依法登记注册的企业名称,以及在中国境内进行商业使用的外国(地区)企业名称,应当认定为反不正当竞争法第五条第(三)项规定的"企业名称"。具有一定的市场知名度、为相关公众所知悉的企业名称中的字号,可以认定为反不正当竞争法第五条第(三)项规定的"企业名称"。	可定性为不正当竞争行为,可诉至法院请求停止使用企业名称和字号或变更企业名称

二、典型案件中对于企业名称与商标权利冲突问题的法律应对策略

笔者在已经办理的权利冲突案件中选择两件较为典型的案件,结合上文的法律适用和法律责任对权利冲突的法律实务进行解析。

(一)案例一:融侨集团股份有限公司诉南京融侨宾馆商标侵权和不正当竞争案件[1]

融侨集团股份有限公司同时享有"融侨"为字号的企业名称和南京融侨宾馆经营范围一致的相同类别的"融侨"注册商标,但其企业和注册商标的知名度主要是在其经营的房地产行业上,酒店和旅店业经营较少且所处行政区划与南京融侨宾馆不相同。经分析,该案的权利冲突形态主要涉及上述第 2.1 项注册商标和企业名称冲突(未突出使用)、第 2.2 项注册商标和企业名称冲突(突出使用)和第 4 项企业名称与企业名称的冲突。

本案中南京融侨宾馆对于"融侨"文字的使用即有突出使用的行为,也有未突使用的行为。对于突出使用的行为按照商标侵权行为认定规则认定侵权并无过多争议,但对于第 2.2 项突出使用行为的侵权认定仅能达到使被告停止突出使用行为的法律效果,并不能达到促使被告停止使用或变更企业名称的法律效果。对于第 4 项企业名称之间的冲突,由于本案当事人的企业登记所在行政区划不同,主要经营业务并不相同,就企业名称本身作为权利基础主张被告企业名称注册和使用属擅自使用他人企业名称的不正当竞争行为的理据相对薄弱。那么,对于第 2.1 项未突出使用的行为是否构成不正当竞争的认定则成为本案是否能阻止对方继续使用企业名称的关键。对于将他人注册商标作为企业名称的字号使用,误导公众,构成不正当竞争行为是在《商标法》2013 年修法后新增的条款,但由于《反不正当竞争法》尚未在此之后修法,将这种具体行为纳入到不正当竞争行为的范围,给《商标法》此条的具体适用造成了一定影响。例如,在本案中,原告在诉讼前曾以不正当竞争为由向被告所在地工商局举报,但工商局以《反不正当竞争法》未具体规定此种行为为由拒绝立案,但好在目前法院审判中,对于此种行为已有不少判决,且判决时大多同时使用了《反不正当竞争法》第二条的原则性规定作为法律适用的基础。根据这些已有的生效判决可总结得,审判实践中,对于此种行为

[1] 南京铁路运输法院,案号:(2015)宁铁知民初字第 01197 号。

是否构成不正当竞争行为,法院会考虑注册商标核准注册范围与企业名称对应的主要经营范围是否一致,以及被诉企业登记使用该企业名称是否具有恶意攀附的意图。本案符合前述条件,最终通过法院调解,达成了被告停止使用和变更企业名称的调解协议。

(二)案例二:中国银联股份有限公司诉银联电子(淮安)有限公司商标侵权和不正当竞争案件〔2〕

中国银联股份有限公司享有较高市场知名的"银联"商标及企业字号,被告银联电子(淮安)有限公司将与他人注册在先并具有知名度的商标和字号作为企业名称的一部分登记并使用,原告遂提起诉讼。本案中,就权利冲突的形态主要涉及上述第2.1项注册商标和企业名称冲突(未突出使用)和第4项企业名称与企业名称的冲突,其他商标侵权行为本文暂不论及。

本案中,关于第2.1项注册商标和企业名称冲突(未突出使用)的情况,原告起诉时也适用了《商标法》第五十八条和《反不正当竞争法》第二条主张权利,但最终法院判决选择适用的是第4项企业名称与企业名称的冲突的法律规定,判定被告停止使用和变更企业名称。虽然所达到的法律效果相同,即被告在企业名称中使用"银联"字号构成不正当竞争;但法院如此适用法律,笔者认为,一方面,考虑到前文所述的《反不正当竞争法》未具体规定的情况下,优先适用具体的法律规定而非适用原则性法律规定;另一方面,本案中的原告基础权利中企业名称中的字号具有很高的知名度,适用第4项的法律规定理据充足。在该判决中法院对于企业名称之间的冲突有很全面的论述,摘录如下:"企业名称由行政区划、字号、行业及组织形式组成,其中字号是最具识别意义的核心部分。我国企业名称实行分级登记管理,在某行政区划、行业领域外,企业登记主管机关并不限制与其相同的企业名称的登记。但如果该企业名称的注册侵害了他人合法的在先权利,他人提出异议的,应当受到法律的规制。当企业名称的知名度超出登记注册机关的辖区时,在其知名地域内受到反不正当竞争法的保护。"因此,对于第4项企业名称冲突中不正当竞争行为的认定,法院会考虑作为权利基础企业名称的知名度是否超出了登记注册的行政区划,以及被告行为是否具有攀附他人商誉的主观恶意。

综上所述,商标和企业名称均是我国法律保护的商标标识,对于企业而言,维

〔2〕 浦东新区人民法院(2016)沪0115民初56492号。

权时选择以何为权利基础，应当根据冲突形态以及想要达到的法律效果综合进行确定，与此同时，采用何种手段维权也需要考虑现有法律规定的适用情况。当然，在达到相同法律效果的基础上，应当以法律更易适用、权利更为明确和稳定为原则，在此基础上结合案件实际情况确定法律策略。

三、企业名称和注册商标冲突诉讼案件中，企业名称构成侵权时，停止使用、变更企业名称的法律责任和司法执行问题

（一）企业名称侵权案件中“停止使用并变更企业名称”这一责任承担方式的法律依据

1. 最高人民法院《关于审理注册商标、企业名称与在先权利冲突的民事纠纷案件若干问题的规定》第四条规定：“被诉企业名称侵犯注册商标专用权或者构成不正当竞争的，人民法院可以根据原告的诉讼请求和案件具体情况，确定被告承担停止使用、规范使用等民事责任”。

2. 最高人民法院《关于当前经济形势下知识产权审判服务大局若干问题的意见》第十条规定：“……因使用企业名称而构成侵犯商标权的，可以根据案件具体情况判令停止使用，或者对该企业名称的使用方式、使用范围作出限制。因企业名称不正当使用他人具有较高知名度的注册商标，无论是否突出使用均难以避免产生市场混淆的，应当根据当事人的请求判决停止使用或者变更该企业名称……”

3. 最高人民法院《关于当前经济形势下知识产权审判服务大局若干问题的意见》第十条规定：“……判决停止使用而当事人拒不执行的，要加大强制执行和相应的损害赔偿救济力度。”

4.《上海市企业名称登记管理规定》第十四条规定：“人民法院判决企业停止使用登记注册的企业名称，并向登记机关发出《协助执行通知书》的，登记机关应当通知该企业在三个月内申请办理企业名称变更登记。”

综合上述法律规定，可总结归纳三项注意点：(1)停止使用企业名称和变更企业名称的法律责任承担方式是两种独立的方式，且法院判决应当被动地根据当事人的诉讼请求为限。(《上海市企业名称登记管理规定》这一地方法规的规定与司法解释存在冲突，但其在法律适用中位阶较低，应以司法解释为准)(2)变更企业名称的法律责任承担方式是以“不论是否突出使用均难以避免产生市场混淆的”为前提条件。(3)企业名称变更登记是依申请的行为，根据法院生效判决进行强

制执行时,登记机关仅可"通知"企业进行企业名称变更登记,不可自行进行变更,对于拒不执行的,仅能转化为损害赔偿进行救济。

(二)企业名称侵权案件中"停止使用并变更企业名称"的强制执行

基于上述归纳可见,前两点在诉讼中权利人可通过诉讼请求的完善和知名度以及市场混淆可能性证据的充分举证来实现"变更企业名称"的法律诉求。但第三点关于判决后的强制执行在以往的实务操作中确为当事人所困扰。由于变更企业名称的判决难以执行,许多侵权人对此一判决置若罔闻,无法达到应有的法律效果。但在2015~2017年原国家工商总局先后出台相关政策,对于侵权人拒不变更企业名称的情况有了应对之策。

2017年4月19日《关于提高登记效率积极推进企业名称登记管理改革的意见》:"强化不适宜名称纠正措施。对于被认定为不适宜的企业名称,企业登记机关应当责令企业限期变更名称,拒不改正的,根据《企业信息公示暂行条例》规定,在国家企业信用信息公示系统以该企业的统一社会信用代码代替其名称向社会公示,同时标注'××企业名称已被登记机关认定为不适宜'。企业按照要求变更名称后,以变更后的名称公示,取消标注。"

2015年4月2日原国家工商总局《关于授权深圳市市场和质量监督管理委员会开展企业名称登记改革试点的批复》中明确:"强化纠正不适宜企业名称措施。探索通过立法途径赋予登记机关事后强制纠正不适宜企业名称的特别措施。对于登记机关认定为不适宜的企业名称,或者根据名称争议裁决、判决结果应当予以纠正的企业名称,登记机关应当责令企业限期改正。对于拒不改正的,登记机关可以直接在企业名称数据库中删除该企业名称,暂以企业注册号代替,并将该企业以注册号纳入企业经营异常名录,通过企业信用信息公示系统予以公示。对上述特别纠正措施提起诉讼的,人民法院不予受理。"

(三)银联案件中"停止使用并变更企业名称"的强制执行实务操作

中国银联股份有限公司诉银联电子(淮安)有限公司侵害商标权及不正当竞争纠纷案执行阶段[案号:(2016)沪0115民初56492号][3],成功将侵权企业名称以统一社会信用代码代替公示。

---

〔3〕 浦东新区人民法院,案号:(2017)沪0115执5813号。

中国银联作为国际主要支付品牌之一，具有极高知名度和美誉度。该案被告银联电子（淮安）有限公司主观攀附恶意明显，将“银联”注册为企业字号，并使用与银联商标高度近似的“银联快付”商标，法院判令其停止侵权、变更企业名称，并赔偿50余万元。该案对于肃清市场、维护金融安全具有重大意义，被上海浦东法院评为2016年知识产权司法保护十佳案件，并受到业界和中央电视台等媒体的广泛关注。但该案在执行当中，也同样遇到了名称变更执行难的问题。

由于企业名称登记是依申请的行为，被申请人不主动申请改名的情况下，登记机关无法直接变更其企业名称，因此，登记机关协助法院执行主动变更企业名称的案例少有成功，一直是执行的难点问题。虽然，2015年以来国家工商总局和广东省陆续发布指导意见和地方立法，对于拒不执行的企业，可将其企业名称改为企业注册号、统一社会信用代码。但该办法仅在深圳和广东地区试行，且少有实际使用。2017年，原国家工商总局《关于提高登记效率积极推进企业名称登记管理改革的意见》的发布，将前述办法推行到了全国，为登记机关主动在国家企业信用信息公示系统中，以统一社会信用代码代替不适宜企业名称向社会公示的执行方法，提供了法律依据。

在本案的执行过程中，为使变更企业名称的判决得到落实，我所律师积极配合浦东新区人民法院执行局法官，查找企业名称登记机关主动变更企业名称的法律依据，在该意见发布后，抓住时机，第一时间协助执行法官向企业名称登记机关发出“协助执行函”。中国银联公司与江苏省工商行政管理局也进行了积极有效沟通，协助当地登记机关在没有实施先例的情况下，完成了首例将侵权企业名称变更为统一社会信用代码的强制执行。

本案经过法院、工商、当事人及律师多方努力，企业名称变更的强制执行得到了支持和落实。该案不仅是执行相关法律法规的实操范本，也将成为变更企业名称强制执行的标杆性案例，对遏制企业名称侵权现象具有实质性意义。

综上所述，变更企业名称的法律诉求无论是审判阶段还是执行阶段，皆有可循之法律法规和成功案例，可为企业后续综合考虑维权策略提供参考。

参考文献

案例类

1. 中国银联股份有限公司诉银联电子（淮安）有限公司商标侵权纠纷，浦东新区人民法院，案号：（2016）沪0115民初56492号。

2. 融侨集团股份有限公司诉南京融侨宾馆南京铁路运输法院,案号:(2015)宁铁知民初字第01197号。
3. 中国银联股份有限公司诉银联电子(淮安)有限公司商标侵权纠纷执行案件,浦东新区人民法院,案号:(2017)沪0115执5813号。

商标侵权类似商品关联性判断标准研究

齐宝鑫* 池振华** 龚未云***

一、问题的提出

商标法赋予商标权人专用权和禁止权，"专用权的范围相对固定，而禁止权则是排除他人在类似商品上使用与他人相同或近似商标，或者在相同商品上使用与他人近似商标，禁止权主要是利用近似商标和类似商品确定其权利边界"[1]。根据《商标法》第三十条[2]和第五十七条第二款[3]的规定，类似商品也是商标注册审查和商标侵权的判断因素之一。但在司法实践中，行政机关和司法机关、不同司法机关之间对类似商品适用标准还是有所出入的，尤其是商品关联性的适用标准。

我国最高人民法院《关于审理商标民事纠纷案件适用法律若干问题的解释》

---

* 齐宝鑫，上海市锦天城律师事务所上海办公室高级合伙人，复旦大学法律硕士、北京大学管理学博士；擅长领域为知识产权（包括商标、专利、著作权、不正当竞争及商业秘密）、国际贸易、资产收购与重组、企业常年法律顾问、"一带一路"等非诉讼法律服务，以及相关的诉讼与仲裁代理服务。

** 池振华，上海市锦天城律师事务所上海办公室合伙人，法学硕士；擅长领域为知识产权法、合同法、公司法相关的仲裁、诉讼及其他非诉法律服务。

*** 龚未云，上海市锦天城律师事务所上海办公室律师，法学硕士；擅长领域为知识产权法相关的仲裁、诉讼及其他非诉法律服务。

〔1〕 孔祥俊：《商标法适用的基本问题》，中国法制出版社2014年版，第50页。

〔2〕 《商标法》第三十条："申请注册的商标，凡不符合本法有关规定或者同他人在同一种商品或者类似商品上已经注册的或者初步审定的商标相同或者近似的，由商标局驳回申请，不予公告。"

〔3〕 《商标法》第五十七条第二项："未经商标注册人的许可，在同一种商品上使用与其注册商标近似的商标，或者在类似商品上使用与其注册商标相同或者近似的商标，容易导致混淆的。"

(以下简称《商标纠纷司法解释》)中仅仅提及特定联系,[4]尚未对该概念进行任何解释和说明。最高人民法院在其印发的《关于充分发挥知识产权审判职能作用推动社会主义文化大发展大繁荣和促进经济自主协调发展若干问题的意见》[5](以下简称《知产审判意见》)中首次明确:当引证商标具有一定知名度且已经实际使用的情况下,认定商品是否类似时,应当考虑商品之间的关联性。商标行政机关在2017年最新版的《商标审查及审理标准》[6]中明确:两个商品在功能、主要原料、销售渠道等客观方面具有较大关联性时,可以被认定为类似商品。何为类似商品关联性,如何具体认定类似商品关联性,现行法律尚未规定。

《知产审判意见》第二十条主要从主观标准对类似商品关联性进行认定,而最新版《商标审查及审理标准》则是从客观标准对类似商品关联性进行判断,两个法律之间存在冲突之处。而最高人民法院在《最高人民法院知识产权案件年度报告(2015年)摘要》[7](以下简称摘要)及其提审[8]或再审[9]案件中已明确表明:当商标具有知名度时,可以适当放宽商品关联性的判断标准。但在本文所研究的六十个案件中,商评委在其所作的裁定中很少适用商标知名度及显著性判断商品关联性。且在理论界,仍然有学者坚持客观标准[10],主张把商标知名度排除在商品关联性判断要素之外。判断商品关联性是采取主观标准还是客观标准,不仅在学界没有一个明确标准,它也是现行立法之间以及立法与司法之间相冲突之处。

---

[4] 最高人民法院《关于审理商标民事纠纷案件适用法律若干问题的解释》(法释[2002]32号)第十一条第三款:"商标法第五十二条第(一)项规定的类似商品,是指在功能、用途、生产部门、销售渠道、消费对象等方面相同,或者相关公众一般认为其存在特定联系、容易造成混淆的商品。"同时为了表述上的方便,下文将"特定联系"与"关联性"统称为"关联性","类似商品关联性"用"商品关联性"表述。

[5] 《关于充分发挥知识产权审批职能作用推动社会主义文化大发展大繁荣和促进经济自主协调发展若干问题的意见》(法发[2011]18号)第二十条:"充分考虑商标所使用商品的关联性,准确把握商品类似的认定标准……主张权利的商标已实际使用并具有一定知名度的,认定商品类似要充分考虑商品之间的关联性。相关公众基于对商品的通常认知和一般交易观念认为存在特定关联性的商品,可视情纳入类似商品范围。"

[6] 《商标审查及审理标准》的第八部分类似商品或者服务审理标准第2.1条:"类似商品是指在功能、用途、主要原料、生产部门、销售渠道、销售场所、消费群体等方面相同或者具有较大关联性的商品。"

[7] 最高人民法院:《最高人民法院知识产权案件年度报告(2015年)摘要》,载知产律师:http://www.zclawyer.com/plus/view.php? aid=7951,最后访问日期:2017年3月9日。

[8] 最高人民法院(2014)行提字第29号行政判决书。

[9] 最高人民法院(2016)最高法行再10号行政裁决申诉行政判决书。

[10] 余晖:《司法实践中如何判断类似商品》,载《电子知识产权》2007年第4期。

本文从商品关联性入手，通过理论研究和实证研究，对商品关联性的概念进行界定，同时研究和分析商品关联性的判断因素并提出研究结论，以求能进一步完善商品关联性的实质内涵及其判断标准。

二、类似商品关联性立法与司法实践的问题

虽然"类似商品的判定极大程度地依赖于商品间的关联性以及关联程度，且商品之间的关联性是决定受保护的商标范围的重要判断标准"〔11〕；然而在司法实践中，商品关联性的判断仍存在很多问题，商标行政机关与司法机关、不同司法机关之间的判断标准更是严重不一。

（一）现行商标法尚未规定类似商品关联性

我国现行《商标法》仅仅规定了类似商品的重要性，如《商标法》第三十条〔12〕明确规定了类似商品在商标注册审查时的重要性，即若申请注册的商标与他人在相同或者类似商品上已经注册或初步审定的商标相同或近似，商标局应驳回申请。又如《商标法》第五十七条第二款〔13〕规定了类似商品在判断商标侵权时的重要性，若未经商标权人的许可，在类似商品上使用与他人注册商标相同或近似商标，容易导致混淆的，视为侵犯他人的商标专用权。因此，判断一个商标是否应被核准注册以及是否侵权的条件之一是引证商品与诉争商品是否构成类似商品，但现行《商标法》尚未对类似商品关联性进行任何规定，也未提及类似商品关联性的判断标准。

根据《商标纠纷司法解释》第十一条第三款〔14〕的相关规定，类似商品可从以下两方面进行认定：（1）用途、功能等客观方面相同的两个商品；（2）相关公众认为存在特定联系且容易造成消费者混淆的两个商品。基于此，我们仅仅能够看出"功能、生产部门、消费对象"等客观因素与特定联系属于并列关系，且特定联系与

---

〔11〕 田龙：《关联性商品纳入类似商品范围的个案分析》，载《中华商标》2013年第3期。

〔12〕 《商标法》第三十条："申请注册的商标，凡不符合本法有关规定或者同他人在同一种商品或者类似商品上已经注册的或者初步审定的商标相同或者近似的，由商标局驳回申请，不予公告。"

〔13〕 《商标法》第五十七条第二项："未经商标注册人的许可，在同一种商品上使用与其注册商标近似的商标，或者在类似商品上使用与其注册商标相同或者近似的商标，容易导致混淆的。"

〔14〕 最高人民法院《关于审理商标民事纠纷案件适用法律若干问题的解释》（法释〔2002〕32号）第十一条第三款："商标法第五十二条第（一）项规定的类似商品，是指在功能、用途、生产部门、销售渠道、消费对象等方面相同，或者相关公众一般认为其存在特定联系、容易造成混淆的商品。"

容易导致混淆密切相关,即存在特定联系且容易造成消费者混淆的商品可以被认定为类似商品,但尚未对商品关联性进行明确规定。

《知产审判意见》第二十条[15]规定了判断商品是否具有关联性时应采取主观标准,即在引证商标已经实际使用且具有一定知名度的情况下,认定商品是否类似时,应充分考虑商品之间的关联性。且类似商品关联性的判断也可以相关公众对商品的通常认知和一般交易观念为标准。但是,何为关联性以及如何具体判断关联性,该法没有一个明确的规定。

(二)类似商品关联性的司法冲突

根据商标评审委员会发布的2012年、2013年[16]、2014年及2015年[17]商标评审案件行政诉讼情况汇总分析,虽然类似商品认定在商评委败诉案中占的比重有所下降,但是如何判断类似商品仍然在败诉案中占了很大比重,详见表1:

表1　2012～2015年商标评审案件败诉情况

败诉原因	2012年	2013年	2014年	2015年
商标近似	24%	26%	29%	22%
商品类似	24%	22%	16%	11%
驰名商标	5%	17%	10%	6%
不良影响	6%	5%	10%	5%
恶意抢注	4%	2%	3%	2%
情势变更	2%	0.8%	8%	15%
共存协议	—	—	3%	4%
新法第十条第一款第(七)项	—	—	0.1%	2%

[15]《关于充分发挥知识产权审批职能作用推动社会主义文化大发展大繁荣和促进经济自主协调发展若干问题的意见》(法发〔2011〕18号)第二十条:“充分考虑商标所使用商品的关联性,准确把握商品类似的认定标准……主张权利的商标已实际使用并具有一定知名度的,认定商品类似要充分考虑商品之间的关联性。相关公众基于对商品的通常认知和一般交易观念认为存在特定关联性的商品,可视情纳入类似商品范围。”

[16] 徐琳:《2013年商标评审案件行政诉讼情况汇总分析》,载新浪博客:http://blog.sina.com.cn/s/blog_5015f7c10102wmjy.html,最后访问日期:2017年3月9日。

[17] 李俊青:《商评委:2015年商标评审案件行政诉讼情况汇总分析》,载正理知识产权:http://www.janlea.com.cn/html/news/yjnews/2016/0921/3156.html,最后访问日期:2017年3月9日。

续表

败 诉 原 因	2012 年	2013 年	2014 年	2015 年
显著性	—	—	5%	6%
其他在先权利	5%	8%	5%	6%
集体商标、证明商标审查	—	—	0	0.6%
商标使用问题	—	—	2%	6%
以欺骗或者其他不正当手段取得注册	—	—	0.6%	1.2%
采信新证据	10%	7%	8%	14%
程序问题	—	—	3.8%	6.2%

"商评委在 2015 年裁决的商标评审案件共计 10.89 万件;其收到北京一中院和北京知识产权法院的应诉通知书共计 7362 件,同 2014 年相比增长 2.4%;北京高院二审的案件共计 2014 件,基本与 2014 年持平;其中有 224 件案件进入最高院再审程序,与 2014 年相比增长了近四倍。"〔18〕同时从商评委 2012 ~ 2015 年对外发布的数据来看,虽然因类似商品判断导致的败诉率正在逐年下降,但是仍然位居商标行政案件败诉原因的第三位,于 2015 年占比 11%,2013 年占比是它的两倍。"尽管商评委的工作报告中指出他们在商标近似、在先商标知名度较高、恶意明显的案件中已经适当突破商品分类表,加大了对在先商标的保护力度。"〔19〕"但在商标裁决和评审的案件中,很多事实的认定都有很强的主观性,没有一个清楚、明确的界限,使得法院和商评委在个案的把握上存在很多不同之处,面对同一问题,商标行政机关和司法机关、司法机关和司法机关之间的判断标准可能都不相同。"〔20〕商标评审委员会的审查员认为:"以 2013 年为例,因类似商品判定败诉的案件中,有超过一半是因对第 25 类供穿戴类商品是否为类似商品的认定标准不一导致的,法院认为第 25 类商品基本都应被认定具有关联性,应被认定为类似商品,但商评委则有不同观点。"〔21〕

本文随机选取了六十个商标行政案件进行分析,在这六十个案件中,行政机

〔18〕 李俊青:《2015 年商标评审案件行政诉讼情况汇总分析》,载《中华商标》2016 年第 10 期。

〔19〕 李俊青:《商评委:2015 年商标评审案件行政诉讼情况汇总分析》,载正理知识产权:http://www.janlea.com.cn/html/news/yjnews/2016/0921/3156.html,最后访问日期:2017 年 3 月 9 日。

〔20〕 李俊青:《2015 年商标评审案件行政诉讼情况汇总分析》,载《中华商标》2016 年第 10 期。

〔21〕 徐琳:《2013 年商标评审案件行政诉讼情况汇总分析》,载《中华商标》2014 年第 8 期。

关与司法机关在其中的三十三个案件中对商品之间是否具有关联性的意见不一。在其中的十个案件中,不同司法机关对于两个商品之间是否具有关联性也尚存争议。产生纠纷的根源在于商标行政机关与司法机关对同类不同群或不同类的商品是否具有关联性,什么样的商品之间能被初步认定具有关联性的意见不一。在这六十个案件中,也存在是否应把商标知名度及显著性作为类似商品关联性的判断因素以及类似商品关联性与混淆可能性的逻辑关系问题。综上所述,本文认为商品关联性判断在司法实践中存在以下三大难题:

第一,如何认定同类不同群或不同类的商品具有关联性看法不一。

若两个商品属于同一大类的不同群组,或者属于不同大类,此时哪些商品之间能被认定具有关联性,商评委与司法机关的判断标准不一。如在产品与部件或者部件与部件是否应被认定具有关联性时,商评委基本上都认为不具有关联性,而司法机关大部分都认为具有关联性。在"LOJ 商标案"[22]中,法院认为:被异议商标指定使用的"纺织工业用机器、纺织机"等商品与引证商标核准使用的"纺锤支架及纺织机卷筒、纬纱输出器及织布机用纬纱供给器"等商品,均属于纺织行业的机械及其部件,具有关联性,构成类似商品,而商评委对此持有不同看法。

且司法机关与行政机关对于搭配使用的商品之间是否具有关联性的观点也不一,在"邦强商标案"[23]中,引证商品为装卸设备、起重设备,而争议商品为非金属装卸吊带、装卸用非金属吊索、非金属缆等,商评委认为不具有关联性,但一审法院及二审法院基于其可以搭配使用都认为两个商品之间具有关联性。

第二,是否适用商标知名度及显著性作为判断要素观点不一。

《知产审判意见》中首次写明当商标具有知名度时,需要充分考虑商品关联性,而《商标审查及审理标准》则认为应从销售渠道等客观方面来认定关联性。且在司法实践中,商标知名度及显著性是否应作为类似商品关联性的判断因素,行政机关与司法机关的态度也不一。

在"歌力思 GLEAS 及图商标案"[24]中,商评委未考虑主观因素,直接认定异议商品与引证商品之间不具有关联性。但北京一中院认为引证商标"歌力思"经过长期、广泛使用,已经在服装等商品上具有较高知名度和较强显著性,两个商品具有关联性。北京高级人民法院也认同此观点,其在本案中认为:歌力思投资公

〔22〕 北京市高级人民法院(2014)高行(知)终字第 2461 号行政判决书。

〔23〕 北京市高级人民法院(2015)高行(知)终字第 2875 号行政判决书。

〔24〕 北京市高级人民法院(2014)高行终字第 466 号行政判决书。

司成立于1996年,该公司于1999年即开始广泛宣传,并已具有一定知名度,此后仍长期、持续地进行宣传,因此商品之间关联程度较高,构成类似商品,两个法院都判决驳回商评委的裁定。

在本文所研究的六十个案件中,商评委在其所作的裁定中很少适用商标知名度及显著性判断商品关联性,而司法机关在大多数案件中都把商标知名度及显著性作为商品关联性的判断因素,但是否应将商标知名度及显著性作为商品关联性的判断标准,行政机关与司法机关的观点不一。

第三,何时以混淆可能性为目的导向态度不一。

现行司法实践中,不同司法机关之间、行政机关与司法机关之间对何时适用混淆可能性的态度不一。如在"SPORTSMAN商标案"〔25〕中,北京中院认为:"摩托车需要取得交通部门特别批准的驾驶资格,且它的使用人群与自行车的消费群体有很大差异,很多消费者不会将这两个商品联系在一起,不会产生混淆,故非类似商品。"而北京高院则认为"随着市场不断发展和完善,若近似商标共同存在于有一定关联性的商品上,容易使消费者认为两个商品的提供者为同一人或者两个提供者之间存在特定联系,此时应认定为类似商品",由此可以看出法院与法院之间关于何时产生混淆存在矛盾之处。

"VOV VOGUE OF VOGUE商标案"〔26〕则证实了商评委与法院对何时以混淆可能性为目的导向态度不一。在此案中,商评委认为诉争商品"香"与引证商品"香水"会使消费者对两个商品的来源产生误认,故对此商标不予核准注册。而北京知识产权法院和北京高院则认为:"两者不会造成相关公众混淆误认,不具有关联性。"

三、类似商品关联性的关系判定

笔者经过对相关案例的总结与归纳,认为在现行司法实践中,同类不同群或不同类的两个商品之间具有如下任一种关系时,两个商品可被认为具有关联性,构成类似商品:

1.商品之间具有搭配、配套使用关系。在"拉法基商标案"〔27〕中,引证商品为石膏板等非金属材料,被异议商品为轻钢龙骨建材,法院认为两者都属于现代

---

〔25〕 北京市高级人民法院(2013)高行终字第666号行政判决书。

〔26〕 北京市高级人民法院(2016)京行终1978号行政判决书。

〔27〕 江苏省南京市中级人民法院(2011)宁知民初字第577号民事判决书。

装饰各种吊顶、隔墙时通常配合使用的装饰基础材料,具有关联性。最高人民法院在"BLANCPAIN 商标案"[28]中再次证实此观点,该案的引证商品为第 14 类手表部件、钟、表、表芯、表盒、表套等商品,异议商品是第 25 类服装、帽、袜、鞋、领带、针织服装、皮带(服饰用)等商品。在司法实践中,当两个商品具有搭配、配套使用关系时,法院通常会认为两者之间具有关联性,构成类似商品。

2. 商品之间属于产品与部件、部件与部件关系。在"ZGSNS 商标案"[29]中,北京知识产权法院认为:被异议商标指定使用在"泵(机器、发动机或马达部件)、液压元件(不包括车辆液压系统)、液压滤油器、气动元件"等商品上,其与引证商品发电机、轴承(机器零件)、非陆地车辆用减速齿轮等都是机器零部件。又如在"FLUB - BMM 商标案"[30]中,争议商标核准使用在"汽车发动机凸轮轴、汽车发动机飞轮"等商品上,而引证商品为汽车发动机用泵(机器、发动机或马达部件)、发动机喷油嘴等商品,这些商品都是汽车发动机的部件,法院认为其具有关联性。

3. 商品之间属于产品与原料、产品与工具关系。在"人頭馬路易十三 LOUISXIIIDEREMYMARTIN商标案"[31]中,诉争商标指定使用的"饮料制剂、泡沫饮料用粉"等商品是引证商标核准使用的"含酒精饮料(不含啤酒)"等商品的原料,故法院认定两个商品之间存在特定联系。当两个商品之间的关系属于产品与工具的关系时,两个商品也会被认为具有关联性。如在"NIVEA 商标案"[32]中,引证商品为第 3 类的"香水、化妆品"等商品,而诉争商品为第 8 类的"指甲刀(电动或非电动的)、电动修指甲工具"等商品,法院认为:虽然诉争商品都不是化妆品,但这些商品属于洗护用具或化妆用具,因此两个商品具有关联性。

4. 商品具有相同作用。在"德仕多美案"[33]中,诉争商品为家具、有抽屉的橱、衣架、桌子、金属家具、书架、床、美容柜(家具)、打字台、餐具柜,引证商品是金属门、金属窗框,两者都是家居装饰用品,在家装市场上可同时销售并进行选购。又如在"斑马王子 UPM 商标案"[34]中,异议商品为"卫生纸、复印纸(文具)、笔记本"等商品,引证商品为"文具制品和纸"等商品,这些商品均属于办公文具用品,

[28] 最高人民法院(2016)最高法行再 10 号行政裁决申诉行政判决书。
[29] 北京知识产权法院(2015)京知行初字第 2096 号行政判决书。
[30] 北京市高级人民法院(2016)京行终 2217 号行政判决书。
[31] 北京市高级人民法院(2014)高行(知)终字第 3573 号行政判决书。
[32] 北京市第一中级人民法院(2012)一中知行初字第 701 号行政判决书。
[33] 北京市高级人民法院(2013)高行终字第 1194 号行政判决书。
[34] 北京市第一中级人民法院(2012)一中知行初字第 3059 号行政判决书。

法院认定两者具有关联性。

5. 商品的原料相同。在“海沃商标案”〔35〕中,引证商标核准使用的“升降设备”与被异议商标核准使用的“支撑机器的器械”均为机械装置,两者都使用金属材料制作而成,异议商品与引证商品之间具有关联性。

6. 商品属于上、下位关系。在“青酒红商标案”〔36〕中,诉争商品为“酒精饮料(啤酒除外)、果酒(含酒精)、烧酒、米酒”等商品,而引证商品为“酒”,诉争商品是引证商品的具体类别。因此,法院认为诉争商品与引证商品之间具有关联性。

7. 商品同属日常饮品。在“随变商标案”〔37〕中,诉争商品为“啤酒、无酒精果汁”等商品,其与引证商品“刨冰(冰)、冰淇淋”等均是供人们日常饮用的饮品之一,故法院认为两个商品之间具有关联性。

8. 商品同属日常穿着用品。在“PANSIR 商标案”〔38〕中,被异议商标核准使用在第 25 类的裤子、服装、衬衣、皮质服装、针织服装、睡衣等商品上,引证商标核准使用在第 25 类的绣花衣服、大衣、便服、针织衣服、外衣上,最高人民法院认为这些商品均属于日常穿着用品,关联性很强,应被认定为类似商品。

9. 商品之间具有可替代性。在“santoprene 商标案”〔39〕中,被异议商品为未加工塑料,引证商品为热塑弹性体,最高人民法院认为热塑弹性体已经成为塑料的替代品之一,故两个商品之间具有关联性。

虽然本前文已归纳出商品具有关联性的九种情形,然而在司法实践中,若商标具有显著性或知名度,则可以适当突破这九种情形。但现行与商标相关的法律法规对在判断商品关联性时应采取主观标准还是客观标准仍然存在冲突,且判断类似商品关联性时是否应当引入商标知名度和显著性作为其判断因素仍是当前理论界和实务界的 个争议点。

如在“FULIANSHENG 图文组合商标案”〔40〕中,最高人民法院认为:“当引证商标具有较高知名度和较强显著性时,相同行业的竞争者应当负有更高的避让和注意义务。”最高人民法院在“FPA 商标案”〔41〕中也赞同此观点,其认为:“在引证

---

〔35〕 北京市高级人民法院(2014)高行终字第 71 号行政判决书。
〔36〕 北京市第一中级人民法院(2015)京知行初字第 1202 号行政判决书。
〔37〕 北京市高级人民法院(2014)高行终字第 1917 号行政判决书。
〔38〕 最高人民法院(2016)最高法行再 9 号申诉行政判决书。
〔39〕 最高人民法院(2014)行提字第 29 号行政裁决申诉行政判决书。
〔40〕 最高人民法院(2015)知行字第 116 号行政判决书。
〔41〕 最高人民法院(2015)知行字第 105 号行政判决书。

商标具有较高知名度和较强显著性时，应结合商品之间的关联性，适当从宽把握商品类似的范围。”

在“Blancpain商标案”[42]中，最高人民法院就充分运用了适当从宽的标准。最高人民法院认为：“关于引证商标的知名度。宝珀公司在复审阶段向商标评审委员会提交的《名牌》杂志2003年第8—11期、《中国市场名表》2004年第3—4期等证据足以证明引证商标在被异议商标申请日以前已经获得一定的知名度。随着企业经营方式的发展，尤其是时尚类服装、饰品等领域，公司经营同一品牌的服装、饰品现象亦为多见，诉争商品与引证商品具有关联性。”

最高人民法院在相关案例中明确了判断类似商品关联性时应考虑商标知名度及显著性，当商标具有较高知名度及较强显著性时应当从宽把握商品关联性的判断标准。但是，在本文所研究的六十个商标行政案件中，商评委在其所作的裁定中很少适用商标知名度及显著性判断商品关联性。因此，理论界和实务界对是否应将商标知名度及显著性纳入商品关联性判断标准仍然存在争议。

四、重设类似商品关联性判断标准

我国类似商品制度在商标法体系中具有重要作用，而商品关联性是认定类似商品的一个重要因素，但现行立法不仅对商品关联性规定得非常模糊，并且现行法律法规之间也存在冲突之处，且我国无论理论界还是实务界对商品关联性的内涵及其判断标准也存在很大争议。因此，完善我国商标法中商品关联性的概念及其判断标准对学理研究及司法适用的统一都有重大意义。

（一）商标知名度及显著性

无论从立法和司法实践，还是对有一定知名度商标的保护以及制度借鉴来看，我国都应把商标知名度及显著性作为商品关联性的判断要素。

从现行法律法规来看，我国《知产审判意见》第二十条明确规定判断商品关联性时应考虑主观因素，即在判断商品关联性时需考虑商标知名度及显著性。

从现行司法实践来看，最高人民法院在《知识产权年度报告摘要》[43]及其提

---

〔42〕 最高人民法院(2016)最高法行再10号行政裁决申诉行政判决书。

〔43〕 最高人民法院：《最高人民法院知识产权案件年度报告(2015年)摘要》，载知产律师：http://www.zclawyer.com/plus/view.php? aid=7951，最后访问日期：2017年3月9日。

审〔44〕或再审〔45〕案件中已明确表明，当商标具有知名度时，可以适当放宽商品关联性的判断标准，即最高人民法院已在相关报告及案例中明确商标知名度及显著性是类似商品关联性判断的一个考量因素。

从现实意义来看，我国仅对驰名商标规定了跨类保护。现行法律法规中还尚未对有一定知名度，但还未达到驰名的商标如何保护进行规定。“把商品关联性作为认定类似商品的一个考量标准，主要是基于保护知名商标的目的。”〔46〕在判断类似商品或类似商品关联性时，考虑商标知名度及显著性，能够填补这一方面的空白，即能够保护此类商标，从而遏制恶意模仿、抢注他人商标的投机现象，维护市场秩序健康有序的发展。

从制度借鉴来看，欧盟从 1998 年的“佳能商标案”开始就明确应考虑主观因素，其后的司法实践更是延续这一标准。“我国判断商标侵权的标准与欧盟非常类似且我国类似商品在商标法体系中的地位和作用也基本与欧盟相同，因此欧盟的相关制度对我国有很大的借鉴价值。”〔47〕在判断商品关联性时考虑商标的知名度及显著性，有利于保护商标权人的利益，因此，我国更应借鉴欧盟的此种制度，把商标知名度及显著性纳入类似商品关联性的判断标准中。

（二）商标知名度及显著性在关联性判断时的例外

在司法实践中，抢注他人知名商标、使用与他人知名商标相近似商标的“搭便车”情况时有发生。当被异议商标所有人具有明显攀附恶意时，更要适当放宽商品类似的范围，从宽把握商品之间的关联性。

在“santoprene 商标案”〔48〕中，最高人民法院认为引证商标已在我国大陆境内使用并具有了一定知名度，我国的相关专业期刊中已广泛介绍引证商标核准使用的商品。被告专门生产热塑性弹性体，其法定代表人的主要工作也是研发热塑性弹性体。法院有理由认为：“被告及其法定代表人不仅应当了解热塑性弹性体与未加工塑料之间的关联性，亦应当知晓核准使用在热塑性弹性体上的引证商标。三博公司将与他人已核准注册商标完全相同的标志申请注册在未加工塑料

〔44〕 最高人民法院（2014）行提字第 29 号行政判决书。
〔45〕 最高人民法院（2016）最高法行再 10 号行政裁决申诉行政判决书。
〔46〕 孔祥俊：《商标法使用的基本问题》，中国法制出版社 2013 年版，第 87 页。
〔47〕 王迁：《论“相同或类似商品（服务）的认定”——兼评“非诚勿扰”案》，载《知识产权》2016 年第 1 期。
〔48〕 最高人民法院（2014）行提字第 29 号行政裁决申诉行政判决书。

商品上,没有正当理由,故更应当从宽认定热塑弹性体与未加工塑料的关联性。”

且在“Blancpain 商标案”[49]中,最高人民法院再次证实了此观点,其认为被异议商标所有人未能陈述其申请被异议商标的创意,且在原审第三人申请注册的十三件商标中,大部分是对他人知名品牌的复制、模仿和抢注,如“BLANCPAIN”和“宝铂”系对宝珀公司商标的“抢注”,“MAURIZIANTONIO”系对意大利知名皮鞋品牌“ANTONIOMAURIZI”的抢注,“ZARA”系对全球排名第三、西班牙排名第一的服装品牌的抢注。结合陈某具有申请与其他知名度较高商标相近似商标的情形来看,陈某、沈某请注册此被异议商标时明显具有攀附知名商标的主观恶意,故应从宽判断类似商品关联性。

当任何第三方有攀附知名商标的主观恶意之时,判断商品是否具有关联性,可以适度放宽类似商品关联性的判断标准,保护在先商标权人的利益,但我国也应和欧盟一样,“无任何关联或完全不同的商品不能认为构成类似商品”。[50]

(三)商品关联性的判断规则的重设

在现行法律法规中,我国立法机关在规定类似商品内涵和判断标准时使用了特定联系等模糊概念。且在我国司法实践中,司法机关也常常使用商品具有关联性等模糊性的词汇。无论立法机关还是司法机关对此并没有统一进行解释,因此造成了行政机关与司法机关、司法机关与司法机关对商品关联性的解释不一。只有对商品关联性内涵及其判断标准进行明确规定才有实际意义,否则模糊的概念很难在商标纠纷中发挥实际效用。

德国、欧盟在类似商品判断中承认了商品或服务是否类似并非纯粹客观的因素,而是与其他包括商标显著性、商标知名度在内的因素存在一种相互作用、相互影响的关系,对商品关联性进行进一步解释是更好适用类似商品制度的前提。在解释商品关联性时,可以借鉴欧盟在司法判例中将商标显著性和知名度纳入商品关联性判断标准的做法。且在重设商品关联性制度时,应尽量解决我国商品关联性与混淆可能性的逻辑悖论问题,除了司法机关应适用本章第二节提出的两种解决方法之外,立法机关更应避免在与商品关联性相关的法律法规中使用“混淆”字样。

---

[49] 最高人民法院(2016)最高法行再10号行政裁决申诉行政判决书。
[50] 田龙:《关联性产品纳入类似商品范围的个案分析》,载《中华商标》2013年第3期。

因此,应当对"存在特定联系"进行进一步解释,明确为:类似商品,是指在功能、用途、生产部门、销售渠道、消费对象等方面相同,或者具有如下任一种关系的商品:(1)商品具有搭配、配套使用关系;(2)商品之间属于产品与部件、部件与部件关系;(3)商品之间属于产品与原料、产品与工具关系;(4)商品具有相同作用;(5)商品的原料相同;(6)商品属于上、下位关系;(7)商品同属日常饮品;(8)商品同属日常穿着用品;(9)商品之间具有可替代性。此外,判断商品之间是否具有关联性,还需要考虑商标的显著性与知名度。

五、结语

商品关联性在类似商品判断中具有重要地位,它是商标行政案件败诉的主要原因之一。但最高人民法院与商标行政机关对商品关联性的判断标准仍存在冲突之处。最高人民法院主张在商标具有知名度及显著性时,可以适当放宽商品关联性判断标准,而商标行政机关则主张当两个商品在销售渠道等方面具有较大关联性时,可以认定为类似商品。最高人民法院在判断商品关联性时采取主观标准,而商标行政机关在判断商品关联性时采取客观标准。

在司法实践中,即使存在用销售渠道、功能、用途等客观因素判断商品之间是否具有关联性,但由于判断商品关联性时存在很大的主观因素,导致商标行政机关与司法机关、不同司法机关之间的标准不一。

因此,本文从现有的商标行政案件入手,总结归纳出九种司法机关认为存在关联性的情形,以便实现商标行政机关与司法机关在此问题上适用标准的统一。文章最后阐述了商标知名度及显著性作为商品关联性判断标准的合理性,同时若存在恶意抢注情形,可以适当放宽商品关联性的判断标准。为了避免混淆可能性与商品关联性的逻辑悖论,司法机关及行政机关可以直接把上文所述的九种具有关联性的商品认定为类似商品,不需要再考虑混淆可能性。若存在关联性,可直接认定构成类似商品,后直接适用我国商标法的相关规定认定是否构成侵权或是否给予注册,无须再用生产者混淆或来源混淆反推类似商品或者商品具有关联性。

参考文献

著作类

1. 孔祥俊:《商标法适用的基本问题》,中国法制出版社 2014 年版。

2. 何敏:《知识产权法总论》,上海人民出版社 2011 年版。
3. 王迁:《知识产权法教程》,中国人民大学出版社 2016 年版。
4. 国家工商行政管理总局商标局编译:《怎样在欧盟注册商标和保护商标》,中国工商出版社 2003 年版。
5. 国家工商行政管理总局编:《中华人民共和国商标法释义》,中国工商出版社 2003 年版。
6.《十二国商标法》,《十二国商标法》翻译组译,清华大学出版社 2012 年版。

期刊类

1. Barton Beebe, "An Empirical Study of the Multifactor Tests for Trademark Infrigement", *California Law Review*, Vol. 94, 2006.
2. 余晖:《司法实践中如何判断类似商品》,载《电子知识产权》2007 年第 4 期。
3. 陈志兴:《商品关联关系与类似商品的判断》,载《电子知识产权》2014 年第 10 期。
4. 王迁:《论"相同或类似商品(服务)的认定"——兼评"非诚勿扰"案》,载《知识产权》2016 年第 1 期。

学位论文类

1. 沈吉:《我国类似商品认定规则研究》,华东政法大学 2014 年。
2. 王颖:《商标法中类似商品的认定》,华东政法大学 2011 年。
3. 孙丽平:《我国类似商品判断标准研究——以商品关联性为视角》,华东政法大学 2015 年。

报纸类

1. 刘庆辉:《类似商品认定应综合考虑商标知名度等因素——评析金花企业(集团)有限公司诉商标评审委员会、昆明绿谷生物技术公司商标异议复审案》,载《中国知识产权报》2012 年 11 月 7 日,第 3 版。
2. 张爱国:《非关联关系商品不宜认定关联关系混淆》,载《证券时报》2015 年 5 月 25 日,第 4 版。

电子文献类

刘庆辉:《类似商品应以什么为判断标准?》,载中国知识产权资讯网:http://www.iprchn.com/index_newscontrnt.aspx? newsid = 51325,最后访问日期:2019 年 8 月 9 日。

著作权篇

字体侵权的风险与抗辩

李本亚[*]

商业活动中需要使用汉字进行宣传,字体的选择便非常关键,而近年来字体侵权问题也成了伴随企业发展的一大风险。笔者所在的团队接受客户委托,代为处理与方正公司之间的字体侵权与许可谈判。在妥善解决方正公司的侵权控诉并协助客户完成字体使用的合规化后,笔者拟在本文中总结不同使用方式下字体侵权的主要风险、抗辩思路,以及法院在类案中认定损害赔偿的考量因素,以期对企业处理字体侵权相关问题有所助益。

本文中,笔者将首先从字体的网页文字性、嵌入性、印刷性三种不同使用方法出发,探讨不同情况下的侵权可能性问题;其次在第二部分围绕单字侵权问题阐述单字版权保护的否定与侵权构成的否定两种抗辩路径;最后在第三部分结合大量现有法院判例,讨论法院关于单字侵权案件的损害赔偿确定思路,并从企业进行损害赔偿抗辩的角度给出建议。

一、不同字体使用方式的侵权风险

笔者将字体的使用方式分为三种:网页文字性使用、嵌入性使用、印刷性使用,前两种针对的是在网页、APP 等平台对字体进行的屏幕显示性使用,而后一种则是指传统的印刷显示性使用。在不同情况下,用户对于字体的使用会存在不同程度的著作权侵权风险。

---

* 李本亚,上海市锦天城律师事务所上海办公室律师,北京大学法学硕士;擅长领域为知识产权争议解决与非诉服务。

(一)网页文字性使用

网页文字性使用,是指网页设计者在网页编程时对“可复制性”文字进行的字体设置。CSS 语言提供了以下两种属性来为网页设置字体,但是使用不用属性的侵权风险截然不同。

1. font - family 属性

CSS 语言中的 font - family 属性是网页设计者为页面字体设置格式最常用的属性。但只有在用户电脑中包含该字体时,通过 font - family 指定的字体才会显示出来。如果用户电脑中并未包含设计者所指定的字体,该内容便只会显示为电脑默认字体。因为究其实质,网页只是代码的集合,font - family 属性只会调用用户电脑中的字体文件,而并未将字体文件或字体中的任何单字复制到用户的显示界面中。

由于不存在对于任何客体的复制行为,因此,无论网页设计者通过 font - family 属性为网页设置了何种字体,都绝不会构成对于字体的著作权侵权。

2. font - face 属性

如果仅仅使用 font - family 属性,网页设计者在字体选择中就会处于很被动的地位。CSS3 语言便为网页设计者提供了新的工具,即 font - face 属性,该属性使网页设计者可以调用存在于网络位置的字体,并向浏览器发出指令将该字体文件临时性下载到用户的电脑缓存中。

通过该种属性,设计者能够让任何人的浏览器都完美呈现其所希望实现的字体效果。但由于在这一过程中无疑会涉及对字体文件的复制行为,所以在字体属于受到著作权法保护的作品的情况下,网页设计者便可能构成侵权。

最高人民法院在“方正诉暴雪案”[1]中认为,计算机字体文件是“为了得到可在计算机及相关电子设备的输出装置中显示相关字体字型而制作的由计算机执行的代码化指令序列”,因此其属于《计算机软件保护条例》规定的计算机程序,属于著作权法意义上的作品。虽然学界还有不同观点,但之后的各地法院判决基本都遵循了最高人民法院的判决意见,普遍认定计算机字库属于计算机软件,应该为著作权法所保护。

因此,由于 font - face 属性包含了对字体文件的完整复制行为,所以会构成著

〔1〕 参见(2010)民三终字第6号民事判决书。

作权侵权。

(二)嵌入性使用/印刷性使用

区别于网页文字性使用,嵌入性使用是指用户将字库中的单字直接嵌入到图片或软件中,与图片或软件形成不可分割的整体的字体使用方式。而印刷性使用是指用户将单字进行实体印制,制作成书籍、招牌、手册等材料的行为。虽然屏幕显示和实体印刷显示在效果上完全不同,但就侵权风险而言,这两种类型存在一致之处。

由于嵌入性或印刷性使用均不会涉及与用户电脑的互动,而是会将设计者选取的单字直接呈现出来,所以必然会涉及对字体单字的复制、展览行为。因此,上述两种使用方式均会存在字体侵权风险。事实上,遑论单字侵权问题——对于单字是否具有可版权性,在我国法律界也是颇具争议的问题。但该问题并不是本文希望探讨的核心,笔者在本文中将以单字具有可版权性为前提进行论述。

二、字体侵权的抗辩路径

虽然均存在侵权风险,但网页文字性使用中的 font - face 属性使用方式和嵌入性使用/印刷性使用涉及的侵权对象并不相同。font - face 属性涉及整个字体文件的复制,因此可能涉及计算机软件著作权侵权;而嵌入性使用/印刷性使用仅仅涉及字库中部分单字的复制,因此只可能涉及单字著作权侵权。本文将主要着眼于第二种情况,探讨单字使用被控侵权情况下的抗辩路径。

以 Windows 系统自带的由方正享有著作权的"微软雅黑"字体为例,当用户被字体制造商起诉时,笔者认为主要可以从以下三个层面进行抗辩。

(一)第一层:单字的独创性,是否属于作品

根据《著作权法》和《著作权法实施条例》,作品受到著作权法保护,但是只有具有独创性且可为有形复制的智力成果才会被认可为作品。如果否定字库中的单字具有独创性,便釜底抽薪地否定了权利人的权利基础。

同样在"方正诉暴雪案"中,最高人民法院认为,对于"单字"是否具有独创性,是否能够单独构成作品,受限于汉字的构造和表现形式,应该具体分析判断。

而之后南京中院在“汉仪诉青蛙王子案”〔2〕中探索确立了单字独创性判断的标准，为二审法院江苏高院所认可〔3〕，并为南京铁路法院和南京玄武区法院在同类型案件中所借鉴〔4〕，值得参考。该标准为：

第一，遵循美术字艺术创作的规律，根据汉字的笔画特征、笔画数量、结构等特点进行考量；

第二，将单字体现的艺术风格、特点与公知领域的其他美术字体如宋体、仿宋体、黑体等进行对比，看原告主张权利的单字是否具有明显的特点或一定的创作高度；

第三，将主张权利的字体单字与原告发行的其他相近字体中的相同单字进行对比，看原告主张权利的单字是否具有明显的特点或一定的创作高度。

根据第一点，如果使用者使用的是“一”“了”“日”“木”“门”“土”等字，这些字笔画数量少、字形结构较为确定，在保证汉字识别能力不受损害的前提下，大多很难产生独创性。虽然不排除天才的设计者可以在这些单字上发挥创意，但毫无疑问，只有在达到相当高的创作高度时才应该对此类简单单字提供著作权法保护。

根据第二点，要将涉案具体单字与宋体、黑体、楷体等公有领域字体中的对应单字相对比。由于“微软雅黑”字体在“黑体”的基础上设计而成，所以如果对单字进行比较，其中绝大部分单字恐怕很难被认为具有明显特点或一定创作高度。北京高院便曾在“中易诉微软案”〔5〕中从该角度判断独创性：“中易字库中每个单字的表达与公有领域中长期使用的宋体和黑体的表达难以产生普通人能够识别的差异，因此即使中易字库中的单字经过了一定的设计、体现了一定的劳动，也由于其不能与公有领域相区分，而不具有独创性，不能构成美术作品。”

根据第三点，要将涉案具体单字与该字体设计者所发布的其他字体中的对应单字进行对比。王羲之的《兰亭集序》中十二个“之”字各不相同、各具韵味，但一个字体设计者的数款字库中的“之”，却有可能几乎相同。纵使某个单字在上述第二点的认定中达到了超越公有领域字体的艺术水平，但是如果相比于设计者另一款字体中的对应单字并没有显著特点，依然不能被认为具有独创性。“微软雅黑”

〔2〕 参见(2011)宁知民初字第59号民事判决书。

〔3〕 参见(2012)苏知民终字第0161号民事判决书。

〔4〕 参见(2014)宁铁知民初字第101号、(2015)玄知民初字第169号民事判决书。

〔5〕 参见(2010)高民终字第772号民事判决书。

与“方正兰亭黑体”同样由方正发布，但事实上这两款字体系出同源，一款相比于另一款字体仅在单字的“字脚”方面有着细微的变化，而仅仅是增加或减少“字脚”显然很难被认为达到了一定的创作高度。因而，认为其中一款字体的单字具有独创性实际上便会导致对于另一款字体对应单字独创性的否定，这也导致了如果真的发生诉讼案件，法官恐怕很难认定其中任何一款字体的单字具有独创性。

但对于“方正倩体”“方正喵呜体”等创意字体中，在字形、结构等方面确实别具一格、体现作者个性的单字，以上述标准衡量，通常会被认定具有独创性。方正此类字体也确实在诸多案件中得到了法院的认可（见表1）。

表1　方正各类字体在判决中获认可情况

字　　体	判　决　书
方正粗倩体	(2014)宁铁知民初字第101号方正诉河北蓝亨啤酒有限公司案 (2015)宁铁知民初字第00766号方正诉南京金兰湾贸易有限公司案 (2015)宁铁知民初字第00435号方正诉南京母婴坊婴童用品有限公司案
方正喵呜体	(2013)宁知民初字第273号方正诉上海百味林实业有限公司案 (2015)玄知民初字第169号方正诉南京威风科技有限公司案
方正藏意汉体字库	(2013)宁知民初字第272号方正诉杭州忆江南茶业有限公司案
方正平和体	(2014)三中民(知)初字第09233号方正诉上海跃兴旺贸易有限公司案

（二）第二层：单字属于作品，需要确认侵权构成要件

退一步讲，纵使认为“微软雅黑”中的单字具有独创性，属于受到著作权法保护的作品，笔者依然认为并非只要商业使用该字库中的单字就会构成侵权。根据著作权法，只有未经许可使用作品才会构成著作权侵权。参考北京市第一中级人民法院在“方正诉宝洁案”〔6〕中的观点，笔者认为用户商业使用“微软雅黑”字体的行为获得了著作权人方正的“默示许可”，从而不构成侵权。

要强调的是，笔者下述讨论的前提是用户使用的是正版专业版Windows操作系统。

由于该版本系统面向商业用户，而其中附带了微软雅黑字体，用户在购买并

〔6〕 参见(2011)一中民终字第5969号民事判决书。

使用该操作系统时,理应享有对于包括字体文件在内的所有自带内容在一定范围内进行商业性使用的合理期待。字体设计者应该清楚,对于商业用户来说,进行一般性的文字编辑时,并不需要使用特定的艺术字体,而只有在以上述几种使用方式输出、展示文字内容时,考虑字体的美观,才会需要使用特定的艺术字体。

微软公司在“微软雅黑”字体的 EULA(最终用户许可协议)中写道:“依照包含这款字体的产品的 EULA ,用户可以将此字体用于内容的显示或打印。包含以下两种情况:第一,遵循本字体的内嵌限制来对本字体进行内嵌使用……”而该字体的字体文件中明示了其“内嵌限制”模式为“可编辑”,也即微软并不限制该字体任何编辑性的内嵌使用。

在微软未对字体商业使用进行任何限制的同时,方正作为字体著作权人,明知 Windows 系统的用户可能会将该字体中的单字输出后进行商业使用,但并没有在该字体文件的任何位置对商业使用进行限制。在这种情况下,用户便应该有充分理由认为,方正已经默示许可专业版 Windows 系统的使用者在遵循上述最终用户许可协议的情况下,可以将“微软雅黑”字体中的单字输出,并在合理范围内用于后续商业活动。所以用户对单字的嵌入性商业使用和印刷性商业使用都不构成著作权侵权。

(三)第三层:构成侵权,赔偿数额的确定

再退一步讲,当侵权认定无法避免时,至少可以试图减少损害赔偿数额。笔者将在本文的下一章节详细论述损害赔偿问题。

三、字体侵权案件的损害赔偿现状与抗辩

在上一章节中,笔者着重论述了单字版权保护的否定与侵权构成的否定两种抗辩路径。不过实践中,非诉谈判往往不会涉及上述抗辩,而能够采纳上述抗辩的法院也屈指可数。在认可侵权的前提下对于损害赔偿数额的争取,才是重中之重,也是笔者在本章的论述中心。通过对现有字体单字侵权案件判决思路的总结,笔者将简要阐述字体侵权案件中赔偿数额的确定方法与抗辩路径。

(一)字体侵权案件的损害赔偿现状

在威科先行数据库中可检索到合计 28 件字体单字著作权侵权判决。有趣的是,数据库中还包含数十件涉及叶根友、李林、方正、造字工房等字体权利人的撤

诉裁定书，可以从侧面看出很多权利人均是将诉讼作为一种谈判策略；在提起诉讼后，被诉侵权企业往往会知难而退，按照权利人的要求赔偿授权许可费，而字体设计者便撤诉不再追究。

1. 字体侵权案件的胜败诉情况

上述28件字体单字侵权判决涉及的字体商包括方正（7）、汉仪（1）、叶根友（1）、张海山（18）和李林（1）。其中原告败诉的案例有8件，即“方正诉宝洁案”“叶根友诉无锡肯德基案”“李林诉百度案”，以及张海山的五件被上诉案件。在其余20件判决中，原告均获胜诉，并且基本均获得了停止侵权和损害赔偿等救济。

2. 字体侵权的损害赔偿数额现状

现有字体单字侵权判决数量委实较少，所涉及的原告也仅有有限几家，但样本小不代表可参考性小，通过简单统计我们依然可以了解到判决背后的诸多细节：

（1）平均索赔额。原告索赔额平均数的计算中舍弃了五件索赔额超过20万元的案件（分别由方正、汉仪提起），因为除此之外的案件索赔额均在20000～88145元。共有19个〔7〕案例包含明确的原告索赔额，其平均值为38125.6元。

（2）平均判赔额。原告索赔额低于10万元的22个〔8〕案例中实际判赔额平均值为5052.6元，原告索赔额高于20万元的4个〔9〕案例中实际判赔额平均值为35119.5元。

（3）平均赔偿率。赔偿率即实际判赔额与原告索赔额之间的比值，由于不同案件中索赔额、判赔额可能存在较大差异，所以赔偿率更能体现法院对于原告诉求的支持程度。共有21个案例同时包含明确的原告索赔额和法院判赔额〔10〕，这些案件中的赔偿率平均值为13.9%，即法院平均仅会支持原告索赔数额中的13.9%。

（4）平均赔偿率（具体）。被告所涉及的具体侵权使用方式包含以下几种：平

〔7〕 19个案例是指上述28件案件除去5件索赔额超过20万元的案件（叶根友1，方正4）、除去4件无法确定原告索赔额的案件（张海山）。

〔8〕 22个案例是指上述28件案件除去5件索赔额超过20万元的案件（叶根友1，方正4）、除去1件原告败诉的案件（李林）。

〔9〕 4个案例包括叶根友诉无锡肯德基案的一审，以及方正的3件案件。

〔10〕 21个案例是指上述28件案件除去4件无法确定原告索赔额的案件（张海山）、除去2件原告败诉的案件（方正、李林）、除去1件原告索赔额过于离均导致赔偿率过低的案件（叶根友）。

面广告、门店广告(包含户外广告)、网页广告、产品包装(包含注册商标使用)。其中,平面广告赔偿率为 10.8%;网页广告赔偿率为 21.3%;门店广告赔偿率为 14.6%;产品包装赔偿率为 13.5%。当然由于在进行上述分类后样本更小,所以该数据可参考性较小。

3. 字体侵权的损害赔偿考量因素

判决被告承担损害赔偿责任的所有 26 件案例中,法院均采取了法定赔偿方式,这并不令人意外。不同法院对于判赔考量因素的选择不尽相同,通过对现有案例的分析我们可以更好地理解法院的思路。法院考量因素主要分为以下几个方面:

第一,被侵犯作品的权利价值。(1)涉案字体单字独创性的高低程度(南京铁路法院 3 件案例);(2)涉案字体的作品类型、知名度(广州市越秀区法院 13 件案例、黄浦区法院 1 件案例)。

第二,原告权利行使方式。即涉案字体授权许可使用费费率(南京玄武区法院、北京三中院、江苏高院)。

第三,侵权使用程度。主要包括:(1)侵权使用单字个数、所占篇幅(越秀区法院 12 件案例、铁路法院 2 件案例、江苏高院 1 件案例);(2)有无突出、显著使用侵权字体(越秀区法院 3 件案例);(3)侵权使用的持续时间与范围,是否仍在侵权使用(铁路法院 1 件案例、广州市海珠区法院 3 件案例、越秀区法院 2 件案例、黄浦区法院 2 件案例)。

第四,侵权方式与获益。(1)具体侵权使用方式,即网页广告使用、产品包装使用或其他方式(玄武区法院 1 件案例、铁路法院 3 件案例、江苏高院 2 件案例、黄浦区法院 3 件案例);(2)侵权使用行为与店铺经营、产品销售状况的关联性、贡献度(铁路法院 3 件案例、江苏高院 2 件案例、海珠区法院 3 件案例、黄浦区法院 3 件案例);(3)侵权产品的销售价格、销售情况(黄浦区法院 2 件案例、海珠区法院 3 件案例、江苏高院 1 件案例、铁路法院 1 件案例、北京三中院 1 件案例)。

第五,侵权者主观过错程度(北京三中院 1 件案例、江苏高院 1 件案例、铁路法院 1 件案例)。然而在司法解释或各级法院的指导意见中,笔者均难以找到对于"主观过错具体程度"的评价标准。根据现有案例案情,笔者认为具体评价标准会涉及以下几个方面:(1)权利人是否将字体主动置于网络环境供免费下载,且长期没有明显权利主张，侵权人获取该字体的渠道是否正规〔11〕；(2)广告设计是否有合法来源，即是否委托了设计公司进行设计〔12〕；(3)侵权人在收到权利人警告后，是否立即停止侵权〔13〕；(4)在注册商标上侵权使用字体的，该商标是否通过善意受让获得〔14〕。

第六，权利人与社会公众之间的利益平衡(北京三中院1案例)。“经济损失金额的确定既要达到促进字体使用者与字库开发者实现交易的目标，又要避免给字体使用者造成不合理的负担。”〔15〕

应该说，大部分法院在字体侵权案件中适用法定赔偿时还是较为周全地考虑到了涉案著作权本身以及侵权人的具体行为。不过遗憾的是，在法定赔偿的确定中法院均仅是笼统地罗列考量因素，而不曾详细地将具体因素对于判赔金额的影响力、权重进行分析。

(二)字体侵权损害赔偿的计算方法

根据上述统计，字体侵权案件实际判赔额平均值为5052.6元，赔偿率为13.9%。但是这个数额和比例真的低了吗?

1. 著作权法中损害赔偿的计算方法

《著作权法》第四十九条规定了侵权损害赔偿数额的计算方法，即首先按照权利人的实际损失计算，在前者难以确定时按照侵权人违法所得计算，在上述两种方法都无法确定时，法院可以在最高限额之下酌情判决法定赔偿。虽然正在进行的《著作权法》第四次修订拟采取2013年修订的《商标法》的模式，允许权利人自由选择损害赔偿计算方法，但是在法律未实际修改之前，损害赔偿的计算仍然应该按照上述顺序进行。

相较于其惩罚性效果，损害赔偿制度的目的更在于填补受害人所受损害，因

〔11〕 参见(2011)苏知民终字第0018号叶根友诉无锡肯德基案、(2016)粤0112民初654号张海山诉西安虎标案。

〔12〕 参见(2014)三中民(知)初字第09233号方正诉上海跃兴旺案，事实上法院在判决主文中认为被告并没有充分证明其委托了设计公司设计。另参见(2011)苏知民终字第0018号叶根友诉无锡肯德基案。

〔13〕 参见(2014)三中民(知)初字第09233号方正诉上海跃兴旺案。

〔14〕 参见(2014)宁铁知民初字第101号方正诉河北蓝亨啤酒案。事实上该案中法院在判决主文中并未直接将“主观过错程度”作为赔偿考量因素之一，但由于其将“被告善意受让取得涉案注册商标的情况”作为考量因素之一，可以认为其确实考察了侵权人的“主观过错程度”。

〔15〕 参见(2014)三中民(知)初字第09233号方正诉上海跃兴旺案。

此，权利人实际损失会被作为首要计算标准；而侵权人违法所得作为一种特殊的损害赔偿计算方式，实际上是以转化的方式来计算实际损失，实际损失依然是核心。虽然很多案件都因为原告实际损失难以确定而最终诉诸违法所得或法定赔偿，但笔者认为，在字体侵权案件中，实际损失实际上是可以有效确定的。

2. 字体权利人的授权许可模式

在讨论字体权利人实际损失的确定前，我们先来看看字体权利人的授权许可模式和许可使用费标准。

为了避免谈判的烦琐，字体权利人一般都会事先拟定格式合同和标准报价，在使用者申请字体许可时实现快速授权。如方正、汉仪，均在其官方网站上非常详细地罗列了字体许可费标准。其许可费标准往往只与字体种类、使用方式、时间有关，而与具体单字使用数量、应用地域、印量、发布次数无关。

方正作为国内最大的字体商，有着高定价的资本（见表2）：

表2　方正字体定价标准

授权范围	授权价格（万元/年/款）	
	基础字体	精选字体
全媒体发布	0.7	2
平面广告、户外广告、网络广告、海报等	0.15	0.45
产品包装、Logo设计、官网设计等	0.3	0.9

汉仪同样是老牌字体商，定价方式同方正类似（见表3）：

表3　汉仪字体定价标准

授权范围	授权价格（万元/年/款）	
	基础字体	精选字体
全媒体发布（商标、产品包装、官网设计等）	0.6	1.8
单一设计稿（平面广告、海报等）	0.15	0.4

叶根友虽然没有公布其授权价格，但是根据其网站上公布的授权信息，可推测其主要是以授权时间为标准计费（见表4）：

表4　叶友根字体定价标准

授权时间	授权价格(元/款)
1年	2980
3年	6880
5年	9880
永久	55800

而我国台湾地区老牌字体商文鼎通过邑石网(www. yestone. com)在大陆销售其字库,其销售方式和定价方式比较特别,直接对字体批量授权,且授权对象以"每台电脑"为单位(见表5):

表5　文鼎字体定价标准

授 权 范 围	授权价格(元/年/台)
经典包(可商业使用273套字体)	2500
简中包(可商业使用224套字体)	1800

3. 字体侵权损害赔偿的计算方法

在确定了字体权利人的商业模式后,我们就可以更好地分析侵权损害赔偿的计算方法。

作为损害赔偿计算核心的实际损失,应该分为两部分:一部分是权利人在自行商业性使用作品中应获利润的损失,另一部分是其授权许可费的损失。而在著作权权利人并不对外发行作品复制品时,权利人是不存在所谓的利润损失的,其所承受的实际损失只有许可使用费的损失。就字体作品而言,虽然其与书法等美术作品非常接近,但是其实用性决定了权利人并没有机会将其中的单字,如同出版、拍卖书法作品那样自行使用,而只能通过对外许可的方式获利。

因此,对于字体权利人来说,在他人侵权使用字体单字时,其并不存在利润损失,只存在许可使用费的损失。而具体许可使用费数额,已经在其各自的官网详细列明,可以直接作为计算基础。

当然,损害赔偿数额还应包含权利人为制止侵权行为所支付的合理开支。这些支出可以分为两类,即调查取证费和法律服务费。在著作权侵权案件中,原告往往会提供律师费、公证费、取证费、鉴定费等多种为制止侵权的支出的证明材料,但法院通常不会全额支持。事实上,除了要考虑合理开支的"合理性"外,法院还会根据其判赔数额占原告索赔额的比例,也就是赔偿率,来综合确定对合理开支的支持率。

如北京高院便在《关于确定著作权侵权损害赔偿责任的指导意见》第十四条中指出,律师费作为合理开支的一种,可以按照以下原则确定予以支持的数额:“……(二)被告侵权行为基本成立,且应当承担损害赔偿责任的,按照判决确定的赔偿数额与诉讼请求数额比例确定支持的律师费;同时判决支持其他诉讼请求的,应当适当提高赔偿数额……”

根据上述分析,笔者尝试得出字体侵权案件中损害赔偿的计算公式:

合理判赔额≈许可使用费+(许可使用费/原告索赔实际损失)×原告索赔合理支出

那么,以在诉讼请求中明确列明了实际损失和合理支出数额的方正案件为例:

(2015)宁铁知民初字第00435号“方正诉南京母婴坊案”中,原告索赔实际损失为27,000元,索赔合理支出23,000元;涉案字体方正倩体许可使用费为4500元。根据上述公式,可以计算出合理判赔额大约为8333元(4500+23,000×1/6)。

本案中南京铁路法院实际判赔额为8000元。

(2015)穗越法知民初字第553号“方正诉贵州隆喜案”中,原告索赔实际损失为27,000元,索赔合理支出61,145元;涉案字体方正平和体许可使用费为4500元。根据上述公式,可以计算出合理赔偿额大约为14,691元(4500+61,145×1/6)。

本案中广州市越秀区法院实际判赔额为15,000元。

遗憾的是,因为其他多数案件中原告在诉讼请求中并未明确列明实际损失和合理支出,所以我们难以逐案进行上述验证。但仅就现有案例可以看出,虽然法院采取了法定赔偿,但实际判赔数额其实相当准确。字体侵权判赔额、赔偿率虽然较低,但并不是毫无道理。

此外,我们还应该考虑到,随着损害赔偿,法院往往同时判决侵权人承担停止侵权责任。因而,侵权人在广告设计、产品包装印制等方面投入的所有成本即会变为沉没成本,对侵权人的惩罚性已足够充分。如果再判赔过高的损害赔偿金,则恐怕难以保证公平。

（三）字体侵权损害赔偿的抗辩路径

综上所述，当权利人在诉讼请求中提出高额损害赔偿时，侵权人可以从两个方面抗辩：

第一，根据上述实际损失计算方法，强调原告的损失只有许可使用费，并质疑原告合理支出的合理性。

第二，参考上述法院考量因素，强调被侵犯作品价值较低，以及自己侵权行为的程度、侵权行为与获利的关联性、主观过错程度等均较弱，以期在法院选择法定赔偿时对其进行引导。

四、结语

在2008年前后，字体侵权问题曾一度成为知识产权界的讨论核心，而随着若干具有司法导向性的判决的作出，以及社会对字体权利保护认同度的提高，近年来字体权利人对诉讼的积极性明显下降，诉讼已日益成为字体版权许可谈判的一种筹码。但无论诉讼内外，对字体权利的主张和抗辩、对字体定价（损害赔偿金额）的探索与质疑，仍将长期存在。"法律的生命在于经验"——笔者无意评价围绕字体版权保护的各家学说之短长，只希望在有限的司法判例中抽丝剥茧，在本文中尝试为字体用户给出更为清晰的指引。文中拙见颇多，期待得到读者的批评与斧正。

参考资料

专著类

崔国斌：《著作权法：原理与判例》，北京大学出版社2014年版。

案例类

1. 最高人民法院（2010）民三终字第6号民事判决书。
2. 北京市高级人民法院（2010）高民终字第772号民事判决书。
3. 北京市第三中级人民法院（2014）三中民（知）初字第09233号民事判决书。
4. 北京市第一中级人民法院（2011）一中民终字第5969号民事判决书。
5. 北京市海淀区人民法院（2015）海民（知）初字第16052号民事判决书。
6. 江苏省高级人民法院（2012）苏知民终字第0161号民事判决书。
7. 江苏省高级人民法院（2011）苏知民终字第0018号民事判决书。
8. 江苏省南京市中级人民法院（2011）宁知民初字第59号民事判决书。

9. 江苏省南京市中级人民法院(2013)宁知民初字第 273 号民事判决书。
10. 江苏省南京市中级人民法院(2013)宁知民初字第 272 号民事判决书。
11. 江苏省南京市玄武区人民法院(2015)玄知民初字第 169 号民事判决书。
12. 江苏省南京市玄武区人民法院(2015)玄知民初字第 169 号民事判决书。
13. 南京铁路运输法院(2014)宁铁知民初字第 101 号民事判决书。
14. 南京铁路运输法院(2015)宁铁知民初字第 00766 号民事判决书。
15. 南京铁路运输法院(2015)宁铁知民初字第 00435 号民事判决书。
16. 广州知识产权法院(2016)粤 73 民终 136 号民事判决书。
17. 广州知识产权法院(2015)粤知法著民终第 779 号民事判决书。
18. 广州知识产权法院(2016)粤 73 民终 257 号民事判决书。
19. 广东省广州市黄埔区人民法院 (2016)粤 0112 民初 654 号民事判决书。
20. 广东省广州市黄埔区人民法院(2015)穗萝法知民初字第 193 号民事判决书。
21. 广东省广州市黄埔区人民法院(2015)穗萝法知民初字第 194 号民事判决书。
22. 广东省广州市黄埔区人民法院(2016)粤 0104 民初 134 号民事判决书。
23. 广东省广州市越秀区人民法院(2015)穗越法知民初字第 553 号民事判决书。
24. 广东省广州市越秀区人民法院(2016)粤 0104 民初 1988 号民事判决书。
25. 广东省广州市越秀区人民法院(2016)粤 0104 民初 513 号民事判决书。
26. 广东省广州市越秀区人民法院(2015)穗越法知民初第 745 号民事判决书。
27. 广东省广州市越秀区人民法院(2015)穗越法知民初字第 442 号民事判决书。
28. 广东省广州市越秀区人民法院(2015)穗越法知民初字第 73 号民事判决书。
29. 广东省广州市越秀区人民法院(2015)穗越法知民初字第 78 号民事判决书。
30. 广东省广州市越秀区人民法院(2014)穗越法知民初字第 799 号民事判决书。
31. 广东省广州市越秀区人民法院(2015)穗越法知民初字第 69 号民事判决书。
32. 广东省广州市越秀区人民法院(2015)穗越法知民初字第 67 号民事判决书。
33. 广东省广州市越秀区人民法院(2015)穗越法知民初字第 71 号民事判决书。

声音利益的民法保护

——从自然人声音到"拟人声音"

刘民选* 李本亚**

在提供知识产权法律服务的过程中,知识产权律师一方面要不断深入学习前沿技术本身,另一方面还要积极思考前沿技术对著作权等法律领域的颠覆与革新。在笔者向客户提供顾问服务的过程中,客户提出的极其前沿的问题——机器"拟人声音"保护问题便引发了团队成员的激烈争论与深入思考。笔者特撰此文,尝试在这一前沿领域中略作探索。

随着人工智能技术的飞速发展,机器已不仅能"代劳",更可以"创造"。人工智能"作品"的版权保护问题近年来引发知识产权学界的热议;而语音合成领域的最新技术,其实也早已悄无声息地触探到了人格权保护的边界。

人的声音有三个主要特征:音调、响度、音色,人们根据这三个特征的变化,来区分不同的声音。在现实生活中,每个人的声音都有具体的特征,因此,人的声音可以和姓名、肖像一样,起到区别不同的人的人格标识的作用。例如,著名相声演员马三立、评书演员单田芳、厦门大学教授易中天,他们的声音就如同《红楼梦》中"不见其人,先闻其声"的描述,他们的声音就是他们的人格标识。

科学实验证明,人的声纹和指纹、掌纹等身体特征一样,具有唯一性、稳定性的特征。指纹、虹膜识别已被广泛应用于诸多生物识别领域,根据声波识别讲话人的生理特征从而进行身份确认技术,同样可以应用到相关的领域。声音的上述

* 刘民选,上海市锦天城律师事务所上海办公室高级合伙人,复旦大学法律硕士;擅长领域为知识产权争议解决与非诉服务。

** 李本亚,上海市锦天城律师事务所上海办公室律师,北京大学法学硕士;擅长领域为知识产权争议解决与非诉服务。

特征决定了其应该得到更高程度的保护。

随着科学技术的进步,获取和传播声音的手段越来越多,录音机、电脑软件和声音克隆技术对声音权侵害的可能性也越来越高。知名人士的声音片段会永久性地保留在互联网上,可能被随时播放、编辑、丑化,甚至有人可以根据既有的声音片段拟制出音色近似的新声音。

高德地图的"志玲版"语音导航,带着林志玲特有的甜美娃娃音;网络虚拟歌姬初音未来、洛天依演唱的歌曲,也有着她们独特的电子"嗓音"。虽然每天有海量的声音冲击着我们的耳膜,但这些具有独特音色的声音,总能瞬间抓住我们的注意力,产生具体的指代与暗示效果。而上述这些声音,却全部都是通过语音合成技术制造的。

在2018年世界机器人大会上,知名语音识别技术公司科大讯飞的董事长甚至表示,"只要给机器几分钟的时间,能够把现场所有人的声音都完成合成"。

科技和商业总在狂奔,而法律蹒跚追赶。在不远的未来,恐怕就会出现用语音合成技术假造他人声音进行虚假宣传甚至违法犯罪的案件。在现有法律框架下要如何保护声音,在未来的立法中又该期待怎样的变化,笔者尝试探索一二。

一、"声音权"作为具体人格权独立保护的必要性

王利明教授认为,"声音利益可以通过知识产权法、反不正当竞争法和侵权法等多个法律保护,所以没有必要将其作为独立的人格权加以保护。更何况,声音虽然体现了一定的人格利益,但并不典型,因而没有必要将其类型化为具体人格权"[1]。

而杨立新教授、袁雪石博士则认为只有通过创设独立的"声音权"才能进一步加深民事主体对声音利益的认知,从而更好地预防侵权和确定损害赔偿。[2] 他们二位对"声音权"所作的定义是"声音权是指自然人自主支配自己的声音利益,决定对自己的声音进行使用和处分的具体人格权"。

二、"声音权"的保护范围

(一)"声音权"的主体

笔者认为,"声音权"是自然人的人格权之一,只有自然人才有此权利。从这

---

〔1〕 王利明:《人格权法研究》,中国人民大学出版社2005年版,第190页。
〔2〕 杨立新、袁雪石:《论声音权的独立及其民法保护》,载《法商研究》2005年第4期。

个定义出发,“声音权”不包括用计算机程序编程制作的模拟出来的声音。不同的计算机程序编程制作出不同的“拟人声音”,受保护的是编程制作这种声音的计算机软件;不同的计算机程序编程制作出相同的“拟人声音”,受保护的同样是编程制作的计算机软件。

(二)“声音权”的客体

“声音权”保护的是音调、响度、音色上各有特色的声音,而不是保护声音的表现形式,即声音权保护的是纯粹的声音本身,而不是声音所阐述的内容。对声音所阐述内容的复制、盗用、篡改,属于著作权保护的范围,并不构成对“声音权”的侵害。

(三)“声音权”的内容与边界

“声音权”作为一种标表型人格权,其具体的权利内容应当包含使用权、处分权、许可权和禁止权。而正如肖像权难以禁止“山寨明星”一样,由于模仿性声音的存在,“声音权”之禁止权最可能存在边界不清问题。笔者认为,“声音权”之禁止权的权利边界不能覆盖到其他自然人的声音模仿行为,但应该覆盖机器模拟出的近似声音。

也就是说,对于通过技艺模仿名人声音的行为,不构成侵犯“声音权”;但未经许可,通过大数据和语音识别技术分析名人声音,模拟出近似性新声音的行为,因该新声音中必定包含了音源中的典型性音色,则应当构成对“声音权”的侵犯。科大讯飞董事长在2018年世界机器人大会上操作机器模拟“特朗普”说中文的行为,便应当属于后一种情形。

三、现行法律框架下“声音权”的保护

(一)民法中一般人格权的直接保护

作为自然人重要的人格标识之一,不同于姓名、肖像,声音在我国现行立法中完全找不到位置。“声音权”更不属于我国现行法所规定的民事权利。在发生未经授权的声音模仿、盗用、滥用行为时,我们只能诉诸民法中的一般人格权,或综合运用著作权法、商标法、反不正当竞争法等法律进行规制。

人格权分为一般人格权和具体人格权。或出于体系建构的逻辑需要,或出于

行政政策的现实要求,[3]立法者将值得被类型化保护的典型、稳定、性质相近的人格利益上升为权利,变成具体人格权;而对于其他难以类型化、体系化或主体判断缺失的人格利益,则作为一般人格权进行保护。一般人格权属于具体人格权的兜底条款。

从与身份特征的联系、标识角度,"声音权"与姓名权、肖像权等具体人格权并无二致,但是由于成文法确实尚未将该人格利益通过立法上升为权利,所以对于"声音权"的侵犯行为依然只能通过诉诸一般人格权,由法官在个案中对于是否应当保护进行价值判断。

(二)各部门法的综合保护

1. 姓名权、肖像权。姓名权和肖像权作为具体人格权可以获得法律的直接保护。因此对于声音利益,如果与姓名或肖像相牵连,即在使用或模仿他人声音的同时还表明身份或同时使用了他人肖像的,则构成对他人姓名权和肖像权的侵权。

2. 著作权。如使用、模仿知名人士的声音阅读、演唱他人享有著作权的作品,则可能构成侵犯著作权的行为。

3. 商标权。通过与具体使用场景的结合,声音还可以获得商标法的保护。2013 年修订的《商标法》第八条增加了"声音"作为可以作为商标保护的客体。不过必须在与具有一定独创性的内容相结合,并经过商标申请和注册程序后,声音才有机会获得商标保护。

4. 反不正当竞争法。纵使声音没有与姓名、肖像、作品、商标等相结合,比如说广告中只是出现了所有人均可辨识的声音,但是完全没有展示任何其他与声音主体的关联元素,我们依然可以尝试诉诸反不正当竞争法这一兜底保护制度来寻求保护。

(三)"声音权"作为一般人格权进行保护具有弊端

在社会生活中,相比于肖像,声音虽然受侵害的频率较低,但是依然属于一种与肖像、姓名同等重要的标表型人格利益,同商标类似,可以产生对其来源主体的直接指向性作用,因此很容易在商业活动中遭到滥用。在规定肖像权、姓名权的

---

[3] 孙山:《寻找被遗忘的法益》,载《法律科学》(西北政法大学学报)2011 年第 1 期。

情况下，刻意忽视声音，将声音仅仅作为一种一般人格权保护，将存在对声音的降格化处理倾向，不利于社会对于声音利益的重视。

而且，一般人格权包含的绝大部分人格利益均属于边界难以划清的尊严型、自由型人格利益，如最高人民法院于2018年12月12日新增的民事案由“平等就业权纠纷”。声音利益作为一种标表型人格利益明显与之不同，将之作为一般人格权加以保护并不利于人格权制度的体系化。

综上所述，声音权被设定为独立的具体人格权具有必要性。声音权在维护自然人的声音利益、自由与尊严方面具有重要意义。

四、机器“拟人声音”的法律保护

正如笔者在本文开头的介绍，随着语音识别等人工智能领域的飞速发展，机器已经能够制造出各种足以以假乱真的声音，虽然都依赖于自然人音源采样，但是根据使用方法和使用目的的不同，可以区分为三种不同但相关联的声音类型——与名人声音近似的新声音、与普通人声音近似的新声音，以及难以对应于自然人的全新“拟人声音”。不同种类的声音是否应当受到保护、应当受到何种保护，笔者将在本章中根据上文的观点进行论述。

(一)机器制造的与名人声音近似的新声音

如上文论述，自然人“声音权”的保护范围应当涵盖机器制作的与名人声音近似的新声音，因此未经许可制作、传播的该种新声音将无法获得保护，反而可能构成对“声音权”的侵犯。

名人的声音往往在音调、响度、音色方面具有可辨识性，是名人的天然“商标”。而“声音权”所要保护的利益之一，其实正是此种“可辨识性”，也就是声音与其主体之间的关联性。如果允许机器根据公开渠道获取的名人音源随便分解、组合出新的声音，并将该声音用于广告宣传等场合，将可能对声音造成污化，并贬损声音主体的声誉，非常类似于一种商标侵权行为。因此，“声音权”的保护范围理应覆盖此种类型的新声音。

(二)机器制造的与普通人声音近似的新声音

该种类型的声音，根据音色本身的可辨识性，可以进一步分为两种类型：具有可辨识性的声音，不具有可辨识性的声音。前者是指相关群体可以明确分辨出机器所制造的声音的模拟对象及采样来源的情形；后者是指虽使用了普通人的音源，但或由于音源本身缺乏音色特点，或由于高水平的制作技术，导致相关群体难以分辨出机器制造的声音与音源关系的情形。

对于前者，同“机器制造的与名人声音近似的新声音”类似，未经授权制造与普通人声音近似的具有可辨识性的声音的情况下，会构成对于“声音权”的侵犯。而比前一种情况更严重的是，由于普通人的声音并不像名人一样在互联网环境中广泛传播，可以轻易获取，获得普通人的声音样本很可能需要进行未经许可的窃听与偷录。采取这种方式制作出来的声音将很有可能被作为违法犯罪的工具使用。因此，机器未经许可制造的与普通人声音近似的具有可辨识性的声音，可能会更严重地侵害自然人的“声音权”。

而对于后者，虽然声音的采样来源确实是某位自然人，但是经过处理后制作出来的声音已经很难与音源对应，在这种情况下，很难落入“声音权”的保护范围，而可以认定为产生了一种全新的值得被单独保护的声音，即下文将重点论述的全新“拟人声音”。

（三）机器制造的全新“拟人声音”

对于机器制作的全新“拟人声音”，因为不可能符合“声音权”的主体要求，因此不能得到“声音权”的保护。但笔者认为，当此种类型的声音具有某种特质，即在音调、响度、音色三个方面与众不同的情况下，也可以结合其使用的场景，成为法律保护的客体。

关于机器编程制作的“拟人声音”，最为典型的正是通过 VOCALOID 软件创造的“虚拟歌手”初音未来、洛天依等。要理解这种声音，首先要理解声音的创作机理，因此笔者首先对 VOCALOID 作一简介：

VOCALOID 是由 YAMAHA 集团发行的歌声合成器技术，也是基于此项技术制作而成的应用程序的名称。软件主要由歌曲编辑器、音源库和合成引擎三部分组成。其中歌曲编辑器提供不同的参数用于添加表达式和生成歌声；音源库由真人采样，包含目标语言可能包含的所有音素的所有组合，如 VOCALOID 中的知名华语“虚拟歌手”洛天依的音源库，便源于对中国配音演员山新的音素采样；而语音合成引擎收到歌曲编辑器传来的乐谱信息后，会从音源库选择适当的样品，将其拼接并最终输出成歌声。

VOCALOID 使用者要创作一首新的曲子，先规划歌词和音调，然后在歌曲编辑器上对歌词和音调进行编辑，添加自己喜欢的声库，更改音符，并对生成的“唱词”进行各项微调，包括呼吸力度、口的开合甚至颤音，调整和改变语调，再配合加载伴奏数据来完成音乐制作，创作出属于自己的歌曲。VOCALOID 让音源库中原本破碎的声音数据变为连贯的类人电子声音，使用者在音乐创作过程中不再需要任何歌手提供声音资料。

在分析利用 VOCALOID 进行的音乐创作中的相关权益时，我们应当注意区分以下四种不同的元素：创造音乐的工具、利用该工具创造的“拟人声音”本身、音乐作品本身，以及结合“拟人声音”对音乐作品的表演行为——如同字库与文章的关系，字库有字库的权利、文章有文章的权利，不能混同。

1. 创造音乐的工具

创造音乐的工具即 VOCALOID 软件。对于软件本身，其权属非常清晰，由开发者 YAMAHA 公司享有该软件的计算机软件著作权。网友处于研究学习目的对软件进行的反向破解尚可归属于合理使用行为，但如果有任何主体破解软件后，以直接剽窃软件代码和声音数据库的方式妄图炮制同类软件，则必然会构成著作权侵权。

2. 利用机器和软件创造的“拟人声音”本身

如笔者在本节开头所述，由于此种“拟人声音”是由 VOCALOID 的运营公司利用计算机编程技术创造出来的，不属于任何一位自然人，因此不可能符合“声音权”的主体要求，不能得到“声音权”的保护。而且因为声音本身不属于著作权的保护客体，因此也不能如同其他要素一般获得著作权法保护。在现有法律框架下，“拟人声音”本身确实无法获得任何保护。

3. 音乐作品本身

对于利用 VOCALOID 创作的音乐作品，其中的词、曲，同普通音乐作品并无二致，即使不使用 VOCALOID，仍然可以构成独立的音乐作品。因此相关音乐作品的著作权应当归属于词、曲作者。

4. 结合“拟人声音”对音乐作品的表演行为

依据《著作权法》第三十七条的规定，著作权法意义上的“表演者”包括演员和演出单位。作为虚拟角色的创造者、运营方，笔者认为，可以把 VOCALOID 软件的运营者解释为此种“演出单位”，从而对利用“拟人声音”对音乐作品进行的表演，即利用 VOCALOID 中的虚拟角色演唱歌曲的行为，享有表演者权。

VOCALOID 的四种元素中，只有由机器创造的“拟人声音”，由于难以符合

“声音权”的主体要求,也不属于著作权法的保护范畴,因而无法获得“声音权”或著作权的保护。而其他三种要素,依然可以在传统著作权法的框架下找到位置。而由于此种“拟人声音”尚且只能在特定软件环境下生成,生成后也始终处于与音乐作品结合的状态,因此通过对传统著作权法中软件著作权、音乐著作权、表演者权的综合运用,“拟人声音”依然可以获得较为充分的间接保护,而不必诉诸自然人都尚未获得的“声音权”。

五、结语

虽然杨立新等学者不断主张,但遗憾的是,2018 年年初公布的《民法典人格权编(草案)》(征求意见稿)依然并未包含“声音权”或任何关于声音利益保护的条款。对声音利益的独立保护毫无疑问有其价值,但立法者考虑的,恐怕更多还是公共与个人利益的平衡,以及新设权项在实践中的界定成本问题。

司法实践中尚未有足够多涉及声音利益的案例给立法者提供实践智慧,可能是立法者在这个问题上趋于保守的原因。

现在距离我国民法典的正式颁布尚有时日,笔者相信声音利益保护问题依然有机会得到更充分的讨论。而“太阳底下无新事”——在机器编程制作的“拟人声音”可以诉诸著作权法保护的情况下,我们恐怕尚无必要探索其获得独立权利保护的必要性。

参考文献

期刊类

1. 杨立新、袁雪石:《论声音权的独立及其民法保护》,载《法商研究》2005 年第 4 期。
2. 孙山:《寻找被遗忘的法益》,载《法律科学》(西北政法大学学报)2011 年第 1 期。
3. 梁震:《探寻对声音利益的民法保护途径》,载《法制与社会》2017 年第 1 期。

专著类

王利民:《人格权法研究》,中国人民大学出版社 2005 年版。

戏仿作品的合理使用规制

——从《一个馒头引发的血案》说起

王　云*

一、戏仿作品概述

“戏仿作品”一词的英文原意是“Parody”，来自希腊语“parodia”，意为“相反的歌”，前缀“para”有“对立、反面”之意。[1] 文艺界对戏仿作品一个晚近的定义是“任何以相对引发争议的方式对其他文化产品或行为进行暗指、模仿的文化实践”。[2] 而王迁教授则认为，“戏仿作品”是指对原作品进行讽刺或批判，以表达与原作品不同或相反的思想，而对原作品进行转换性使用所形成的新作品。[3]

根据以上定义，戏仿作品的基本特征在于，通过对原作品相关内容的借用和模仿，揭示原作品的问题和矛盾，从而达到对原作品进行讽刺和批评的目的。换言之，“仿”是手段，“戏”是目的，戏仿者通过“仿”的形式将戏仿作品与原作品紧密相连，从而表达“戏”的实质。在我国，最知名的戏仿作品例子莫过于网民胡戈恶搞陈凯歌电影《无极》的网络短片《一个馒头引发的血案》。

我国著作权法并未将戏仿明文列入著作权的合理使用范畴，事实上，目前的著作权保护政策已基本否定了戏仿作品的合法性。例如，最近刚出台的中国网络视听节目服务协会《网络短视频平台管理规范》中就明确规定，“网络短视频平台

* 王云，上海市锦天城律师事务所上海办公室律师。

[1] 陈后亮：《后现代视野下的戏仿研究——兼谈琳达·哈琴的后现代戏仿观》，载《武汉科技大学学报》（社会科学版）2010 年第 4 期。

[2] 陈后亮：《后现代视野下的戏仿研究——兼谈琳达·哈琴的后现代戏仿观》，载《武汉科技大学学报》（社会科学版）2010 年第 4 期。

[3] 王迁：《著作权法》，中国人民大学出版社 2015 年版，第 334 ~ 335 页。

应当履行版权保护责任,不得未经授权自行剪切、改编电影、电视剧、网络电影、网络剧等各类广播电视视听作品”。

“著作权法的永恒困境是决定著作权人专有权的止境和公众获取作品自由的起点。”〔4〕这种困境在戏仿作品上体现得尤为明显。虽然在我国著作权法语境下,戏仿作品的合法性似乎存在法律障碍,但不可否认的是,戏仿作品作为文艺批评的表现方式之一,体现了言论自由和创作自由等宪政价值,有其进步意义和存在基础,如何从现行法律层面寻找戏仿作品的正当化路径,值得进一步探讨。

二、戏仿作品的法律争议

由于戏仿作品涉及对原作品的使用,而且这种使用通常不会获得原作品作者的许可,所以原则上来说,戏仿作品可能会构成对原作品著作权的侵犯。著作权是一种权利集合,不同的权利类型支配了不同的作品利用方式。戏仿作品的反对者们认为,戏仿作品实质上是一种将原作品内容经解构重排后所形成的具有独创性的演绎作品,〔5〕而且其所表达的思想内容与原作大相径庭,甚至是对原作思想的扭曲、篡改。所以未经许可的戏仿,毫无疑问地侵犯了著作人身权中的修改权和保护作品完整权,以及著作财产权中的复制权、改编权和汇编权等。〔6〕

(一)戏仿作品与著作人身权

依据我国《著作权法》第十条第一款第三、四项规定,修改权,即修改或者授权他人修改作品的权利;保护作品完整权,即保护作品不受歪曲、篡改的权利。一般认为,修改权与保护作品的完整权从正反两个角度强调对作品原貌的保护,前者主要从积极的方面保护作者本身对于作品的修改、完善的权利,后者则是侧重从消极的角度来禁止他人对作品的歪曲、篡改。〔7〕

戏仿作品最大的特点,就是其创作过程基于对原作品内容的选择、重排、剪辑、重制,若非如此,则不能使戏仿作品的受众将其与原作品联系起来,从而产生独特的欣赏体验。反对者认为,这种对原作品有选择性的引用不仅在客观上对原

〔4〕 冯晓青:《知识产权法前沿问题研究》,中国人民公安大学出版社2004年版,第82页。

〔5〕 [西班牙]德利娅·利普希克:《著作权与邻接权》,联合国译,中国对外翻译出版公司2000年版,第85页。

〔6〕 陈萍:《滑稽模仿与版权保护——由〈无极〉与〈一个馒头引发的血案〉谈起》,西南政法大学2007年硕士学位论文。

〔7〕 王鲁宁:《从戏仿作品看我国著作权法的完善》,载《求实》2012年第A01期。

作品进行了修改操作，而且创作的目的就是要扭曲原作品本意，对原作品观点、思想、情感进行曲解和丑化，会使公众对原作品产生误解，降低其社会评价。因此，戏仿作品构成对原作品修改权、保护作品完整权的侵犯。

（二）戏仿作品与著作财产权

依据我国《著作权法》第十条第一款第五、十四、十六项规定，复制权，即以印刷、复印、拓印、录音、录像、翻录、翻拍等方式将作品制作一份或者多份的权利；改编权，即改变作品，创作出具有独创性的新作品的权利；汇编权，即将作品或者作品的片段通过选择或者编排，汇集成新作品的权利。

在反对者看来，戏仿作品的创作虽然不能等同于传统意义上的复制，如书籍的出版、歌曲的录音、电影的录制、相片的翻拍等，但戏仿作品对原作品内容的重排编辑必然导致原作品的片段内容在戏仿作品中得到体现，故戏仿可以构成对原作品复制权的侵犯；同样的，戏仿作品本身作为具有独创性的新作品，就是从原作品中“改编”而来，如同小说改编成剧本，因此从形式上看也属于对改编权的侵犯；类似的，戏仿作品与汇编作品也有共通之处，都有对原作品片段进行选择编辑的过程，也构成侵犯原作品汇编权。

三、戏仿作品的正当性

戏仿作品有着悠久的历史，并以其丰富的内涵与独特的魅力助推了人类文化的蓬勃发展。塞万提斯创作《堂吉诃德》，主要是为表达对他同时期一些作家“满纸荒唐却处处引用经典，只修其表却不重视实质内容”这一弊病的讽刺之意，最终成就一部世界经典。英国著名时装大师维维安·韦斯特伍德则称：整个艺术发展史就是建立在戏仿的基础上。[8]

言论自由是宪法赋予公民的基本权利，我国《宪法》第三十五条规定了公民有言论、出版、集会、结社、游行、示威的自由。公民有权在法律的框架下自由地对各种社会议题发表自己的看法和见解，当然也包括对热门作品的文艺批评。狭义的言论自由，是指公民通过口头或书面等传统方式表达想法，但广义的言论自由，其外延则更为丰富。戏仿作品的作者通过对原作品的模仿和讽刺，表达不同意见，

---

〔8〕 罗莉：《谐仿的著作权法边界》，载《法学》2006年第3期。

就是言论自由原则的体现。[9]

四、戏仿作品正当性的比较法探究

(一)美国关于戏仿作品的规定

美国通过判例确立了戏仿作品属于合理使用的四步判断法:一是使用的目的,即戏仿作品的创作目的是否正当,是否构成转换性使用;二是原作品的性质,即对被使用的原作品进行考察来论证戏仿的合理性;三是使用的比重,即看戏仿作品所使用的内容占原作品内容的比例,以及所使用内容是否为原作品的核心要素;四是使用的后果,即戏仿作品是否会对原作品的市场价值造成潜在影响,是否构成对原作品的市场替代。

1. 使用的目的

基于美国《1976 年版权法》第一百零七条所确立的著作权的合理使用规则:"为了批评、评论、新闻报道、教学(包括用于课堂的多件复制品)、学术或研究之目的而使用版权作品的,包括制作复制品、录音制品或以该条规定的其他方法使用作品,系合理使用,不视为侵犯版权的行为",美国著作权法对于戏仿作品的合理使用考量,首先探究其使用目的,即是否出于评论、教学、科研等目的而进行转换性使用,但商业性的转换性使用也并非一概排除在合理使用的范围外。

"转换性使用"这一概念来自美国联邦最高法院审理的"Campbell v. Acuff - RoseMusic, Inc. 案"。在该案中,被告将原告享有著作权的歌曲《漂亮女人》进行了讽刺诙谐的翻唱。法院认为,戏仿这种将原作品内容糅合加工以创造新作品、表达新思想的使用方式构成转换性使用,当使用越具有"转换性",则越可能构成合理使用,因为转换性使用赋予了新的表达和内容,推进了版权法促进文艺发展的终极目标,戏仿作品作者通过转换性使用表达对原作的态度,这虽然不是直接的评论方式,但与文艺评论在效果上是相同的。法院还认为,只要转换性够强,商业性地使用原作品也可能构成合理使用,因为两部作品的相对市场不同,戏仿作品不具市场替代性。

2. 原作品的性质

美国法下第二个需要考量的因素是戏仿作品所使用的原作品的性质。但这

---

〔9〕 王迁:《论认定"模仿讽刺作品"构成"合理使用"的法律规则——兼评〈一个馒头引发的血案〉涉及的著作权问题》,载《科技与法律》2006 年第 1 期。

个因素在实践中并无太大的指导意义，因为戏仿作品所使用的原作品基本上都是为公众所熟知的热门作品，否则戏仿作品也无法在公众中产生太大共鸣。

3. 使用的比重

这个因素考虑的是，戏仿作品对于原作品内容的使用，有无超过必要的尺度，是否引用了原作品的核心部分，也就是考察戏仿作品所引用的原作品内容在质量和数量上究竟涉及多少。在美国早期判例中，法院认为戏仿作品并不需要特殊对待，只要其引用了原作品的重要部分就构成侵权，但随后在 1986 年"Fisher vs. Dees 案"中法院总结了判断戏仿作品是否过量使用原作品需要考虑的因素：如原作品的知名度、唤起观众对于原作品记忆的难易程度等。[10] 如同美国波士顿大学法学院教授温蒂戈顿所说，当一个著名电影已经成为众所周知的客观事实的一部分时，类似的网络搞笑剧对其镜头的利用，即属于对事实的利用，不应否定评价。[11]

4. 使用的后果

戏仿作品对原作品的使用不能侵害到原作品潜在市场价值，这是美国法下判断戏仿作品究竟构成合理使用还是构成侵权的重要因素之一。但值得注意的是，美国法中所称对原作品潜在市场的损害，并非指戏仿作品的批评和讽刺造成原作品的社会评价降低所导致的商业利益受损，而是指戏仿作品是否给原作品造成了替代性的损害。这也是戏仿作品的转换性使用本质所导致的，如果转换性不足，则戏仿作品对原作品的引用将成为原作品的代替，类似对电影的"剧透"，因而构成侵权。

（二）其他国家关于戏仿作品的规定

由于法律传统不同，相比较美国这样的判例法国家，成文法国家则大多在法典中直接对戏仿作品进行了明确规制。[12] 例如，瑞士《著作权法》第十一条规定，"为了创作戏仿作品或者与之相仿的作品，可以借用已存在的作品"；西班牙《知识产权法》第三十九条规定，"对一部已发表作品进行模仿性滑稽表演，不应当被视

〔10〕 王骁、谢离江：《从"X 分钟带你看完电影"系列看戏仿作品和合理使用》，载《新闻界》2017 年第 8 期。

〔11〕 邓社民：《数字环境下著作权合理使用与侵权的法律边界——由〈一个馒头引发的血案〉引起的思考》，载《法学论坛》2006 年第 6 期。

〔12〕 刘威：《"戏仿"作品的知识产权问题》，载《就业与保障》2018 年第 22 期。

为需作者同意才能进行的改编";法国《知识产权法典》第 L122 - 5 条规定,"作品发表后,作者不得禁止:不违反有关规定的滑稽模仿、讽刺模仿及漫画"。

五、戏仿作品在我国的合理使用规制

戏仿作品作为一种独特而富有魅力的文艺批评形式,践行了言论自由、创作自由的宪政价值,丰富了大众对社会关注议题进行讨论和批评的方式,同时也促进了文化的发展与繁荣,有其存在的价值和意义,值得在一定程度上加以保护。但紧随而来的思考是,如何在我国现行著作权法语境下,绕开反对者所认为的种种侵权陷阱,探索戏仿作品在我国的正当化路径? 2006 年《一个馒头引发的血案》就引发过国内学界对此的大讨论,但之后似乎并无定论。

如果借鉴法国在法典中对戏仿作品进行直接立法规制的方法,似乎一劳永逸,但终究不太现实。这不仅涉及现行法律制度的"伤筋动骨",更因戏仿作品的概念和外延都极为丰富,修改法律之后是否能真正做到统一司法标准,准确指导实践,还要打个问号。笔者觉得,鉴于我国著作权法也有关于合理使用的规定,通过参考美国的司法实践,将戏仿作品合理使用的四步判断法嫁接于我国著作权法,不失为现实可行的操作手段。

我国《著作权法》在第二十二条第一款中,以穷举的方式列明了十二项对著作权的限制。其中第二项"为介绍、评论某一作品或者说明某一问题,在作品中适当引用他人已经发表的作品"最为接近戏仿作品的合理使用。那么,在未来可能发生的戏仿作品案件中,该如何判断一个戏仿作品符合《著作权法》第二十二条第一款第二项情形呢? 笔者认为,可以从以下四个方面,论证戏仿作品的正当性。

(一)正当的目的

首先,要判断戏仿作品对原作品的使用目的必须正当。这里所说的正当目的,通常应当要求符合戏仿作品的根本目的和现行法律规定要求,即对原作品进行的评论、批评,且评论需是主观善意,不能罔顾事实恶意抹黑原作品或原作者,尤其不能对原作品的思想作恶意的歪曲或对原作者的人格进行贬损。

(二)适当的比例

戏仿作品引用原作品内容的量与质都应适当。但由于戏仿作品都是寄生于原作品内容形成，不可避免地需要再现原作品大量内容甚至是某些核心元素。因此，对于比例是否适当的把握不能过严，应予以放宽。当然，这需要裁判者在实践中，根据作品的类型、戏仿的方式、原作品的知名程度等具体问题具体分析。例如，对歌曲的戏仿，必然要使用到旋律这一歌曲的核心要素，否则将很难唤醒公众对原歌曲的记忆联想，在此情况下，对于旋律的使用就不宜认定为超过适当比例。

（三）足够的区别

戏仿作品中的“仿”是为“戏”服务，如果过于追求“仿得像”，忽视了戏仿作品与原作品的本质区别，则会使戏仿流于形式，更会导致被认定为侵权的风险。戏仿作品应在立意、风格等方面与原作品有足够区别，对于“足够”的理解，还是要根据具体情况来判断。但总的原则是，需能让公众非常清晰地将戏仿作品与原作品加以区分，能让公众产生不同甚至相反的欣赏体验，能让公众意识到戏仿作品是在讽刺而不是模仿原作品。

（四）市场的保留

正所谓“若批评不自由，则赞美无意义”，戏仿作品的创作目的正是希图通过引用原作品内容、借用原作品表达，指出原作品内在逻辑矛盾，以此阐述对原作品的讽刺和批评，同时能引发公众对原作品的联想。不可否认的，戏仿作品的讽刺与批评之外在表现，确实会导致原作品的社会评价降低，但这正是文艺批评的应有之义。所以，不能把善意的批评与恶意的歪曲篡改混为一谈，戏仿作品客观上造成原作品社会评价降低，不是戏仿作品给原作品造成市场损害的理由。

而这里所说的市场保留，是指戏仿作品不会、也不应会对原作品造成市场替代，导致原作品的潜在市场和商业利益受损。通俗地说，正当的戏仿作品，并不会导致原作品的潜在受众放弃对原作品的追求，转而选择消费戏仿作品。著作权法所保护的重要权利，就是著作权人通过作品获得经济利益的机会。著作权法现行的合理使用制度，均是出于公共利益考量而对著作权所作出的合理限制，并不应导致原作品潜在市场和商业利益受损，否则，这将有悖于著作权法的立法本意。

六、结语

在现行著作权法语境下，戏仿作品与原作品之间的矛盾看似难以纾解，但在对美国戏仿作品合理使用四步法的借鉴基础上,对我国著作权合理使用制度进行解释并运用于戏仿作品的正当性判断,以平衡戏仿作品与原作品的权利冲突,不失为一个优选。

国内字库著作权侵权的法律现状和争议焦点

赵　红*

如果有一天，你的公司收到一份“侵权告知函”，内容大致说你的产品包装、装潢或是你的产品商标标识等所使用的字体涉嫌侵权，发函人要求你和他们的授权代表进行进一步商谈，要么你就字体使用他们的软件付费，要么他们和你法庭上见。使用字体还要付费，你以为遇到了骗子，别怀疑，一般情况下，只要这个告知函符合法律形式，十有八九是真的！最近，笔者的多个客户就收到了这样的函件，笔者通过本文来分析字库使用的法律风险，给大家提个醒。

一、国内字库侵权争议风云再起，缺乏统一法律评判标准

字库纠纷始于1995年，当时美国微软公司急于进入中国市场，但是其所有的字库不符合中国的标准，经过谈判中国政府和美国微软公司签订了《Windows 95中文版标准规范合作协议书》，选取了一些中国厂商提供了本土化字库，中间因为微软公司超出该协议书范围将被授权的字库使用在其他电脑系统上又发生了“字库门”事件，到近期北大方正公司与美国微软公司因为微软雅黑字库字体的商业使用引来网上争议不断，字库纠纷在中国一直波澜不断，缘由在于国内对字库的性质和保护没有统一的评判标准，对于字库的工具性使用和商业化使用的区分缺乏明确的界定，目前没有形成相应的指导案例。相对于其他国家，如美国对字库的保护有着明确标准，美国司法界已经形成共识，印刷字体或者字型属于实用品，不能获得版权保护。进入数字化时代以后，美国版权局延续这一思路，规定生成字体、字型和字库的计算机软件可以获得版权保护，但字体、字型和字库本身不能

---

* 赵红，上海市锦天城律师事务所合肥办公室律师、专利代理人，法学、工学双学士；擅长领域为知识产权争议解决与非诉服务、反不正当竞争领域争议解决及非诉服务。

获得版权保护。[1]

二、国内字库侵权的法律现状及争议

笔者检索了国内字库侵权的多个案件,总结此类案件有三个争议焦点:(1)字库的性质?是属于《计算机软件保护条例》所规定的程序或程序的文档,还是属于著作权法上的美术作品;(2)使用字库字体是否构成侵权及侵权方式;(3)字库侵权的主要类型。这三个争议焦点是本文讨论的重点。

(一)字库字体的性质争议

关于第一个争议焦点,字库字体属于《计算机软件保护条例》所规定的程序或程序的文档,还是属于著作权法上的美术作品,需要具体分析。

目前实务界确定的字库权利主要有两种,即计算机软件著作权和美术作品的单个字的著作权。如果涉案字库字体具有独创性,单个字体能够体现一定的艺术性,则可以通过美术作品来保护;如果仅仅是计算机软件指令代码的结合运行的结果,字库整体或单个字体本身不具有独创性,则对字库软件整体进行计算机软件作品保护。

在最高人民法院审理的"北大方正电子有限公司与暴雪娱乐股份有限公司、上海第九城市信息技术有限公司、九城互动信息技术(上海)有限公司、北京情文图书有限公司侵犯著作权纠纷二审纠纷案"[2]中,法院认定:诉争的字库字体文件的功能是支持相关字体字型的显示和输出,其内容是字型轮廓构建指令及相关数据与字型轮廓动态调整数据指令代码的结合,其经特定软件调用后产生运行结果,属于计算机系统软件的一种,应当认定其是为了得到可在计算机及相关电子设备的输出装置中显示相关字体字型而制作的由计算机执行的代码化指令序列,因此其属于《计算机软件保护条例》第三条第一项规定的计算机程序,属于著作权法意义上的作品。

笔者认为,上述案件中诉争的几款软件字体并没有体现出美术作品的独创性,本身汉字的笔画及结构确实属于公有领域的范畴,设计空间非常有限,如果涉案字库的创作体现了创作空间,对基本笔画(横、竖、弯、勾等)施加了不同的粗细、

---

〔1〕 李明德:《美国版权法与字体、字型和字库》,载《电子知识产权》2011 年第 6 期。
〔2〕 最高人民法院(2010)民三终字第 6 号民事判决书。

长短、弧度及笔画之间富有特点的艺术衔接等形态加以改编，符合美术作品的艺术美感和独创性，则可以依据有关美术作品的法律规定来进行单独保护。例如，在河北省高级人民法院审理的“桂林周氏顺发食品有限公司、北京北大方正电子有限公司侵害其他著作财产权纠纷案”二审中〔3〕就认定方正公司的某款字体符合美术作品的法律特征，可以按照美术作品的标准进行保护。

（二）使用字库字体是否构成侵权及侵权方式

关于第二个争议焦点，使用字库字体是否构成侵权及侵权方式，需要具体分析。如果字库字体符合《著作权法》关于作品的规定，他人未经权利人许可，使用权利人的字库作品属于《著作权法》第四十八条规定的情形，又无法提供证明其并非恶意侵权的合法来源证据，则构成侵权，需要承担相应的法律责任。

如果涉案字库字体只是计算机软件指令代码的结合运行的结果，单个字体并不构成美术作品，使用人仅仅使用了字库中的个别少量字体，则依据计算机软件侵权判定原则，使用情形不符合“接触 + 相近似”原则的，不构成对字库计算机软件的侵权。

笔者总结目前的生效判例，得出如下结论：无论字库作品是构成计算机软件还是构成美术作品，根据我国《著作权法》等相关规定，未经著作权人许可复制、发行、表演、放映、广播、汇编、通过信息网络向公众传播其作品的，构成侵权，依法应当承担法律责任。但是考虑到字库的汉字文化传播的实用性工具功能，相关公众使用该字体的方式是判断是否侵权的一个重要标准，即要区分是工具性使用还是商业化宣传使用。

根据上述司法判例和笔者的理解，字库工具性使用主要指使用者为了陈述或介绍某一事实，正当使用汉字来表达一定思想，传达一定的信息的方式，旨在交流和沟通。对事实和规律的描述即使使用了具有版权的字库字体，但使用者的目的并不在于字库的美术性，更多体现的是对字体本身的工具性使用，即使经营者在生产运营中使用了上述字库字体，也不能认定是侵权，例如，经营者在网站上对企业的历史沿革进行事实性陈述时使用了有版权的字库字体，笔者认为不构成侵权。这里可以借用“85 度 C 诉光明牛奶商标侵权案”的理论：知识产权的保护并非没有边界，要区分使用者的真实意图，这是判断侵权的一个重要标准。

---

〔3〕 河北省高级人民法院（2018）冀民终 655 号民事判决书。

字库的商业化宣传使用很好理解，这里对特殊字库字体的使用的主要目的在于商业宣传上而不仅仅是字库的工具性本身，如媒体经营者为客户设计印刷品、企业为了突出其包装、装潢的独特性使用某些特殊字库字体形成的工业设计，未经权利人许可，用他人有版权的字库字体进行商业性使用则构成侵权。此外，对于字库著作权权，同样受《著作权法》第二十二条、第二十三条的限制。

（三）字库侵权的主要类型

关于第三个争议焦点，根据主体不同，字库侵权主要有两种方式：一种是广告、设计等媒体经营者未经许可整体使用他人享有著作权的字库软件；另一种是经营者并非媒体经营者，仅仅是在自身产品或商业宣传中未经许可使用了字库权利人享有著作权的少量美术字体作品。这两种侵权主体的主观恶意程度不同，对于媒体经营者来说，其对特殊字体付费使用基本上是明知的，其他行业经营者对字库侵权审慎义务程度没有本领域从业者高。

目前国内的判例中，绝大多数字库侵权人主要是使用字库中的少量字体进行商业性使用。如果字库使用者是通过委托第三方设计、制作或完成，能够提供其不是明知故意侵权的涉案侵权产品的合法来源证据，则不承担赔偿责任。对于广告、设计等媒体经营者未经权利人许可，整体使用权利人有版权的字库软件，一般以侵犯计算机软件著作权纠纷案由起诉。

三、字库著作权与其他商品化权利的冲突解决

这里的商品化权利包括但不限于商标权、外观专利权、其他著作权、商品化权中的产品包装、装潢等一切可以用汉字表达的商业性权利，为什么突出“商品化”权利，因为构成侵权有一条重要的标准就是使用该字库中具有独创性的汉字属于商业化宣传使用，将该汉字形成的表达方式固定在一定的商业载体中，如用在产品包装装潢上、用在企业网站上、用在交易文书上等，必须用于生产经营中的商业宣传中，不然汉字本身带有传播功能，用于日常交往使用，字库著作权受到合理的限制，不能成为文化传播的障碍，最高人民法院在上述（2010）民三终字第6号案件中就确认暴雪公司、第九城市公司在其游戏运行中使用上述字体相关汉字并不侵犯北大方正公司的相关权利，因为该两个公司在游戏客户端的中使用上述字库汉字是为了表达游戏内容，即工具性使用，并非是用于游戏宣传使用。

在相关判例中，很多侵权人觉得我已经有了经过法定授权许可的商标权、外

观专利权等权利，这些权利通过了商标局、国家知识产权局、质监局等行政机关的许可或认证，为什么还要判定构成侵权？

这些都与侵犯了他人在先权利有关，权利冲突时有发生，但是保护在先权利原则是公平正义和诚实信用原则的具体体现。保护在先权利在知识产权相关法律法规中的规定如下：

我国《商标法》第三十二条规定，申请商标注册不得损害他人现有的在先权利，也不得以不正当手段抢先注册他人已经使用并有一定影响的商标。《著作权法》虽然没有直接规定“在先权利”，但是保护在先权利是一种基本原则，在法律实务界已经形成了一种共识和诸多保护在先权利的司法判例，而且《著作权法》第四十八条的规定以及该法的其他条规定也充满了立法者对该条原则的立法精神。《专利法》第二十三条第三款规定“授予专利权的外观设计不得与他人在申请日以前已经取得的合法权利相冲突”。《反不正当竞争法》第六条规定的“混淆”行为也是对在先权利的一种保护。

当商标权、著作权、产品的包装装潢等商品化权与字库著作权发生冲突时，司法保护的重要原则是保护在先的合法权利。字库著作权也有可能侵犯他人合法在先权利，这里合法在先权利包括但不限于软件著作权、美术作品著作权等，特别是名人书法构成了字库的作品基础时，进行字库设计需要取得权利人许可。

四、字库著作权侵权豁免法律情形

有些字库使用者并非媒体行业的从业者，只是为了自身产品或服务偶然使用了某些字库中的个别字体，是不是收到字库权利人的告知函，就只有掏钱这一条路呢？这里不能一概而论，除了依据《著作权法》第二十二条和第二十三条的规定不构成侵权，还有一些情况不构成侵权，可以豁免法律责任，主要包括下列情形：

（一）“合法来源”豁免

根据《著作权法》第五十三条的规定，及最高人民法院《关于审理著作权民事纠纷案件适用法律若干问题的解释》第十九条的规定，发行者对其发行的复制品能够提供合法来源的，可以免除赔偿责任。字库使用者从第三方手中合法购买了使用字库字体的服务和设计的标识，可以认定为提供了合法来源。

（二）“权利用尽”豁免

根据知识产权“权利用尽”原则，知识产权权利人一旦将其知识产权产品投放市场流通领域以后,权利人即丧失了在一定地域范围内其原有的部分或者全部排他性权利。凡是合法取得该知识产权产品的人,均可以对该知识产权产品自由处分。在“北京北大方正电子有限公司与广州宝洁有限公司、北京家乐福商业有限公司侵犯著作权纠纷上诉案”[4]中,二审法院认定设计公司购买方正公司的字库软件使用,为宝洁公司设计产品标识用字,宝洁公司向设计公司支付制作费,对设计结果的使用亦不侵犯方正公司的权利,依据的就是“权利用尽”原则。

笔者赞同该法院的观点。笔者认为,字库著作权的行使应当考虑该产品的具体主要功能,字库的实用性功能大于其美感功能,如果使用者使用字库仅仅是为了其美感功能,大可以直接找书法界或美术家设计,使用字库工具主要是为了用汉字进行文字表达和传播信息。设计公司购买产品的主要目的在于使用该产品中的具体单字进行设计,并将其设计成果提供给客户进行后续使用,这一使用方式是商业经营的主要模式,亦是其获得商业利益的主要渠道。如果禁止其实施上述行为,或要求其客户在后续使用其设计成果时仍要取得权利人许可或二次付费,则对于此类购买者而言,其已经支付了对价,其使用设计成果的目的并不是基于该字库软件,该字库产品对其不具有实质价值,该购买行为亦不会实现购买者合理预期的利益,考虑到利益平衡,综合考量字库的实用性功能,其不应成为文化传播和商业信息传播的限制。

这里还涉及一个问题,即字库许可方是否以明示的方式限制权力使用范围,这种权利限制是否影响到使用字库完成的工作成果的终端使用者的权利范围。根据行业惯例,字库权利人与字库被许可方如新媒体经营者的字库授权许可合同,一般这种字库许可方式范围较小,行业惯例是某些字库公司将某特定价格的许可仅限于被许可方设计一件印刷品,如果被许可方超出被授权范围,一方面构成了对权利人的合同违约,另一方面也构成侵权。但是对于字库被许可方的终端客户来说,一般很难知道权利人和被许可方的内部协议,如果能够提供合法来源,则其不应成为侵权的直接责任承担者。

(三)“公共资源”豁免

如果涉嫌侵权的字库字体属于已经进入公共领域的表达方式,则字库使用者并不构成侵权。由于汉字本身的字体构造、表现形式,对汉字字体独创性设计具

---

[4] 北京市第一中级人民法院(2011)一中民终字第5969号民事判决书。

有一定限制。利用一些公共资源，如已经进入公共领域的书法作品、美术作品、其他非汉字公共字体对汉字字体进行设计，没有超出这些公共资源的表达方式、不具有独创性的汉字字体设计不属于《著作权法》规定的作品，他人进行使用不构成侵权。

五、风险提示与控制

对于一些传媒公司、文化体育公司等主要从事设计行业的媒体经营者来说，用一些特殊的字体设计出各种有独创性的作品以满足市场和客户的需求，这是一种普遍现象，但是设计人将使用未经许可的字库字体设计完成的工作成果交给客户，这会产生像笔者开头所述的一系列知识产权纠纷。还有一些传统印刷设计行业经营者，购买了带有字体软件的机器，但是购买了机器所有权并不代表获取了机器内置软件的使用权，如需使用，还要获得软件权利人的许可，不然又是一场纠纷。

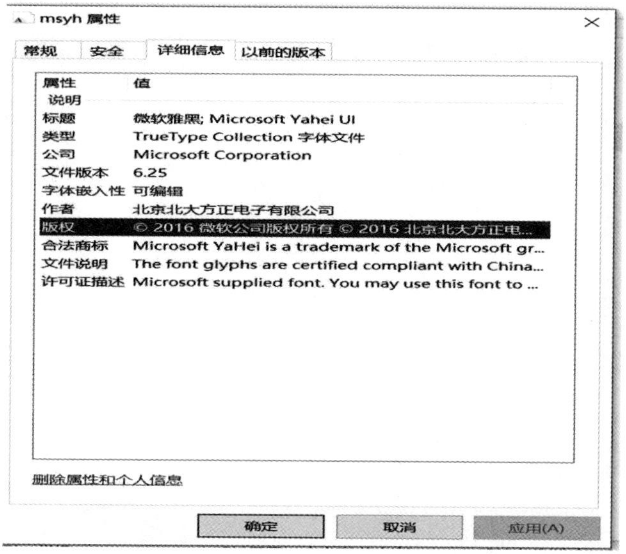

图1　电脑系统字体属性说明

尽管有司法判例确认未付费使用某些字库字体用于经营活动侵权，但是根据《民法总则》、《合同法》及《侵权责任法》等相关法律规定及司法精神，字库软件一般是电脑操作系统预装在各种系统软件中，并没有提示使用者使用这些软件所形成的字体需要付费，很多使用者并没有侵犯字库权利人著作权的故意，字库权利人并没有在软件使用说明中向使用者充分提示这种侵权风险,尽管法律保护合法的著作权,但从保护一般消费者的角度,建议付费字库软件尽量通过明示方式向一般用户进行付费通知,一般经营者对字体使用的注意义务不宜过高。也建议进行字库商业使用时,尽量不要通过非官方网站下载字体,否则很容易涉嫌侵权。

参考文献

期刊类

1. 李明德:《美国版权法与字体、字型和字库》,载《电子知识产权》2011 年第 6 期。
2. 陈永林:《中文计算机字库著作权保护法律问题辨析》,载《法制博览(中旬刊)》2012 年第 8 期。
3. 石超:《论中国互联网发展基础之汉字字库单字的规制之道——从利益平衡角度出发》,载《邵阳学院学报》(社会科学版)2018 年第 3 期。

案例类

1. 上海知识产权法院(2018)沪 73 民终 289 号民事判决书 光明乳业股份有限公司与美食达人股份有限公司、上海易买得超市有限公司侵害商标权纠纷二审。
2. 北京市高级人民法院(2010)高民终字第 772 号民事判决书北京中易中标电子信息技术有限公司与微软公司、微软(中国)有限公司侵害著作权纠纷二审。

不正当竞争篇

虚假宣传不正当竞争民事诉讼案件中“无关误导性后果”判断标准探析

黄　威* 　丁　华** 　孙东顺***

一、问题的提出

虚假宣传不正当竞争行为规定在《反不正当竞争法》第八条：“经营者不得对其商品的性能、功能、质量、销售状况、用户评价、曾获荣誉等作虚假或引人误解的商业宣传，欺骗、误导消费者。”对于应承担民事责任的虚假宣传行为的构成要件，最高人民法院归纳为：(1)经营者之间具有竞争关系；(2)有关宣传内容足以造成相关公众误解；(3)给经营者造成了直接损害。[1]

实践中的很多案件，原告已经成功证明案件满足“经营者之间具有竞争关系”，以及“有关宣传内容足以造成相关公众误解”这两个构成要件，但法院仍以被告的行为不满足“给经营者造成了直接损害”要件为由驳回原告的诉讼请求。这其中最著名的案件便是最高人民法院2009年10月判决的携程与黄金假日虚假宣传纠纷上诉案(以下简称携程案)。[2]在携程案中，最高人民法院指出：“……对此，该二被上诉人(指携程)在经营中对各自的身份表示确有不当之处，有混同使用或者模糊称谓其经营主体身份的行为……上诉人(指黄金假日)并未举证证

* 黄威，上海市锦天城律师事务所上海办公室资深律师；擅长领域竞争法、知识产权和争议解决。

** 丁华，上海市锦天城律师事务所上海办公室高级合伙人；擅长领域竞争法、知识产权和争议解决。

*** 孙东顺，上海市锦天城律师事务所上海办公室律师；擅长领域竞争法、知识产权和争议解决。

〔1〕 最高人民法院：《最高人民法院知识产权案件年度报告(2009)》(法〔2010〕173号)，第25条。

〔2〕 最高人民法院，北京黄金假日旅行社有限公司与携程计算机技术(上海)有限公司、上海携程商务有限公司、河北康辉国际航空服务有限公司、北京携程国际旅行社有限公司虚假宣传纠纷上诉案，(2007)民三终字第2号民事判决书。

明该二被上诉人的有关行为包括上述误导性后果使上诉人自身受到了直接的损害,不能简单地以相关公众可能产生上述与上诉人无关的误导性后果而代替上诉人对自身受到损害的证明责任。……”携程案之外,上海知识产权法院也作出过类似判决,甚至直接在判决书引用了携程案的说理。在上海知识产权法院 2016 年 8 月判决的深圳房金所金融服务股份有限公司等诉上海新居金融信息服务有限公司等不正当竞争纠纷上诉案(以下简称房金所案)[3]中,上海知识产权法院指出:“……因此,上海新居公司在其对外宣传中对其控股股东的介绍确有不当之处,可能造成相关公众对上海新居公司股东身份的混淆或者误认。但是,不论相关公众是否会对上海新居公司股东身份产生混淆或者误认,深圳房金所公司、上海房金所公司并未举证证明上海新居公司的上述宣传行为包括上述误导性后果使深圳房金所公司、上海房金所公司自身受到了直接损害,不能简单地以相关公众可能产生上述与深圳房金所公司、上海房金所公司无关的误导性后果而代替深圳房金所公司、上海房金所公司对自身受到损害的证明责任。……”

通过携程案及房金所案不难看出,房金所案件的说理与携程案一脉相承。并且,笔者在上海法院系统代理虚假宣传不正当竞争案件时获悉,房金所案件已经成为上海法院系统在处理类似案件时的重要指导。笔者认为,这两个案件的重要意义在于,在虚假宣传不正当竞争案件司法实践中,“给经营者造成了直接损害”构成要件的举证一直是原告在诉讼中的痛点,往往很难举证证明。原因在于,在虚假宣传不正当竞争案件中,虽然原告确实遭受了实际损害,但这些损害往往并不直接体现为原告的经济损失,即便真的导致了原告的经济损失(如客户流失导致的收入减少),由于虚假宣传侵权行为的特殊性,原告也很难证明经济损失与被告侵权行为之间存在因果关系。携程案及房金所似乎为这一难题提供了一个解决途径,即是否可以通过说明虚假宣传导致相关公众产生的与原告有关的误导性后果而完成对于原告自身受到损害的证明。

但是在上述问题有答案之前,必须先解决的问题是,在误导性后果已经存在的前提下,如何认定该误导性后果是否与原告(受害方)有关。对于这个问题,携程案及房金所案都没有给出详细的阐释,最高人民法院和上海知识产权法院在说理中没有进一步对“无关误导性后果”的判断标准进行说明。笔者认为,这可能会

[3] 上海知识产权法院,深圳房金所金融服务股份有限公司等诉上海新居金融信息服务有限公司等不正当竞争纠纷上诉案,(2016)沪 73 民终 107 号民事判决书。

导致实践中的分歧和争议，特别是房金所案在携程案之后成为上海法院系统类似案件指导案例的情况下，更有必要厘清“无关误导性后果”的判断标准。笔者曾代理过数起虚假宣传不正当竞争诉讼案件，并就此类案件进行了探索性研究，现结合自身办案体会及相关判例，尝试对该问题进行探讨、分析。

二、第一顺位的判断标准：是否违反法律和商业道德

笔者认为，误导性的宣传是否违反法律和商业道德是判断误导性后果是否与原告有关的首要判断标准。即如果误导性的宣传并未违反法律和商业道德，则可以直接认定误导性后果与原告无关，不存在虚假宣传不正当竞争侵权；如果误导性的宣传违反法律和商业道德，则再进入后续判断（见本文第三部分）。

笔者将是否违反诚实信用原则作为首要判断标准的原因是，即便行为人的宣传行为存在误导性后果，但是如果该宣传没有违反法律和商业道德，那就属于正当的市场竞争。事实上，正当的市场竞争也会导致竞争对手的利益受损，只不过这些利益受损并不属于反不正当竞争法中的损害。根据《反不正当竞争法》第二条的原则性规定“经营者在生产经营活动中，应当遵循自愿、平等、公平、诚信的原则，遵守法律和商业道德。本法所称的不正当竞争行为，是指经营者在生产经营活动中，违反本法规定，扰乱市场竞争秩序，损害其他经营者或者消费者的合法权益的行为。……”便不难看出，“遵循自愿、平等、公平、诚信的原则”和“遵守法律和商业道德”其实是一体两面，“自愿、平等、公平、诚信的原则”本就是商业道德的一部分，而该等原则也往往是民商事法律的基本原则，也即变成法律要求。如此看来，根据《反不正当竞争法》第二条，行为人损害的必须是其他经营者的合法权益，而经营者的合法权益是否遭到损害，其中一个最主要的判断标准就是行为人的宣传行为是否违反法律和商业道德。

上述分析在司法实践中的直接体现便是携程案。该案中，携程商务公司是“携程网站”（www. ctrip. com）的合法经营人，携程商务公司在“携程网站”（www. ctrip. com）发布旅游产品信息，携程计算机公司是“携程 CTRIP”商标注册人，携程计算机公司通过“携程网站”（www. ctrip. com）开展机票预定业务。携程商务公司和携程计算机公司在对外宣传中大量混同使用“携程”和“携程旅行网”的简称。对此，最高人民法院认为，“该二被上诉人（指携程商务公司和携程计算机公司）在经营中对各自的身份表示确有不当之处，有混同使用或者模糊称谓其经营主体身份的行为，如大量使用‘携程’和‘携程旅行网’的简称，有关的宣传容

易使人产生对市场上的‘携程’是否是一家、‘携程’到底是指谁、‘携程旅行网’到底是谁在经营等疑问和困惑，可能会造成相关公众对该二被上诉人身份的混淆或者误认”。但最高人民法院最终认为，该混淆或者误认与上诉人黄金假日公司无关，从而未认定携程商务公司和携程计算机公司构成虚假宣传。

虽然最高人民法院没有给出明确的判断标准，但仔细分析携程商务公司和携程计算机公司的行为不难看出，两者在对外宣传中大量混同使用“携程”和“携程旅行网”简称，其实并未违反法律和商业道德。原因在于，集团公司或者关联公司在商业活动中混同使用主要商标或字号的做法非常普遍，早已成为社会公众所接受的商业惯例，并无任何违法之处。例如，平安集团内部的平安保险公司、平安医疗保险公司、平安银行等公司在对外宣传时，都或多或少存在简称为“平安”的情况，虽然可能会造成一般人对于该等主体身份之间的误解或混淆，但这并不会损害其他公司的合法权益。究其本质，在于“平安”二字作为知名字号及商标，属于知识产权的一种，平安集团本来就可以将这些知识产权授权给集团内部的公司使用，从而给集团内部的公司带来商誉和竞争优势，平安集团的这些做法无可厚非，无论是在商业道德上还是在法律上并无任何不妥。

因此，笔者认为误导性的宣传是否违反法律和商业道德是判断误导性后果是否与原告有关的首要判断标准。

三、第二顺位的判断标准：宣传内容与原告关联性的紧密程度

笔者认为，在误导性宣传已经违反法律和商业道德的情况下，并不必然导致对于原告的损害。这时，还需要判断误导性宣传内容与原告关联性的紧密程度，分为如下四种情况。

（一）误导性宣传内容直接针对原告

误导性宣传内容直接针对原告是指在误导性宣传中，直接、明确地提到了原告的名称。笔者认为，如果发生这种情况，一般可以直接认定为误导性宣传损害了原告合法权益。

比较典型的案例是笔者曾办理的“学而思诉乐课力等虚假宣传不正当竞争

案”[4]。在该案中,乐课力作为学而思的竞争对手,在其师资介绍的资料中宣称绝大多数老师为“原学而思顶级明星老师”“原学而思小升初名师”,在课程内容的介绍资料中宣称课程大纲主要参考“学而思思维汇编”等资料,在学校概况的介绍中宣称“乐课力培优是由原 XRS 顶级老师组建”,在多篇讲座推荐的资料中宣称乐课力系“诸多原 XES 顶级老师组建”。然而事实上,虽然乐课力介绍的相关教师曾在学而思任教,但这些教师并非是所谓的顶级明星老师、顶级老师,因此徐汇法院认为乐课力构成虚假宣传,侵害了学而思合法权益,构成侵权。

(二)误导性宣传内容间接针对原告

误导性宣传内容间接针对原告是指,虽然宣传的内容没有直接、明确地提到原告名称,但是通过宣传内容可以直接指向原告或者包括原告在内的少数几家经营者的情况。在这种情况下,一般也可以直接认定为误导性宣传损害了原告合法权益。

例如,笔者正在代理的一起虚假宣传案件中,侵权方虽然没有直接在宣传中提到笔者当事人的名称,但是侵权方宣传的内容包含笔者当事人的客户、成功案例以及笔者当事人的某一资质,并且笔者当事人是亚太地区唯一获得该资质的企业。笔者认为,通过这些信息很容易判断出侵权人的宣传是针对原告所为,明显损害了这些受害者的合法权益,构成侵权。

(三)较强的市场相关性

在误导性宣传内容没有直接或间接针对原告时,如何判断是否损害原告合法权益?笔者认为,这需要判断原被告之间市场的相关性,如果双方之间市场具有较强的相关性,则侵权方的误导性宣传就很有可能损害到原告的合法权益。

笔者进一步认为,在判断市场相关性时,可以通过原告的知名度、原被告之间的竞争关系、原被告地域上的远近、宣传的内容等要素进行综合判断。例如,上海知识产权法院判决的上海百花教育信息咨询服务有限公司(以下简称百花公司)与上海卓基文化传播有限公司(以下简称卓基公司)、胡某等侵害经营秘密纠纷

---

[4] 上海市徐汇区人民法院,上海学而思教育培训有限公司、上海闵行区学而思进修学校、上海长宁区学而思进修学校与上海乐课力投资管理有限公司、上海乐课力文化传播有限公司等著作权侵权纠纷、不正当竞争纠纷案,(2015)徐民三(知)初字第 1324 号民事判决书。

(以下简称百花案)[5],卓基公司在网站和宣传册上宣传的与日本教研院的合作和98%的名校录取率等内容均无事实依据,但并未直接或间接涉及百花公司,但法院仍认为:“……其行为易使相关公众误认为卓基公司具有较强的教育资源和拥有境外知名教育机构合作伙伴,这种对外宣传的效果在招生时会比同为从事幼升小教育培训的百花公司取得更多的竞争优势,影响到百花公司业务的发展,损害了百花公司的利益,构成虚假宣传,应当承担停止侵权、消除影响和赔偿损失的民事责任。”

笔者认为,法院之所以在卓基公司宣传内容未涉及百花公司的情况下作出侵权判决,原因在于考虑到了百花公司是知名教育培训机构,百花公司与卓基公司之间具有直接的竞争关系,并且两公司的地域范围都在上海市,因此原被告之间具有较强的市场相关性,被告的误导行为损害原告在该市场中的竞争权益具有高度的盖然性。考虑前述情况,即便是卓基公司在宣传中没有点名或影射百花公司,但卓基公司通过虚假宣传虚增竞争优势的同时,势必影响到百花公司的招生,损害了百花公司合法权益。

(四)较弱的市场相关性

笔者认为,如果双方之间市场相关性较弱,则侵权方的误导性宣传就难以损害到原告的合法权益。原因在于,如果原告的知名度本就较弱,在市场中的存在感不强,而侵权方又远在他处,双方地域市场相去甚远,那么很难认定侵权方的行为能损害到原告合法权益。

比较典型的案例便是房金所案。在该案中,上海新居公司在对外宣传之中,仅凭其自然人股东在新浪公司任职,便宣传其股东为新浪公司,遭到深圳房金所公司指控虚假宣传。上海知识产权法院认为:“……上海新居公司在其对外宣传中对其控股股东的介绍确有不当之处,可能造成相关公众对上海新居公司股东身份的混淆或者误认。但是,无论相关公众是否会对上海新居公司股东身份产生混淆或者误认,深圳房金所公司、上海房金所公司并未举证证明上海新居公司的上述宣传行为包括上述误导性后果使深圳房金所公司、上海房金所公司自身受到了直接损害,不能简单地以相关公众可能产生上述与深圳房金所公司、上海房金所

[5] 上海知识产权法院,上海百花教育信息咨询服务有限公司与上海卓基文化传播有限公司、胡某等侵害经营秘密纠纷二审,(2015)沪知民终字第643号民事判决书。

公司无关的误导性后果而代替深圳房金所公司、上海房金所公司对自身受到损害的证明责任。”由此可见，上海知识产权法院实际上已经认定上海新居公司宣传新浪公司为其股东的行为违反了法律或商业道德，但却未作出侵权判决。笔者认为，最主要的原因在于上海新居公司与深圳房金所公司之间的市场相关性较弱。在“侵权”发生之时，深圳房金所公司的知名度不高，并且深圳房金所公司是深圳公司，上海新居公司是上海公司，两者在地域上相去甚远，分属不同的地域市场。因此，上海新居公司的不实宣传的误导性后果难以作用于深圳房金所公司，难以认定对深圳房金所公司的合法权益造成损害。

四、结论

综上所述，在虚假宣传不正当竞争民事诉讼案件中，笔者对“无关性误导性后果”的判断标准为：应当首先从是否符合法律和商业道德角度对涉案的误导行为的合法性进行判定；在判断误导行为违法后，再进一步客观分析涉案误导行为的针对性和原被告双方的市场相关度，最终对该涉案误导行为后果是否属于“无关性误导性后果”作出判定。

参考文献

案例类

1. 最高人民法院：《最高人民法院知识产权案件年度报告(2009)》(法〔2010〕173 号)。
2. 最高人民法院，北京黄金假日旅行社有限公司与携程计算机技术(上海)有限公司、上海携程商务有限公司、河北康辉国际航空服务有限公司、北京携程国际旅行社有限公司虚假宣传纠纷上诉案，(2007)民三终字第 2 号民事判决书。
3. 上海知识产权法院，深圳房金所金融服务股份有限公司等诉上海新居金融信息服务有限公司等不正当竞争纠纷上诉案，(2016)沪 73 民终 107 号民事判决书。
4. 上海市徐汇区人民法院，上海学而思教育培训有限公司、上海闵行区学而思进修学校、上海长宁区学而思进修学校与上海乐课力投资管理有限公司、上海乐课力文化传播有限公司等著作权侵权纠纷、不正当竞争纠纷案，(2015)徐民三(知)初字第 1324 号民事判决书。
5. 上海知识产权法院，上海百花教育信息咨询服务有限公司与上海卓基文化传播有限公司、胡某等侵害经营秘密纠纷二审，(2015)沪知民终字第 643 号民事判决书。

浅析教育培训行业特许经营人面临的三种常见法律争议及对策

黄　威[*]　丁　华[**]　陈岱源[***]

一、引言

近年来，随着国家不断加大支持力度，教育培训行业的市场规模持续扩大，各种不同类型和独具经营特色的教育培训机构如雨后春笋般涌现。这其中，诸多教育培训机构都采用了商业特许经营模式，即特许人将其商标、教材、教案等经营资源授权给被特许人，由被特许人按照合同约定在统一的经营模式下开展经营。这种模式的好处在于，特许人能在较少资金投入的情况下迅速实现规模上的扩张、品牌价值的提升，并能通过“出售”经营资源获得稳定收益。对于被特许人而言，只需支付一笔加盟费便可以获得现成的经营资源，通过背靠“大品牌”和成熟经营模式减小创业风险，增加盈利的确定性。由于特许经营能带来前面种种好处，其在教育培训行业备受推崇。

但是，毕竟特许人与被特许人在法律上及经营上是两个独立的主体，相互之间互不隶属，双方之间的关系仅仅是一种相对松散的合同关系。因此，一旦发生经营不达预期、投资失败等经营风险以及被特许人绕开特许人追求利益最大化等情况时，特许人和被特许人之间就非常容易爆发法律争议，从而引发诉讼和仲裁。在笔者担任某大型教育培训特许经营机构的顾问律师期间，就处理过各种类型的特许人与被特许人之间法律争议，在成功维护客户（特许人）合法利益妥善化解争

* 黄威，上海市锦天城律师事务所上海办公室资深律师；擅长领域竞争法、知识产权和争议解决。
** 丁华，上海市锦天城律师事务所上海办公室高级合伙人；擅长领域竞争法、知识产权和争议解决。
*** 陈岱源，上海市锦天城律师事务所上海办公室实习生、浙江大学法学硕士研究生。

议的同时,也积累了较为丰富的经验。在此,笔者分析、整理出教育培训行业商业特许经营活动中三种常见法律争议,并提出了相应的实务对策。

二、教育培训行业商业特许经营活动中三种常见法律争议及实务对策

(一)与经营资源相关的争议及实务对策

在特许人与被特许人诸多法律争议之中,最多发的是与经营资源相关的争议。

1. 经营资源本身存在瑕疵以及特许人对于经营资源的不实陈述是导致特许人败诉的主要原因

在教育培训特许经营行业中,特许人的经营资源主要是商标、教材、教案等。由于经营资源的质量高低直接决定了被特许人是否作出加盟决策,以及特许经营合同的盈利目的能否实现,一旦发生经营不达预期、投资失败等经营风险,被特许人为了解除或者撤销合同,往往会在诉讼或仲裁中对特许人的经营资源提出质疑。根据笔者的实践,在这类案件中,特许人的经营资源本身存在瑕疵或者是特许人对于经营资源作出了不实陈述是导致特许人败诉的主要原因。

关于经营资源存在瑕疵,其本质就是权利瑕疵。就商标而言,主要涉及商标是否获得注册、特许人是否获得合法的商标使用许可。即便是商标系未注册商标,司法实践[1]中也认为并不必然会导致特许经营合同的解除或撤销。未注册商标的许可并没有为我国法律所禁止,在先使用并且具有一定影响的商标可以成为特许人的经营资源,只要所签合同不存在欺诈、重大误解等法律事由,一般应认定合同效力。另外,如果是注册商标,在教育培训特许经营行业中,很多情况下特许人仅仅是被许可使用人,商标注册权人另有其人。实践中,笔者经常遇到的问题是,虽然商标许可关系客观存在,但许多特许人没有与商标注册权人签署书面的许可使用协议。在这种情况下,一旦发生诉讼或仲裁,特许人一时拿不出权利依据,很容易导致败诉。特别是商标注册权人是外国公司的情况,商标许可合同需要在国外办理公证、认证手续才能在国内的诉讼、仲裁中被作为证据采纳,而公证、认证手续非常繁杂且耗时,如不事先准备,在突发的诉讼中便会造成败诉后果。笔者在研究“芝麻街”英语案例之时便发现,在 2017 年 4 月之前结案的案例

---

〔1〕 上海市高级人民法院《关于审理特许经营合同纠纷案件若干问题的解答》第六条。

中,“芝麻街”英语与被特许人之间发生的案件全部都是以原告撤诉结案。[2] 但是在2017年4月之后结案的案件中,“芝麻街”英语全部都获得了胜诉结果。[3] 原因在于,“芝麻街”英语在2017年4月获得了其外国商标注册权人经公证、认证的商标许可文件,由此不难看出,在2017年4月之前的案件大概率都是以“芝麻街”英语作出妥协让步而达成的和解或调解,因为此前很可能“芝麻街”英语商标的权利依据文件存在瑕疵,尚未满足诉讼证据的法律要求。除此之外,笔者还在实践中遇到过特许人虽签署过商标许可协议,但许可期届期之后未续展协议导致败诉的情况,也应当引以为戒。

除了商标之外,教案也是教育培训行业中的核心经营资源。开发一套成熟的教案需要大量人力、物力的投入,以及长时间的积累,无法一蹴而就。因此,有些新进入市场的特许人便存在抄袭他人教案的情况。笔者认为,这绝对是要避免的。教案往往体现为文字作品,受到著作权法保护,一旦被权利人追究法律责任,那么特许人所签署的特许经营合同存在被全部解除的法律风险,届时不仅需要退还加盟费等费用,甚至还需要赔偿被特许人损失,风险不可谓不大。就教材而言,除了与教案相同的权属风险之外,还存在出版物合规的问题。特别是一些教育培训机构的教材系国外出版社所出版,进口到国内需要办理相关合法进口手续,否则一旦被认定为系非法出版物,则特许经营合同存在被解除的重大风险。

另外,特许人就经营资源存在不实陈述也容易引发争议。在教育培训行业,特许人出于招收加盟商的需要,往往需要对外进行大量宣传,这些宣传内容的重点之一便是特许人的经营资源。宣传的途径一般包括官方网站、广告、宣传资料等,除此之外,特许人还需要在信息披露书中对其经营资源进行披露。另外,笔者还发现有些特许人会在特许经营合同模板中对其经营资源进行描述和介绍。根据笔者的经验,如果前述宣传与事实相悖,或者是宣传存在夸大的情况,便很容易引发争议。产生宣传与事实相悖的原因是多方面的,有的是因为经营资源更新太快,但是因为宣传渠道太多,难以及时、同步更新所导致。有很少一部分是由于特许人为了加大品牌效应而刻意为之。对于第一种情况,虽然是因疏忽而导致,但

---

〔2〕 在2017年4月之前结案的案件中,“芝麻街”英语共与7名被特许人发生纠纷,包括一审、二审在内总共涉及“(2015)东民(知)初字第19117号”等8个案号,在这些案件中“芝麻街”英语作为原告的有2件,作为被告的有3件,案件处理结果全部为撤诉结案。

〔3〕 在2017年4月之后结案的案件中,“芝麻街”英语共与五名被特许人发生纠纷,包括一审、二审在内总共涉及“(2016)京73民终1127号”等10个案号,在这些案件中“芝麻街”英语作为原告/上诉人的1件,作为被告/被上诉人的9件,“芝麻街英语”在这些案件中全部获得了胜诉。

也容易引起较大风险。例如,特许经营合同中陈述教材是某外国出版社(A出版社)出版的教材,但是特许人最新教材是邀请另外一家出版社(B出版社)出版,但特许人由于疏忽未对新签特许经营合同版本进行更新,就很容易被被特许人抓住漏洞,通过起诉达到解除合同的目的,除非特许人能提供证明被特许人签约之前已经知晓教材出版社更新的事实。因此,这种疏忽情况应当尽量避免。对于第二种情况,实践中经常出现的宣传是,违背事实将自己的教材宣传为某些知名学者或机构编写、夸大品牌历史、夸大加盟商规模、违背事实宣传自己与某些机构具有合作关系等。根据笔者的经验,如果这些宣传行为对合同目的实现及合同履行造成严重影响,将导致合同解除或撤销。例如,明明是刚刚创设的品牌,但是却宣传自己的品牌已经有几十年历史,就很容易导致合同解除,因为教育培训行业是非常看重品牌历史沉淀的行业。但是,笔者也碰到过有从事英语教育培训特许人宣传是"9000万美国儿童接受的教育",有"全球1.2亿儿童正在使用",法院认为这虽然具有一定程度的夸大成分,不是一种应该提倡的商业行为,但并未达到欺诈的程度,不足以导致特许人作出错误判断而选择加盟。[4] 当然,前述事由仅仅是被特许人提出的诸多撤销合同的事由之一,笔者认为事实上法院更多的是考虑到这家机构的经营资源确实具有相当的市场价值,不会导致合同目的落空或者影响合同的履行,因而未支持特许人撤销合同的诉讼请求。

2. 给特许人的风险防范措施和建议

对于以上风险,站在特许人的角度,笔者根据自己的实践经验总结出如下几点防范措施和建议:

(1)完善自身经营资源依据

经营资源瑕疵本质上就是权利瑕疵。如果相关经营资源系特许人自行开发,为确保权属归属于特许人,特许人需注意与相关员工或开发主体签订书面协议,约定知识产权归属于特许人。并且在相关成果产生之时,及时办理知识产权的注册或者备案登记等手续。如果经营资源系通过授权获得,特许人需特别注意与许可人签署完备的授权许可文件,并在到期之时及时续约。如果许可关系中涉及境外许可人,务必注意及早就有关文件办理公证、认证手续,以便正在出现诉讼、仲裁等争议能及时举证。

---

〔4〕 北京知识产权法院,钟宇与北京凯瑞联盟教育科技有限公司特许经营合同纠纷二审,(2016)京73民终第1127号民事判决书。

(2)谨慎对待经营资源信息披露及宣传

笔者认为，在对经营资源信息进行披露及宣传之时，一个基本原则是实事求是，即务必确保每一条披露或宣传的信息都有真实的证据材料进行支撑。实践中，最重要的披露及宣传渠道包括信息披露书、特许经营合同及附件、书面宣传材料等，在这些地方进行披露需要格外引起注意。除此之外，特许人进行披露及宣传的渠道实际上还包含官方网站、广告、特许人经营的自媒体等，而且实践中这些渠道的披露和宣传往往比较随意，特许人的风险防范意识不强，建议定期请专业人士进行风险筛查，以杜绝潜在风险。

(二)与竞业限制相关的争议及实务对策

实践中，被特许人违反竞业限制义务也很容易引发争议。原因在于，特许经营关系确立之后，特许人需要将自身的经营资源"倾囊相授"，被特许人在获得这些经营资源之后，有部分被特许人绕开特许人追求利益最大化，会选择另立门户。这势必严重侵害特许人的合法权益，因而导致争议。

1. 在被特许人违反竞业限制义务导致争议时，特许人维权难度较高

特许经营关系确立之后，特许人会将自身的经营资源"倾囊相授"，被特许人在获得这些经营资源之后，如果通过经营获得了不错的回报，许多被特许人便会有再开一家加盟店的需求。但是，再开一家加盟店往往需要再行缴纳一笔加盟费及每月缴纳权益金，因此部分被特许人会选择瞒着特许人，利用特许人的经营资源另行私开一家竞品品牌门店，这势必是特许人不能容忍的情况。

如要证明被特许人违反竞业限制义务，特许人一般需要证明被特许人经营有竞品品牌门店，包括成为竞品品牌门店的股东、合营方等。对于股东(股权关系)，可以到工商部门调取工商档案予以证明，但实践中有些特许人为了掩人耳目采取他人代持股权的方式进行规避，如此一来特许人便难以完成取证。对于合营方的证明，更是无法通过公开渠道进行查询，这就需要精心的取证设计，否则很难达成目的。例如，在"北京能动时代教育科技股份有限公司诉西安睿能企业管理咨询有限公司等特许经营合同争议一案"[5]中，原告为证明被告违反竞业限制义务另行开设英语培训机构，向法院提供了相关场所的录像，录像中还能显示被告的股

[5] 北京市海淀区人民法院，北京能动时代教育科技股份有限公司与西安睿能企业管理咨询有限公司、于海侠特许经营合同纠纷一审，(2017)京0108民初8319号民事判决书。

东在场。由此看来,原告的举证不可谓不努力。但法院认为,仅该录像并不足以认定被告股东在竞品品牌门店中任职、参与经营或者实际控制,因此未认定被告违反竞业限制义务。

2. 给特许人的风险防范措施及建议

针对被特许人违反竞业限制义务的情况,站在特许人的角度,我们建议事先设置完备的竞业限制条款,在发生违反竞业限制义务之时,再周密取证进行维权。

对于竞业限制条款的设置,我们建议将竞业限制的主体范围设置为被特许人及被特许人的相关股东,包括自然人股东、法人股东等,甚至还可以进一步设置为这些股东的配偶以及其他相关亲属。因为在实践中,开设竞品品牌门店的往往是被特许人的股东或其家人,而不是被特许人自身。关于竞业限制义务的内容,我们建议设置为经营相同或类似业务以及上下游业务。另外,为了便于维权,最好对"经营"的内涵作扩张性的约定,即对于教育培训行业而言,经营可以包括宣传行为、招聘员工行为、招生行为、开业行为、营业行为等。原因在于,宣传行为、招聘及招生行为往往是公开进行的,较容易取证,减轻维权难度。就违反竞业限制义务的责任,一般直接约定为解除合同,以及赔偿较大数额的违约金。

就取证而言,结合教育培训行业的特点,我们认为着手点还在于其宣传行为。原因在于,教育培训行业需要招生宣传,往往会开设专门的网站或者微信公众号等。在这些公众号之中,一般存在相关教学活动的报道,可以用于证明经营行为的存在。并且,由于这些竞品品牌一般是非正规的不知名品牌,在宣传过程中往往会刻意宣传其与被特许人已加盟的品牌之间的关联关系。例如,笔者在办案中就遇到过一他人代持股的竞品品牌宣称自己的教材、老师都是来自某某品牌(被特人加盟的品牌),二者实际上是一个老板等,从而成功取证。笔者认为,只要对取证过程进行精心设计及实施,一般情况下都能获得理想的取证效果,从而为成功维权打下坚实基础。

(三)与权益金相关的争议

权益金,是指被特许人按照每个月的营业收入的一定比例缴纳给特许人的款项。实践中,因权益金缴纳问题引发的争议也是常见争议。

1. 因权益金缴纳问题引发争议的表现形式

权益金一般是基于被特许人每个月营业收入的一定比例来确定的。由于被特许人是单独的经营实体,特许人获知被特许人每个月营业收入的途径一般只能是依靠被特许人自己的上报。在实践中，权益金缴纳可能存在大量的道德风险，被特许人往往有很强的冲动去隐瞒真实的营业收入，从而让自己可以尽量少缴纳权益金。隐瞒真实营业收入的方式也多种多样，有的是少报收入，有的干脆拒绝上报收入。

一旦遇到这种情况，有些特许人会选择停止对被特许人的相关服务，希望以此施压促使被特许人缴纳，但往往引发争议，因此笔者非常不建议特许人武断选择停止服务。原因在于，如果缺乏合同明确约定，特许人直接停止服务一般很难被认定为行使合同的抗辩权（如先履行抗辩权、同时履行抗辩权），在未作明确约定的情况下，一般认为特许人提供服务的对价既包含了加盟费，也包含了权益金，被特许人支付权益金与特许人提供持续服务不是一个完全对应的对价关系，因此被特许人擅自停止服务的行为很容易被认为构成违约。[6] 一旦被特许人提起诉讼或是仲裁，特许人需要承担违约责任。当然，有些读者可能会认为特许人的违约是由于被特许人违约不缴纳权益金导致的，是否能以此为由不让特许人承担违约责任。但笔者认为，合同法已经规定如果双方都存在违约，则各自承担各自的违约责任，因此，被特许人的违约不影响特许人也需就其违约行为承担违约责任，且特许人的违约责任往往重于被特许人，因为逾期缴纳违约金往往仅产生滞纳金，而直接停止服务往往导致解约，对于特许人而言得不偿失。

2. 给特许人的风险防范措施及建议

根据笔者的经验，笔者建议从如下几个方面来规制上述问题：

首先，建立营业收入现场检查制度。在教育培训行业，每个加盟门店往往都会有排课表，由于门店需要排课表与新入学的学员家长进行排课，因此排课表时时更新，并且一般不会作假。只要通过检查排课表，就能知道在门店学习的学员数量以及所报课程的种类，这样一来营业收入就一目了然。因此，特许人可以建立营业收入现场检查制度，并在特许经营合同中约定接受特许人不定期的现场检查是被特许人的义务，以及特许人可以按照现场检查的结果确定被特许人营业收入。

---

〔6〕 一个反面例子是，“（2015）浦民三（知）初字第1232号”上海培正教育投资管理有限公司与张某特许经营合同纠纷案中，被特许人张某以特许人提供的服务存在瑕疵为由，主张行使先履行抗辩权拒付权益金，但法院认为根据双方之间的合同，“给付年度权益金是张某的合同主义务，与之形成对价的是培正公司许可张某使用其特许经营资源经营的义务，而不是培正公司提供经营指导服务的义务”，因此法院认为张某无权行使先履行抗辩权。

其次，将某些教学环节设置在线上。实践中，有很多教育培训机构统一建立了线上、线下结合的授课系统，将部分教学环节（如课后复习、作业等）放到线上，这样一来被特许人只能将全部学员的信息录入到该系统，因为没有录入系统的学员无法接受线上教学服务，如此特许人便能更加轻松掌握被特许人的营业状况。

最后，在合同中约定如若被特许人发生隐瞒收入或者是拒缴、欠缴权益金的情况，特许人可以暂停提供支持服务，包括在官方网站上删除该加盟加盟认证、停止进行教师培训、停止新课程的更新等，这样一来有利于给被特许人施加压力，促其及时履约。

三、结语

商业特许经营作为一种已经较为成熟的商业模式，具有事半功倍、高效分配资源的特点。特许经营合同的良好运行需要特许人与被特许人的共同努力。聘请专业律师制定约定明确的特许经营合同，维护和完善经营资源，能够有效地避免争议的发生。而在争议不幸发生后，获得专业律师的指导，及时收集和固定证据，也能够有效地维护特许人的利益。

参考文献

案例类

1. 上海市高级人民法院《关于审理特许经营合同纠纷案件若干问题的解答》。
2. 北京知识产权法院，钟某与北京凯瑞联盟教育科技有限公司特许经营合同纠纷二审，(2016)京73民终第1127号民事判决书。
3. 北京市海淀区人民法院，北京能动时代教育科技股份有限公司与西安睿能企业管理咨询有限公司、于海侠特许经营合同纠纷一审，(2017)京0108民初8319号民事判决书。
4. 上海市浦东新区人民法院，上海培正教育投资管理有限公司与张某特许经营合同纠纷案，(2015)浦民三(知)初字第1232号民事判决书。

商业秘密案件的刀光剑影

——商业秘密刑事案件中的律师谋略

刘民选[*] 李本亚[**]

笔者在十几年的知识产权律师职业生涯中，曾经办理过多起疑难复杂、有影响力的商业秘密刑事案件。既曾代理过被害人一方，隐名取证，协助抓捕，保护被害企业的商业秘密，让犯罪分子受到应有的法律制裁；也曾代理犯罪嫌疑人一方，缜密分析，助脱囫囵，避免守法企业因面临恶意竞争或错综复杂的法律纠葛而被枉扣罪名。本文中，笔者将分别介绍曾经代理被害人的一个案件与代理嫌疑人的两个案件的办案细节，并尝试从细节中抽离出规则，向读者分享商业秘密刑事案件中的律师谋略。

一、林图侵害费罗公司商业秘密案

林图侵害费罗公司商业秘密案发生在 2010 年，在这个案件中笔者第一次作为商业秘密权利人的代理人，从犯罪证据的收集开始，直至法院宣判，全程参与到这起商业秘密刑事案件中。

费罗公司是一家主要从事手套箱、汽车氙气灯研发和生产的上海企业，多年来苦心研发，终于掌握了几项核心技术，赢得一定的市场竞争力。林图 2006 年到 2007 年在费罗公司的氙气灯厂当厂长，他离职后，费罗公司很快发现市场上出现一家叫伊斯特的公司开始对外宣传同类型的手套箱和氙气灯生产线。因此费罗

---

* 刘民选，上海市锦天城律师事务所上海办公室高级合伙人，复旦大学法律硕士；擅长领域为知识产权争议解决与非诉服务。

** 李本亚，上海市锦天城律师事务所上海办公室律师，北京大学法学硕士；擅长领域为知识产权争议解决与非诉服务。

公司认为，极有可能是林图偷走了企业的核心技术图纸，卖给了伊斯特公司。

所幸，和许多管理不规范的企业不同，费罗公司拥有自己的商业秘密管理制度。其所有技术图纸都被严密保管，每个人借阅都要进行记录，而该份记录确实有林图的签字。此外，费罗公司还同林图签了保密协议。

商业秘密侵权的维权难度不亚于专利维权。当权利人发现专利侵权时，一般已经锁定了市场上的侵权产品，而律师首先需要做的便是侵权证据保全，其次根据保全获得的侵权产品进行侵权比对、法律分析，最后整理证据提起诉讼。但是在商业秘密案件里，一切都是不确定的——需要分析、鉴定商业秘密权利人主张的商业秘密是否满足构成要件；需要调查林图是否真的盗取或披露了商业秘密；需要调查林图与伊斯特公司之间的关系；需要调查伊斯特公司是否已正式制造、销售涉案产品，且该产品是否完整使用了该商业秘密……而在笔者接下本案时，手上还没有任何证据，只有唯一的线索：林图的电话。

经过反复设计与排练，笔者变造了一个身份直接与林图取得了联系。电话中，在笔者几番诱导下，林图终于说出了曾帮伊斯特公司制作手套箱相关设备的情况。而且，虽然他起初矢口否认拥有费罗公司的图纸，但因为他确实求财心切、希望与笔者合作，最终也坦然承认其持有费罗公司的图纸。笔者随即飞赴北京与林图见面，经过软硬交攻与利益攻心，林图总算拿出了一张图纸。经对比，这张图纸确实是费罗公司为解决特殊技术问题进行特殊设计产生的六通阀设备图纸，包含其核心的技术秘密。

刑事案件立案难，而且由于普通民警往往不具有专利、商业秘密等专业知识，商业秘密案件的刑事立案更是难上加难。在笔者无数次向民警提交材料、进行法律解释后，终于得到南汇分局经侦大队对本案的高度重视。

作为警方周密的侦查、逮捕计划中的一个角色，笔者再次与林图联系，并在林图的保荐下，带着便衣民警一同前往了伊斯特公司厂区。在伊斯特的厂房中，笔者们在现场见到了宣传中的氙气灯生产线，其中的真空脱羟炉、等离子火头、手套箱都是费罗公司最核心、最机密的技术设备。经过民警的现场确认，确定了伊斯特公司的犯罪事实。

在笔者的协助下，北京西城区公安分局的经侦大队逮捕林图并缴获了所有图纸。之后又基于林图的指认，北京西城区公安分局的经侦大队在伊斯特公司保全了三台存储着大量侵权图纸的电脑。随后经过司法鉴定和后续侦查，上海公安局南汇分局又正式逮捕了郭达。

本案的司法鉴定意见书确认费罗公司图纸所记载的相关信息确实属于商业秘密,并且肯定了林图的图纸与费罗公司的图纸基本一致。在另一份针对伊斯特公司设备的鉴定中,鉴定报告进一步确定伊斯特的产品与费罗公司图纸中的技术信息具有同一性,证明伊斯特确实使用了费罗公司的商业秘密。但郭达的辩护人提出,费罗公司所谓的技术秘密,只要在产品售出后便很容易通过测量为公众获知,所以不属于商业秘密,并且还拿出了一份支持其说法的鉴定意见书。

面对观点截然对立的鉴定报告,笔者为法官、检察官进行着技术讲解。权利人一方的鉴定意见书论理充分,说明了费罗公司的技术秘密主要体现在"设备零部件的设计尺寸、公差配合、表面粗糙度、装配关系、材质"这些细节上。仅仅通过反向工程,是不可能从公开出售的零部件上获得这些关键技术细节信息的。

在充分听取双方意见、考察了各种证据之后,浦东新区法院最终完全支持了公诉方的指控。在经历了前后总计六次延期审理和数次开庭后,林图、郭达和伊斯特公司终于被宣判有罪。笔者在本案中协助客户成功制裁了犯罪分子,保护了企业重要的技术秘密。

二、浙江西华公司被控侵害江西东昌公司商业秘密案

代表费罗公司指控林图和伊斯特公司侵犯商业秘密时,笔者从权利人的角度设计取证和诉讼策略,保护了权利人利益。而在浙江西华公司被控侵害江西东昌公司商业秘密案中,笔者则代理了犯罪嫌疑人,从另一个角度经历了商业秘密刑事案件的方方面面。

2007 年 3 月,浙江西华公司的总经理吴海被江西公安经侦大队拘留,被控侵犯江西东昌公司的商业秘密。不同于费罗公司和林图的案子中企业员工直接非法盗取、泄露商业秘密,法律关系较为明确;这个案子复杂得多,涉及企业间并购与技术入股投资,原被告企业之间隔了三层关系,技术来源更跨越了四层关系。

东昌公司和西华公司其实没有任何直接的合作关系,一切的纠纷都源于与第三方的合作以及人员的流动。经过分析,西华公司接触东昌公司商业秘密的可能路径有两条:

其一,2004 年西华公司成立时,时任股东的王强曾与东昌公司前工程师合作,制造了若干专业设备,并获得了晶体工艺技术资料。

其二,1998 年东昌与南阳合资设立了北洋公司,东昌公司以其晶体工艺技术入股。当时在南阳工作的吴海此时来到北洋公司担任副总经理。而 2006 年西华

公司与北洋公司又达成合作，吴海也转赴西华公司任总经理，西华公司便因此有机会获知相关晶体工艺技术。虽然该技术已经经过北洋公司的升级改进，但是正如同使用改良专利依然要获得基础专利权人授权一样，如果西华公司贸然使用了改进技术，便会构成对原始机密技术的侵权。

根据第一条路径，西华公司确实可能涉嫌侵权，然而股东王强在 2006 年 9 月已经将公司股权全额转让。在交接中新股东接收了包括厂房、设备在内的公司财产，却完全没有接收关于晶体工艺的任何技术资料或图纸。也就是说，西华公司当时并不完全掌握王强所获得的技术资料。

根据第二条路径，西华公司同样可能涉嫌侵权，但是却需要满足两个重要的前提条件：一是最初东昌公司交给北洋公司的晶体技术资料确属商业秘密；二是西华公司现有晶体工艺技术资料与上述商业秘密资料完全一致，且没有合法来源。如果两个条件都满足，西华公司将百口莫辩。

办案过程中，笔者检索到 2001 年江西省高级人民法院作出的原告东昌公司诉被告某公司晶体工艺技术秘密侵权案的判决书，该案所涉及的商业秘密，与现在案件中可能被东昌公司主张为商业秘密的技术可能完全一致。而江西省高级人民法院在审理中委托鉴定，鉴定意见认为被告在利用其所提供的公有领域技术资料基础上，通过进一步研究即可获得涉案晶体工艺技术，因此东昌公司的技术不具有新颖性，不属于商业秘密。东昌公司因此败诉。

如果以上述判决书的认定与逻辑为前提，认为晶体工艺不属于商业秘密，那么可以认定 1998 年东昌许可北洋使用的晶体技术也就根本不属于商业秘密，北洋以此技术为基础开发的任何新技术就都应该属于北洋公司，而和东昌公司无关；即使吴海 2006 年真的将北洋公司的技术带到了西华，那也只是导致西华公司可能侵犯了北洋公司的商业秘密，而和东昌公司无关。

但是，以笔者从事多年专利代理和诉讼工作的敏感性，对江西省高级人民法院判决书里的观点保留意见。商业秘密保护要求的秘密性与专利的新颖性存在很大差异，商业秘密并不需要达到专利那样在世界范围内独一无二的程度。被告通过对公知技术进一步研发实现了同样的技术效果，仅能说明其没有侵犯东昌的商业秘密，并不当然说明东昌的商业秘密就不是商业秘密。

因为这个逻辑漏洞的存在，直接否定东昌公司的商业秘密存在风险。但笔者参考了该案件思路，对西华公司的工作人员进行引导下，终于使其想到了涉案技术可能的合法来源。

2006年12月西华和清华大学签订了合作开发协议，共同生产开发晶体工艺。清华大学非常重视与西华公司的合作，在2007年多次向西华公司提供生产工艺包，还亲自派遣科研团队进行现场实验与指导。虽然清华大学与东昌公司关于晶体工艺的技术核心相似，但实际操作却有很大差别。于是西华公司便按照清华大学的指导，将前任股东王强留下的争议设备一一拆除，并重新引进了清华大学的成熟设备。所以说，2007年西华公司生产出的晶体产品，无论在技术还是设备方面，都已经同东昌公司完全无关了。

在获知上述情况后，笔者开始行动，一方面不断同江西和浙江的公安部门会晤，为其解释法律要点、讲解技术，同时申请对吴海取保候审；另一方面配合西华公司，组织有行业协会参与的行业会议、在各级媒体上进行广泛宣传，将其与清华大学的合作广而告之，透彻展示我方涉案技术的正当合法来源。

在这个过程中，案件被移送起诉至南昌检察院。但面对笔者提供的大量具有极强说服力的证据，检察院非常动摇，将案件又两次退回公安机关补充侦查。很快，吴海获得了取保候审资格，最终南昌检察院也对其做出了不起诉决定。

三、烟台工业集团被控侵害浙江巨隆公司商业秘密案

同样是担任犯罪嫌疑人的代理人，但是本案的案情与西华公司案件又完全不同。西华公司案涉及商业秘密划分和技术入股，而本案则涉及两家本来有着技术研发合作的企业间的纠葛。当然虽案情迥异，律师策略总有共通之处。

1998年，烟台工业与浙江巨隆公司签订合作协议，由烟台工业为浙江巨隆研发制作穿孔机，协议中约定，所有技术资料和知识产权均由双方所共有。合作中，浙江巨隆向烟台工业提供了关于穿孔机的技术参数，根据上述协议内容，该技术参数变为双方共有的商业秘密，任何一方如果根据该技术参数为第三方制造设备，均应征得对方同意。

烟台工业在2007年时曾向另一家浙江公司出售一台穿孔机设备，当时正是本案中被拘留的公司总工程师陈阳担任该交易项目的负责人。七年过去，巨隆公司却突然以自己的商业秘密遭到泄露为由动用了刑事法律武器。

本案中，客户曾经签署的合作协议埋下了巨大的隐患。在与浙江巨隆的合作中，分明是烟台工业完成了绝大部分工作，但最后的知识产权归属却约定为双方共有。按照当时的协议，甚至一些依法应该由烟台工业独自享有的权益，也通过协议约定变成了双方共有。

针对案件本身,笔者依然首先从商业秘密本身寻找抗辩思路,而直接否定对方的权利基础,永远应该是最先想到的策略之一。在烟台工业技术人员的协助下,笔者在穿孔机所属技术领域的核心刊物《钢管》上发现了一篇重要的论文:在确立合作后,烟台工业和浙江巨隆的员工曾在2000年共同署名撰写了一篇讲解相关技术的论文,就刊登在这本期刊上。令人难以置信的是,根据初步分析,双方合作所涉及的主要技术细节,已经全部在这篇论文中被公开披露。

最高人民法院在关于审理不正当竞争案件的司法解释中规定,如果信息已经在公开出版物或者其他媒体上公开披露,则不具有构成商业秘密所要求的"秘密性"。因此,因为2000年双方在公开刊物上共同发表了论文,所以可以合理判断,浙江巨隆所要求保护的商业秘密早已不再是商业秘密。

笔者迅速联系了司法鉴定机构,对《钢管》所披露的技术与商业秘密之间的对应性进行鉴定。但鉴定耗时较长,于是笔者同时着手,将"商业秘密已被公开"和"所销售设备不侵犯商业秘密"(后者是基于烟台工业技术人员的判断,他们认为其卖给其他公司的设备同当时为浙江巨隆设计的设备有很大不同,并没有使用涉案商业秘密)这两方面的证据全部提前提交给了嘉兴公安,并申请取保候审。

嘉兴公安协同技术人员详细审查、核实了笔者们所提交的证据材料,尤其是《钢管》中论文的真实性。显然,相关证据已经足够有分量,不等补交正式的、完全符合笔者们初步分析的司法鉴定报告,嘉兴公安便批准了对陈阳取保候审。

商业秘密案件充满难于发现、却可能颠覆案件的微小细节,一定需要律师缜密思考、步步为营。

四、商业秘密刑事案件中的律师策略与建议

笔者所承办的商业秘密案件远不止上述几件,但上述几案从案情到办案策略无疑都具有其典型性。笔者也尝试从案件中提炼出若干律师办案方法与针对企业的建议,希望对同行和客户均有所助益。

律师办案策略方面,主要有如下几点:

1. 作为被害人的代理人,与嫌疑人的沟通是一门艺术。虽然律师过多参与到证据调查、刑事侦查过程中无疑会增加很多风险,但是一旦有机会,应当进行充分、缜密的计划与安排,利用自己的优势,争取有机会获得信息和证据。当然实践中,像笔者这般深入参与到费罗公司与林图案的情况,恐怕会非常罕见。

2. 在商业秘密案件中,作为被告代理人,直接否定权利基础,永远应该是最先

想到的策略。商业秘密的基本构成要件是秘密性、保密性和价值性，其中遭受攻击的核心必定在于其秘密性。

其一，抗辩认为技术随着产品的销售已经公开，不再属于商业秘密。即对应于最高人民法院《关于审理不正当竞争民事案件应用法律若干问题的解释》第九条第二款规定："具有下列情形之一的，可以认定有关信息不构成不为公众所知悉：……（二）该信息仅涉及产品的尺寸、结构、材料、部件的简单组合等内容，进入市场后相关公众通过观察产品即可直接获得"。代理人可以制作相应的司法鉴定意见书，针对检方进行反驳，影响法官的心证。

面对该种抗辩，作为被害人律师应当不为所动，充分理解与强调己方商业秘密超越简单组合的实质特点。而且可以参考（2005）绍刑初字第 620 号与（2015）温鹿刑初字第 1818 号刑事判决书中的法院观点，主张使用公开仅具有公开的可能性，除非存在真实可信的进行反向工程的数据记录、资金投入及生产试验等方面的证据。最高人民法院《关于审理不正当竞争民事案件应用法律若干问题的解释》第十二条第二款也同样明确，"当事人以不正当手段知悉了他人的商业秘密之后，又以反向工程为由主张获取行为合法的，不予支持"。

其二，抗辩相关技术已公开，或"无需付出一定的代价而容易获得"。作为代理人应当进行充分检索，既包括案例检索，也包括现有技术检索。针对同一主体的类似案件中很有可能存在对本案有帮助的事实认定或法院裁判观点。而通过对于现有技术的检索，包括专利文献、行业期刊，甚至微信朋友圈等渠道，如果能找到一锤定音的公开材料，则可以直接釜底抽薪。

3. 一旦涉及技术转让、技术入股、研发合作等问题，技术的来源和权属问题会变得非常复杂。因此，律师务必要步步为营，严谨地核实查明所涉及的每一层法律关系，并从中抽丝剥茧，找到技术的真正来源或其他能够左右案件的关键事实。

而针对企业的技术合作等方面，结合笔者在上述案件的所见所闻，也希望给出如下建议：

1. 合作，应该是一件严肃的事情，无论是强者，抑或弱者，对于合作的细节都应该琢磨清楚，尤其应该把权利的边界划分清楚。烟台工业集团正是因为不规范的法务审核，导致合同存在巨大的瑕疵与隐患，权利边界不明，直接导致了案件的爆发。

2. 建立完善的知识产权和商业秘密管理制度非常重要。在费罗公司案件中，正是因为费罗公司有着较为规范的商业秘密管理制度，因此可以快速定位嫌疑人林图，且可以方便地提供相关证据。在论证商业秘密构成要件时，健全的商业秘密管理制度也可以极大减轻对于保密性的举证难度。

此外，如果商业秘密管理制度规范，能够对所有涉及相关技术的文章刊发、专利申请等进行更为严格的审核，想必能够更好地避免如烟台工业集团遇到的己方工程师发表论文导致的商业秘密意外泄露。

3. 当企业中存在技术入股、技术转让等情况，导致技术来源复杂时，应当对技术来源进行详尽梳理，厘清技术的真实合法来源，既有助于未来进一步的技术许可，更有助于应对可能的维权和纠纷。

五、结语

对于研发型企业，在市场合作、人员流动、技术开发过程中，往往遍地红线。随着越来越多的企业开始将法律手段作为竞争策略，只有事前对制度进行严谨设计、交易中充分考量和规避风险、涉案时能透彻厘清所有法律与事实纠葛的企业，才能在商战中立于不败之地。商业秘密案件极其考验律师的综合能力，在能够充分展现专业价值的同时保护客户利益，是律师最大的荣幸。作为知识产权律师，笔者将始终期待更多精彩纷呈的商业秘密案件的挑战，也将不断思考与总结，期待未来在对商业秘密制度有了更为深入理解后能再回馈诸位读者！

海关知识产权保护篇

知识产权海关保护中的担保问题解析

周　艳[*]　贾小宁[**]

中国海关履行知识产权边境保护职责已20多年。近年来，每年查处的进出口侵犯知识产权货物案件都在20,000件左右，2018年海关查处的进出境侵权货物案件更达4.45万批次，同比增长132.1%。[1] 随着海关在边境环节知识产权保护力度的加大，其作用和地位也日益重要，海关在执法过程中一些疑难问题，特别是涉及知识产权权利人和进出口收发货人之间权利义务平衡方面的问题，由于案件的增多和各方的关注而日显突出，笔者拟结合相关实践和有关规定对其中有关当事人在知识产权边境保护程序中提交担保的问题，从担保的性质、担保金额的确定以及担保方式等方面进行初步探讨。

一、《知识产权海关保护条例》对担保事项的规定

现行《知识产权海关保护条例》（以下简称《海关保护条例》）关于担保的制度建立是源自对原《知识产权海关保护条例》（以下简称原条例）执法实践的总结和调整，原条例的担保规定主要有两方面内容：一是知识产权权利人申请海关扣留货物的，应当向海关提交相当于货物等值的担保金；二是货物的收发货人认为被

---

* 周艳，青岛大学法学院副教授，上海市锦天城律师事务所青岛办公室高级合伙人；擅长商标权保护、处理网络侵权、著作权保护、商业秘密保护、反不正当竞争、知识产权边境保护、诉讼与仲裁等业务。

** 贾小宁，上海市锦天城律师事务所青岛办公室高级合伙人；擅长知识产权海关保护、商标权保护、网络侵权、著作权保护、商业秘密保护、反不正当竞争、企业知识产权战略的制定与实施、海关法律事务等业务。

〔1〕《中国海关2018年扣留2亿元进出境侵权货物》，载海关总署官网信息平台，2019年1月22日。

扣留的货物不侵权的，可以提交相当于货物两倍价值的担保金申请海关放行货物。[2] 从海关执法看，要求权利人每次都提供相当于货物价值的担保金过于苛刻，特别是在查处假冒货物的情形下，往往造成权利人因提交的担保金额较高而被迫放弃要求海关扣留货物，并不利于知识产权边境保护措施的有效实施。参考美国有关法律规定，对于进口假冒商品的扣留是不需权利人提供担保，只是在商标权利人对嫌疑商品提取样品进行检验时，应当按照海关关长规定的形式和数额提交担保，用于赔偿因提取该样品而使他人遭受的损失和损害。[3] 另外，鉴于知识产权本质上是一种私权，[4][5]知识产权权利人和进出口货物收发货人之间往往存在商业竞争关系，使权利人有可能滥用海关边境保护措施，给他人造成损失，因此有必要保留向权利人收取担保，以保证赔偿损失的费用支付。这也符合《与贸易有关的知识产权协议》(TRIPs)的要求，即海关有权要求权利人提供足以保护收发货人和海关并防止权利人滥用权利的保证金或与之相当的担保，只要这种担保不会不合理地妨碍有关保护程序的采用。[6] 因此，《海关保护条例》从制度上对在担保方面如何平衡双方利益，以使其更为有效而且便利作出了一系列的规定，主要涉及第十四条、第十九条、第二十五条的规定，[7]包括以下几方面的内容：一是权利人提交担保的目的是用于赔偿因申请不当给他人造成的损失和支付有关仓储、保管和处置费用；二是担保的形式予以扩大，不再仅限于担保金；三是只将担保的最高额确定为货物等值，而实际交纳数额则由海关根据具体案情加以

---

[2] 原《知识产权海关保护条例》第十四条、第十九条。

[3] 《美国联邦政府法规汇编》(第19卷)，海关关税，第133章第21节(b)、(d)条。

[4] 《与贸易有关的知识产权协议》(TRIPs)引言。

[5] 郑成思：《WTO知识产权协议逐条讲解》，中国方正出版社2001年版，第3页。

[6] 《与贸易有关的知识产权协议》(TRIPs)第五十三条。

[7] 《知识产权海关保护条例》第十四条："知识产权权利人请求海关扣留侵权嫌疑货物的，应当向海关提供不超过货物等值的担保，用于赔偿可能因申请不当给收货人、发货人造成的损失，以及支付货物由海关扣留后的仓储、保管和处置等费用；知识产权权利人直接向仓储商支付仓储、保管费用的，从担保中扣除。具体办法由海关总署制定。"

第十九条："涉嫌侵犯专利权货物的收货人或者发货人认为其进出口货物未侵权专利权的，可以在向海关提供货物等值的担保金后，请求海关放行其货物。知识产权权利人未能在合理期限内向人民法院起诉的，海关应当退还担保金。"

第二十五条："海关依照本条例的规定扣留侵权嫌疑货物，知识产权权利人应当支付有关仓储、保管和处置等费用。知识产权权利人未支付有关费用的，海关可以从其向海关提供的担保金中予以扣除，或者要求担保履行有关担保责任。

侵权嫌疑货物被认定为侵犯知识产权的，知识产权权利人可以将其支付的有关仓储、保管和处置等费用计入其为制止侵权行为所支付的合理开支。"

区分;四是,反担保的情形限定为涉及专利权的货物。

二、海关知识产权保护担保的性质

知识产权海关保护中的担保是有关当事人,包括知识产权权利人和进出口货物的收发货人,为申请海关采取某种行政执法行为,而保证承担因申请不当给他人造成的损失赔偿责任,以及相关费用的支付。笔者认为,应当注意以下三个问题:

(一)知识产权海关保护中担保的性质与一般民事担保不相同

虽然知识产权海关保护担保形式上与一般民事担保有相似之处:都是一方提交担保,同时获得某项权利;另一方接受担保,同时履行某项义务。但两者有截然不同的区别,以权利人向海关提交扣留货物的担保为例,其一,民事担保是基于一个主债务而产生的,主债务是担保的前提;而知识产权海关保护中则不存在一个提前产生的主债务。其二,民事担保中有三方关系人,即债务人、债权人和担保人,当然有时担保人即债务人;而知识产权海关保护担保中有四方关系人,是知识产权权利人、主管知识产权海关保护的行政管理机关即海关、被扣留货物的收发货人以及担保人,当然有时担保人即权利人,这一点更类似于民事诉讼中有关财产保全的制度。[8] 其三,民事担保中债权人与债务人是直接产生相应的法律关系;知识产权海关保护中权利人和收发货人之间并不直接产生相应的法律关系,而海关虽然收取该担保,但并不相当于民事担保中的债权人。因此,有关民事担保的规定不能直接用于知识产权海关保护中。

(二)知识产权海关保护中担保也与《海关法》中关于海关事务的担保不同

对于海关事务担保,是《海关法》新增内容,主要是在确定货物归类、估价和提供有效报关单证或者办结其他海关手续前,收发货人要求海关放行货物的,应当提供与其依法应当履行的法律义务相适应的担保。[9] 从中,我们可以看出其出发点和内容是与知识产权海关保护担保不相同的,前者是由承担办理海关手续的义务人提供的,主要是为简便或者提前办理相关通关手续,而后者主要是由与通关货物没有直接关系的知识产权权利人提供,用于支付有关费用并承担因申请不

---

〔8〕《民事诉讼法》第九十二条、第九十三条。

〔9〕《海关法》第六十六条。

当给他人造成损失的赔偿。因此,有关海关事务的担保规定不能直接用于知识产权海关保护中。

(三)知识产权权利人提交担保具有启动海关保护程序的作用

此作用涉及海关未收取权利人的担保能否扣留侵权嫌疑货物问题。先来看一个司法案例,即烟台某粉丝有限公司不服青岛海关行政处罚决定行政诉讼案件。该案件经青岛市中级人民法院和山东省高级人民法院两审终审,是海关系统第一起因为查处进出口侵犯知识产权货物而引发的行政诉讼案件。当事人双方诉争的一个焦点问题是海关在权利人未交纳担保金的情况下扣留有关货物是否合法,也就是海关收取权利人的担保是否是其扣留货物的前提条件。抛开案件的具体审理结果,该案反映出当事人已经意识到海关收取担保有启动案件进一步查处程序的作用。按照《海关保护条例》的有关规定,笔者认为,权利人提交担保是海关行使扣留权的一项前提条件,也就是海关未按照规定收取权利人提交的担保是不能扣留有关货物的。这点不但对于权利人很重要,收发货人也应该格外关注。

三、担保金额的确定

(一)历史沿革

关于担保金额的确定,海关无论在立法还是执法实践中均经历了一系列较大的变化,最初原条例要求权利人提交相当于货物等值的担保金,并在实践中予以严格执行,但这不仅不合理而且在一定程度上会给部分权利人造成寻求保护的障碍。在修订《海关保护条例》前一段时间,海关总署根据所查处侵权嫌疑货物可能给货物收发货人造成损失的风险程度作出规定,在涉嫌假冒货物案件中,对商标权人提交与货物等值的担保金确有困难的,海关可以先收取相当于货物仓储、保管和处置费用的担保金,其余部分可允许缓交。这种做法对于减轻权利人的负担,加大知识产权边境保护力度起到了很好的作用,因此现行条例予以采纳,不再统一要求权利人提交货物等值的担保金,而允许海关在一定幅度内根据案件情况予以掌握。[10] 这也是其他国家较为通行的做法。如《日本关税法》规定,在对中止进口申请所涉及的货物进行鉴别时,海关认为有必要收取担保以保护进口人免

〔10〕《知识产权海关保护条例》第十四条。

遭由于在鉴别期间无法进口货物所造成的可能的损失,可以命令申请人在规定的期限内提交一定金额的现金。而在针对中止进口申请所涉及的货物的鉴别程序开始后,如果进口人和权利人在是否构成侵权方面不一致,而且随后进行的鉴别预计会出现困难,应当命令提交担保。在确定申请人应当提供的担保金额时,海关应当根据价格计算的金额、进口货物的数量和型号,以及预计中止进口期间等因素个案确定,同时,海关还应考虑仓储费用和季节性商品的利润损失。〔11〕〔12〕对此笔者认为,海关收取担保的额度取决于担保的目的,根据《海关保护条例》规定,担保是用于赔偿可能因申请不当给收货人、发货人造成的损失,以及支付货物由海关扣留后的仓储、保管和处置等费用,〔13〕其中仓储等费用是必然要发生的,因此,这一部分费用是应当在担保中体现的,至于赔偿损失部分的掌握则取决于扣留货物可能给他人造成损失的风险。但是,特别需要注意的是,随着定牌加工、平行进口等特殊边境环节案件的增多,以及司法实践中对此类案件的判决也存在较大的不同和争议,即使进出口货物上使用了完全相同的商标,也可能被判定不侵权,从而导致权利人面临着民事赔偿的可能性,所以,海关对于这类案件的担保或者执法模式的选择应当更为谨慎。

(二)货物价值的计算

《海关保护条例》规定的担保金额以货物价值为标准,则涉及有关货物价值的计算,这也是知识产权边境保护执法中的一个难点问题。海关在查处偷逃税案件时,对于可流通货物是以其偷逃税额或者由有关机构进行估价作为案值进行处罚的,对于禁止进出口的商品等不能流通的货物,则以其行为或者有关商品的数量进行处罚,不考虑其价值问题,如武器、毒品等。但这一原则在知识产权边境保护中则难以适用,海关向权利人收取担保是以侵权商品的价值为基础的,但一方面侵权货物难以卖到正品的价格;另一方面海关也不可能掌握市场上有关侵权商品的价格资料作为参考。海关一般是以进出口货物收发货人的申报价格为基础计算货物价值,存在以下问题需要研究:(1)收发货人低报价格现象严重。在海关查获的进出口涉嫌侵权货物案件中,部分收发货人将货物价格低报。例如1台收音

〔11〕《日本关税法》第21-3条(与申请有关的担保)。

〔12〕日本大藏省关税局《关于对侵犯知识产权货物监管的指南》第十一章(与中止放行申请有关的担保)。

〔13〕《知识产权海关保护条例》第十四条。

机申报1.8元港币、1条牛仔裤申报1元人民币等。如按照此价格收取担保金,不仅于常理不符,而且收取的担保金有时连交纳仓储费用也不够。(2)这种计算方法在发货人伪报瞒报或在申报出口的货物中夹藏涉嫌侵权的货物的情形下难以适用。因为在此种情况下,没有申报价格可以作为参考以确定侵权嫌疑货物的价格。(3)对于伪报出口的部分特殊商品,如假烟、盗版光碟案件,更是难以估价。

笔者认为,由于货物价格的认定不但涉及权利人提交担保,而且涉及对货物收发货人责任的追究,包括民事、行政和刑事责任,因此应当区分不同情况和案件处理过程中的不同程序对货物进行估价。一是侵权货物价值的计算是在有关货物已被认定为侵权的环节,应以实际成交价格为基础,即该货物能够卖的价格,而不是相关正品的价格,在绝大多数情况下,侵权货物是不可能与真品的价格一致的。二是对于侵权嫌疑货物的估价,涉及在海关扣留侵权嫌疑货物前,要对权利人收取担保环节和扣留货物后,收发货人提交反担保放行环节。这时,海关对有关货物进行估价,是依照真品,还是假品?考虑到当时货物的性质只是侵权嫌疑货物,而且还存在因申请不当所造成损失的赔偿,应当明确侵权嫌疑货物的价值计算以真品价格为基础,也就是非侵权产品的市场零售价格为基础,不能使用推定为假品的价格作为计算标准。三是货物价值的证明责任在收发货人,收发货人应当向海关提供真实的价格信息。对于收发货人如实申报货物品名的,海关在不掌握其他证据前,应当承认其申报价格就是货物的成交价格。对于伪报品名的,应当由海关认定成交价格,但收发货人能够向海关提交有关真实价格资料的除外。四是海关在调查环节中有权就货物的价值重新进行估价,如果所估价值超过权利人提交的担保,应当可以追征担保。

(三)权利人申请时的担保金额确定

依照《海关保护条例》规定,知识产权权利人自己发现侵权嫌疑货物即将进出境时,可以向海关提出扣留申请并提供担保,但这时应如何确定货物的价值以及海关如何能够认可这一数额的担保符合要求?笔者认为,这一问题可以按照以下两个步骤解决:其一,权利人在向海关申请扣留有关侵权嫌疑货物时,应当向海关提供其所掌握的相关商品的价格资料,主要是其正品的价格,并以此为基础按照申请扣留货物的数量提交担保。其二,海关接收权利人的申请和担保后至查获该批侵权嫌疑货物存在一时间差,在这一时间段内,海关可以根据收发货人的申报价格对权利人提交的担保进行调整。

从《海关保护条例》设定的制度,海关在执法时选择依职权模式,还是依申请模式,不但直接影响海关对相关涉嫌侵权货物是否进行调查,是否通报公安机关,而且从源头上即影响着权利人是否能够比较便捷地得到海关保护,若是依职权保护模式,无论涉嫌侵权货物的价值多大,知识产权权利人仅需要提交最高 10 万元人民币的担保,这对权利人基本不会产生障碍,但若是适用依申请保护模式,则权利人要提交相当于进出口货物等值的担保。因此,这点需要权利人和收发货人均予以关注。

四、反担保问题

《海关保护条例》规定了收发货人有权提交担保以请求海关放行涉嫌侵犯专利权的进出口货物,也就是海关执法中所说的反担保规定。[14]这样,收发货人能够提交反担保申请放行货物的,只限于被扣留货物涉嫌侵犯专利权一种情形。《与贸易有关的知识产权协议》中规定,如果根据申请,海关中止了含有工业品外观设计、专利、布图设计或未披露信息的商品的放行,而有关当局未能在规定的期限内批准临时救济,此时货物进口的其他条件均已符合,则货物所有人在提交担保金的前提下,应有权获得该商品的放行。[15] 因此,该协议允许提交反担保申请放行货物的只限于以上几种知识产权,这是现行条例将商标专用权和著作权排除在外所依据的一项重要的规定。结合我国的《专利法》的规定,发明、实用新型、外观设计都属于专利法调整的范围,与《与贸易有关的知识产权协议》中规定的工业品外观设计和专利的范畴是一致的。同时,考虑到专利权本身的特点,国家知识产权局在对专利权进行审查时有极大的不同,实用新型和外观设计这种权利的基础就显得较不稳固,而且易被部分权利人滥用。海关曾经遇到过这类典型案例,即涉及滑板车实用新型的专利,在这一案例中,专利权人在获得实用新型专利权后,向多个口岸海关申请扣留了大量的竞争对手出口的滑板车,并利用这一时间差占领了国际市场,取得了十分可观的利润。后该权利人向海关申请保护的专利权已经被国家知识产权局予以撤销,但所造成对相关收发货人的损害是难以计算的。所以对于涉及专利权的货物应当允许收发货人提交反担保以争取时间出口货物,减少不应有的损失。而且我国知识产权边境保护涉及对出口货物的管辖,

---

〔14〕《知识产权海关保护条例》第十九条。

〔15〕《与贸易有关的知识产权协议》(TRIPs)第五十三条。

从保护收发货人合法权益、平衡其与申请人之间的权利义务角度,对于专利权也应当保留反担保的规定。

根据《海关保护条例》规定,收发货人提交反担保后,如果权利人未在合理期限内向人民法院起诉的,海关将退还担保金。因此,一是在这种情况下,海关已经不再负责对该批货物的调查和处理,权利人要继续寻求法律保护的,应当将侵权争议提请人民法院处理。二是由于海关尚保存收发货人提供的担保,权利人应当在合理期限内起诉。此处的起诉应当是权利人向人民法院提起诉讼并由人民法院依法受理的。三是对权利人向人民法院起诉的事由应当是涉及海关扣留货物的侵权纠纷的。至于向哪一级人民法院或者向何地人民法院起诉,主要应当根据相关的法律、司法解释所规定的级别管辖和地域管辖来确定。[16]

如果权利人在合理期限内提起诉讼的,收发货人提交的担保金应当如何处置。依照《海关保护条例》的规定,只要权利人履行了起诉的义务,海关就不应当退还担保金,考虑到此时海关同时收取了权利人申请扣留的担保和收发货人申请放行的担保,而且这两种担保在此环节都具有实际意义,因为双方都可能因申请不当给对方造成损害需要进行赔偿,所以海关对双方的担保都不能退还,而应当按照人民法院协助执行的通知要求予以配合执行。

---

〔16〕 例如,根据最高人民法院《关于审理商标案件有关管辖和法律适用范围问题的解释》的规定,商标民事纠纷案一审案件,由中级以上人民法院管辖。各高级人民法院根据本辖区的实际情况,经最高人民法院批准,可以在较大城市确定1~2个基层人民法院受理第一审商标民事纠纷案件。

根据最高人民法院《关于审理商标民事纠纷案件适用法律若干问题的解释》规定因侵犯注册商标专用权行为提起的民事诉讼,由《商标法》第十三条、第五十二条所规定侵权行为的实施地、侵权商品的储藏地或者查封扣押地、被告住所地人民法院管辖。对涉及不同侵权行为实施地的多个被告提起的共同诉讼,原告可以选择其中一个被告的侵权行为实施地人民法院管辖;仅对其中某一被告提起的诉讼,该被告侵权行为实施地的人民法院有管辖权。

植物新品种知识产权保护篇

农业植物新品种侵权的表现、原因及对策

王怀庆*

自1997年我国颁布《植物新品种保护条例》、1999年加入《国际植物新品种保护公约》、同年开始受理植物新品种权申请以来,二十余年的立法、行政与司法实践,为农业植物新品种保护提供了宝贵的经验,为推动我国农业科技的发展、维护种业市场秩序,保障粮食安全,起到十分重要的作用。但我们应清醒地看到,我国目前种业市场上侵犯植物新品种权的现象仍然十分严重,侵权者以套牌、套购等侵权方式,坐享他人劳动成果,规避风险,使植物新品种知识产权价值不能得到应有的体现,而品种权人在付出高额的研发经费的同时,还要承担不可预测的农业生产、市场经营风险,“侵权容易维权难”已成为种业界的普遍共识,这严重挫伤了种业企业选育、购买新品种的积极性。侵权行为也使种业科研投资风险大大增加,难以吸引民间资本,种业市场发展缓慢,很难培育出在国际上有很强竞争力的大公司,从而导致我国种业公司无法与国外如美国孟山都、杜邦先锋等种子公司巨鳄竞争,我国的粮食安全将面临很大的威胁。当前,加强种业市场的监管,加大对农业植物新品种的保护力度,直接关涉我国农业科技的发展和国家的粮食安全,意义十分重大。笔者根据司法实践中遇到的问题及对种业界的了解,就我国农业植物新品种的侵权表现、原因及其对策提出以下粗浅的看法,以期抛砖引玉。

一、植物新品种侵权的表现

侵权者为了获取不法利益,逃避法律制裁,采取各种手段,在各个环节实施侵

---

* 王怀庆,上海市锦天城律师事务所合肥办公室高级合伙人,曾任职于合肥市中级人民法院;擅长知识产权争议解决与知识产权非诉业务处理,在处理专利权纠纷、商标权纠纷、反不正当竞争案件、植物新品种权纠纷、技术合同纠纷、计算机软件著作权纠纷、商业秘密案件、企业的知识产权管理等方面具有较强的专业优势。

权,其表现形式概括起来主要有以下几种:

(一)研发阶段

由于企业或研发单位缺乏必要的保密意识和保密能力,新品种技术秘密往往会受到侵权,当新品种选育有了实质性进展或新的研发成果后,研发人员跳槽另立门户或将研发资料暗中提供给他人,从中获取不法利益。研发单位发现被侵权后,虽可提出商业秘密侵权诉讼,或提起品种权属诉讼,但因缺少有价值的证据,诉讼中往往处于十分被动的局面,诉讼风险很大。

(二)植物新品种授权阶段

我国对新品种授权主要是采取由申请人提供资料及被测试种子,授权机关集中进行 DUS(一致性、稳定性、特异性)测试的方式,测试后如果申报品种符合法定要求,就可以颁发品种权证书。实践中,侵权者采取套购或自己繁殖等方式,获得被测试种子,编造材料申报,虽然该被测试种子可能是他人选育的新品种或已授权保护品种,但因 DUS 测试是以被测试品种与市场上公认的成熟品种之间的比对,而非与被侵权品种之间的比对,在众多被测试品种特别是近似品种中,很难发现被测试品种与被侵权品种为同一品种,从而导致新品种被他人抢先申报,或本是同一品种但因名称不同的重复授权。这种瞒天过海的侵权方式,在品种审定阶段同样也会出现,不再赘述。

(三)种子生产阶段

因气候和土壤等自然环境的限制,五大主要农作物中,无论是杂交种子还是常规种子,都有相对固定的制种区域,如两系杂交水稻一般在江苏盐城、阜宁等地区,杂交玉米在甘肃武威、张掖等地区。我国种业企业规模不大,大多没有自己的农场作为制种基地,一般委托制种基地的制种公司制种,由这些公司与当地的基层组织或直接与农民签订制种合同。但实践中这些受新品种保护的种子并不在品种权人控制之下,制种公司为获取更高的利益,采取擅自扩大制种面积,谎报产量等方式,截留种子自己包装销售或以更高价格转卖他人获利,这种从基地非法购买保护品种的行为,业内称为套购。套购种子不需要承担农业生产风险、不需要生产技术人员投入、不需要承担品种费用、品种权人难以取证、难以追究行为人责任,且侵权利润丰厚,故基地套购种子的现象十分普遍。

（四）销售阶段

侵权种子最终要进入市场销售，为逃避法律制裁，侵权者采取或明或暗的方式侵权，常见的有：

1. 套牌销售，即使用合法取得的品种审定证书、品种权证等相关资料，包装他人的保护品种销售，即所谓"挂狗头，卖羊肉"。这种侵权方式十分隐蔽，容易逃避农业行政管理部门的监管，若种子质量如牙率、纯度等没有问题，不会给农业造成损失，相反，实际销售的种子比包装标称的种子可能更具优势，也提高了所标称种子及侵权者的知名度，可以说是"名利双收"。

2. 直接包装销售，即未经品种权人授权，将保护品种的包装进行完全复制，包装保护品种或其他种子销售，导致真假难辨。这种方式侵权后果最为严重，不但侵犯了品种权人的品种权和商标权及其他知识产权，同时还挤占、扰乱了品种权人的市场。这种方式的种子来源一般是从育种基地套购或以另一合法品种名称制种，进入销售阶段再擅自更换包装。销售时将部分"真品"放置于柜台做幌子，把"赝品"对外销售，可以说是"挂羊头、卖狗肉"，"得利不得名"。

3. 在种子生产区域注册空壳公司，向管理部门提供虚假材料，骗过种子生产、检验等管理环节，在种子的销售区域，使用保护品种名称，但用侵权者自己的包装或冒用其他有一定知名度的企业名称、包装。这种侵权方式虽容易作出侵权判断，但不易追究其法律责任，空壳公司没任何的赔偿能力，工商登记账户长期不用，且侵权区域涉及几个省，品种权人的维权成本无形中大大增加，行政机关及法院跨省办案，诸多不便，侵权者一旦涉诉，便采取"金蝉脱壳"法，另成立公司，继续侵权，而权利人经过艰苦复杂的诉讼过程，换来的只是一纸判决。侵权种子销售地与注册地不属于同一区域，在行政查处时存在管辖障碍，此侵权行为最后往往无人过问。

二、植物新品种侵权现象严重的原因分析

任何现象的背后，都有其存在的原因。笔者认为，我国法律法规不完善、种业市场行政管理方式单一、司法保护力度不够、行政保护与司法保护不能有效互动是其主要原因，权利人的保护意识及保护能力不强、落后的种子经营模式及农民传统的购买习惯为侵权行为提供了土壤，分述如下：

(一)法律法规不完善

目前,涉及农业植物新品种保护的国内法律法规主要有《种子法》、《农业植物新品种保护条例》(以下简称《植物新品种条例》)、最高人民法院《关于审理侵犯植物新品种权纠纷案件具体应用法律问题的若干规定》(以下简称《植物新品种规定》)。实践中,种子的取样规则、鉴定规则、司法强制措施中如何保障农民利益、如何保障种子市场供应、如何追究侵权者刑事责任等没有可操作性的规定,在品种权申报、品种审定阶段没有建立科学的 DNA 档案等,导致实务中不好操作,分歧很大,使侵权者有机可乘。

(二)行政管理机构设置不合理、管理方式单一

由于侵权行为的隐蔽性且涉及几个省,在销售环节侵权物遍及各个乡镇,取证困难,省级农业行政部门没有人员及精力主动进行查处,因此农业行政部门对侵权的证据及信息来源主要依靠品种权人的投诉,获得侵权信息的途径单一。植物新品种权主要体现为民事权益,不会给农业造成减产损失,调解赔偿后,行政机关一般不再进行处罚,行政处理方式单一。在销售环节,销售商一般采取"蚂蚁搬家"式的进货方式,能发现的侵权产品数量不多,行政机关根据实际查处的数量进行处罚,与销售商侵权获利相比差距很大,处罚较轻。行政机关"以点代面"的单一管理方式,效果十分有限。

(三)司法保护存在取证困难、侵权判断难、赔偿数额低,判决执行难等诸多现实问题

由于侵权的隐蔽性,品种权人在诉前一般采取公证证据保全或诉讼过程中申请人民法院证据保全的取证方式,但公证保全一袋种子是否具有代表性,代表多少数量,保全时应否通知农业技术人员到场,在司法实践中都存在争议,有法院认为没有农业技术人员到场,公证保全的一袋包装种子不具有代表性。[1] 由于没有相关取证规范,诉讼中人民法院若邀请农业技术人员到场,农业技术人员一般不愿参加,且农业系统是熟人社会,且经营者与管理者尚未完全脱钩,难免受到地方保护主义的干扰,取证就更加困难! 人民法院认定是否侵权主要依赖鉴定,但

---

〔1〕 参见郝力、胡雪莹:《植物新品种侵权纠纷案件审理的问题》,载蒋志培主编:《中国知识产权司法保护2007》,中国传媒大学出版社 2007 年版,第 215 页。

因缺少 DNA 鉴定标准,DUS 的鉴定周期漫长,对一致性判断的主观性强,诉讼风险大、成本高等问题,诉讼中因为鉴定问题使原告知难而退,被迫撤诉的情形也不少见。人民法院经过复杂而漫长的诉讼程序,面对侵权获利或实际损失难以证实的现实,也只能在 50 万元以下酌定裁量。笔者曾通过中国知识产权裁判文书网,对全国近几年此类案件判决赔偿数额进行粗略的统计,赔偿数额主要集中在 20 万元以下,超过 30 万元的较为少见,这远远不能弥补品种权人的实际损失。实践中侵权者一般采取"打一枪换一个地方"的"游击战术",使用法定代表人个人或其亲属的银行账户对外经营,在执行程序中无法查出侵权者财产,致使判决最终难以执行。

(四)行政保护与司法保护不能有效互动

行政保护与司法保护是两种不同的保护方式,其功能及效果各有不同,两种方式可以同时进行。行政机关若能与司法机关加强信息互通,形成一种密切配合、优势互补、互相监督机制,就会大大提高行政保护与司法保护的威慑力。但实践中行政机关与司法机关多是单兵作战,这种"单兵作战"的方式自然不会产生多大的打击效果。侵权者抱着"逮住不过罚俩钱"的侥幸心理,肆无忌惮地侵权,"品种权人维权赔本,侵权者侵权获利"的现象,导致品种权人对维权丧失信心,侵权者队伍不断壮大,规模不断增加,市场一片混乱的局面。

(五)传统的销售市场与传统的购买习惯,为侵权者提供了侵权的土壤

当前种子的经营、销售渠道主要由生产商批发至县级代理商,县级代理商再转批发至各乡镇个体经营户或农民种植专业合作社等零售商销售给农民。实践中,这些销售商并没要求供货商出具授权委托书,有的销售商甚至不办理营业执照,不到县级种子管理站办理种子经营备案手续。销售商在当地经营时间较长,与唯一消费群体当地农民形成了较为稳定的供货关系,农民购买种子"认人不认货",种子销售特别是新品种销售很大程度上依赖于销售商的推荐介绍。侵权产品不会导致农业明显减产,销售商便大胆推荐侵权品种,有的甚至明确告知农民就是某某受保护新品种,有的销售商故意将保护品种与侵权品种同柜台销售,侵权种子价格低、零售利润高,保护品种没有任何市场优势,知识产权的价值更无法体现。销售商与供货商之间大多没有供货凭据,没有合同,因侵权成讼时,供货商即否认种子由其提供,销售商就成了侵权者的保护屏障。销售商的分散和购买者

的盲从，为植物新品种保护设置了障碍，为侵权行为提供了土壤，是目前市场最大的特点。

（六）品种权人的保护意识及保护能力不强

2008年5月6日，《国家知识产权战略纲要》的颁布，为企业知识产权战略提供了良好的政策氛围，种业企业特别是在国内有一定影响力的种业公司，对其知识产权应当有较为科学的战略管理，从新品种研发到市场维护的各个环节，均应制定全面的知识产权战略方案，并得到切实有效的执行。实践中，由于这些工作如中医保健一样起预防作用，对企业效益不能如西医那样立竿见影，企业的决策层往往忽略这方面的工作，以至于发现被侵权后才“头痛医头，脚痛医脚”，品种权人对农业虽有所了解，但普遍缺乏相对专业的法律知识和诉讼技巧，维权能力较低，且因为证据难以事后获取，维权中品种权人处于十分被动局面，这也是品种权人不敢轻易诉讼的原因之一。

三、植物新品种权侵权的对策

有权利就必须有救济。从上述论述可以看出，对农业植物新品种保护，涉及法律规则的完善、行政保护、司法保护、市场销售传统及农民购买习惯、品种权人自我保护意识和保护能力的增强等各个方面。笔者认为，当前，行之有效的应对方案，主要从以下几个方面入手：

（一）法律、规则的完善

1. 完善植物新品种的刑事立法

我国《刑法》及最高人民法院关于侵犯知识产权罪的司法解释，对侵犯植物新品种权行为如何追究刑事责任没有规定。《种子法》第七十五条、第七十六条《植物新品种条例》第四十条分别对生产假种子、假冒授权品种的行为情节严重的，应追究刑事责任作出规定，因此，根据罪刑法定原则，要追究植物新品种侵权行为的刑事责任，只能依据《种子法》第七十五条、第七十六条和《植物新品种条例》第四十条的规定，援引《刑法》第一百四十七条“生产、销售伪劣农药、兽药、化肥、种子罪”，即“生产假农药、假兽药、假化肥，销售明知是假的或者失去使用效能的农药、兽药、化肥、种子，或者生产者、销售者以不合格的农药、兽药、化肥、种子冒充合格的农药、兽药、化肥、种子，使生产遭受较大损失的……”追究刑事责任。在植物新品种的侵权中,套牌种子是假种子,但套牌行为除给品种权人造成重大损失外,在一定程度上可能对农业生产有利,因此无法据此追究行为人的刑事责任。对于实践中并不常见的生产假冒授权品种的行为,实际上是侵犯品种名称权的行为,是否属于植物新品种侵权行为存在争议,且何谓"情节严重"没有可供参考的依据。由于刑事立法的缺位,对侵权行为的惩罚力度不够,导致套牌经营、无证经营,随意使用他人的品种审定证书号、品种名称、品种权证书、生产许可证,伪造虚假的检验、检疫证明,甚至未经授权,擅自使用他人的商标、企业名称、产地等违法行为,遍及种业市场的各个角落,且屡禁不止,公安机关接到报案后,因缺少追究侵权者刑责的法律依据,也只能不立案或被迫销案。笔者认为"治乱世,用重典",应当依照《刑法》、《种子法》及《植物新品种条例》,对侵犯植物新品种情节严重的,或无证生产经营达到一定数额的,追究其刑事责任,并对犯罪构成、罪名、刑罚、量刑情节等予以明确的规定,通过刑事立法的威慑作用,遏制侵权行为的蔓延,使侵权者不能侵权、不敢侵权、不愿侵权。

2. 制定可供参照执行的取样规则

无论行政程序、民事程序还是刑事程序,都是围绕证据展开的,证据的获取对于认定事实、确认法律后果产生实质性的影响。种子是否侵权难以直观判断、侵权数量的不确定性、取样的专业性和代表性、不同的生产阶段取样方式的区别性等,使不同机关的取样标准难以统一,取样的科学性、公正性容易遭到质疑,不同单位的取样不一定能够得到相互的认可。因此,必须制定统一的种子取样规则,避免实务中因取样程序上的分歧,而出现不同的处理结果。科学的取样规则,可正确指导执法办案人员的取证行为,维护执法、司法程序的严肃性,保证案件的公平、公正。

3. 建立科学、高效的鉴定程序规则

植物新品种的鉴定主要涉及被控侵权物与保护品种的一致性鉴定及被控侵权物与保护品种亲本间的血缘性鉴定。根据最高人民法院《植物新品种解释》第四条的规定,认定被控侵权物是否侵权的鉴定方法主要是"采取田间观察检测(DUS 测试)和基因指纹图谱检测(DNA 检测)"。因 DNA 检测避免了 DUS 测试存在的上述缺陷,且具有证据容易保存的特点,就成了实践中鉴定的首选,但 DNA 检测受到鉴定标准、鉴定机构和鉴定人员限制,目前,五大主要农作物中只有玉米和水稻制定了行业标准,其他品种的 DNA 鉴定急待标准的出台;我国尚没有由司法行政部门指定的植物新品种鉴定机构和鉴定人员,根据《植物新品种解释》第三条第二款的规定，可以选择“具有相应品种检测技术水平的专业机构、专业人员鉴定”，但司法实践中，法院对鉴定机构是否具有“相应品种检测技术水平”缺少评价标准，鉴定结果的权威性容易受到质疑；由于鉴定技术上的复杂性和权威性，拟委托鉴定单位没有接受司法鉴定的职责，法院委托其鉴定，往往勉为其难，鉴定单位及专业鉴定人员的选择问题现成为审理植物新品种案件的“瓶颈”。安徽省合肥市中级人民法院在审理两系杂交水稻“两优6326”植物新品种侵权案〔2〕中，委托中国水稻研究所对保护品种与被控侵权种子的一致性及血缘性进行鉴定，由于该所是鉴定标准的起草单位，也是水稻植物新品种授权时的检测机构，具有顶级的技术水平和检测能力，当事人对法院选择该所鉴定才不持异议。法院最后依据鉴定结论，参照检测标准作出了部分被控侵权样本构成侵权的认定。〔3〕 套牌侵权者往往利用鉴定中存在的技术性难题及鉴定程序上的缺陷，逃避法律制裁。因此，建立科学、高效的植物新品种鉴定程序规则，对植物新品种保护实践及保护制度的完善具有里程碑的意义。

4. 建立五大农作物DNA基因库

在植物的数万对染色体中，哪些染色体能够控制植物的特征特性，需要科研人员长期的科学研究、实验才能确定，据笔者调研，这项工作对于五大农作物来说，技术上已经不存在障碍。DNA基因库的建立，使品种间的DNA基因比对成为可能，可以有效堵住重复审定及重复授权的漏洞，为品种研发过程中的技术秘密保护，提供了有利证据，也为DNA指纹图谱鉴定提供帮助。可喜的是，农业部已经开始这方面的工作。

（二）建立种子生产经营档案的强制备案制度

我国《种子法》第三十六条及第八十条第（四）项对建立种子生产经营档案及违反规定的行政责任有明确的规定，这说明种子的生产经营档案在种子生产经营管理中占据十分重要的地位，然而实践中很少有侵权者建立真实的生产经营档案，也没有受到任何制裁，此项规定形同虚设。笔者认为，建立生产经营档案的强制备案制度，对植物新品种保护具有十分重要的现实意义。生产经营档案的强制

---

〔2〕 合肥市中级人民法院(2007)合民三初字第122号合肥新强种业有限公司诉安徽省创富种业有限公司植物新品种侵权案。该案被最高人民法院评为2009年度十大知识产权案件，载《中国知识产权年鉴(2009)》，知识产权出版社2009年版，第798页。

〔3〕 详见王怀庆：《审理植物新品种侵权案件法律适用问题探讨》，载《科技与法律》2011年第1期。

备案制度是指农业行政机关要求辖区内的种子生产、经营单位必须将其当年的种子"生产地点、生产地块环境、前茬作物、亲本种子来源和质量、技术负责人、田间检验记录、产地气象记录、种子流向,种子收购数量"等内容建立真实的档案,并主动按要求提前报农业行政主管部门备案。农业行政部门根据备案情况进行抽查,未申报或弄虚作假的,予以行政处罚,责令改正;情节严重的,撤销或不颁发生产、经营许可证,以实现对种子生产、经营者的全面监管。生产经营档案的强制备案制度为有效打击侵权行为提供了有力的证据,行政机关可准确掌握违法数额,对种子的非法生产、经营单位可以作出准确的行政处罚,也可以实现行政机关与人民法院及其他机关之间的信息互通,有效解决人民法院判决时难以确认赔偿数额的问题,人民法院通过判决认定的侵权事实和侵权数量,也可以作为行政机关行政处罚的依据,公安、工商机关也可根据生产、经营档案各自履行相应的职责。这样,侵权行为一旦被任何机关发现,均会受到应有的制裁,侵权行为将不会再有市场。

(三)完善行政管理体制,规范种业市场经营秩序

根据《植物新品种条例》第三十九条、第四十条的规定,对假冒授权品种的,由县级以上农业行政机关处罚,其他植物新品种侵权行为由省级农业行政机关处理,因假冒品种权的种子容易发现,在实践中并不常见,县级农业行政机关在植物新品种保护方面难有作为。笔者认为,要实现对种业市场有效监管,必须将植物新品种侵权的行政管理权下放,全部交由县级种子管理站行使,这样可以避免人少案多,管理不到位的局面。针对终端市场的混乱局面,应建立终端市场种子经营许可证制度,要求销售商必须办理种了经营许可证,代理商及销售商销售的任何种子,都必须从供应商处获得授权委托书、品种审定证书、生产许可证、经营许可证、营业执照等证件,经营受保护品种应获得品种权人的授权证明,无证或证件不全者,为违法经营,责令纠正或予以取缔。通过行政机关监督、指导种子经营户规范经营,严把市场入口关,将那些侵权、假冒、劣质种子拒之门外。规范的市场监管,为法院及其他机关追究侵权者责任提供有效证据,对查明货物来源,从源头打击侵权具有十分重要的意义。

(四)有效运用司法强制措施,加大司法保护力度

人民法院在审理植物新品种侵权案件中,有效运用司法强制措施,如证据保

全、财产保全、诉讼禁令等,可以有力打击侵权行为。与合同纠纷不同,植物新品种侵权行为隐蔽,收集证据困难,人民法院的证据保全措施,在一定程度上为原、被告之间的利益实现了事实上的平衡,合法有效的证据保全措施,对于查明案件事实、平衡当事人利益起着重要作用。为保证生效判决得以顺利执行,诉讼中原告提出财产保全申请,并提供有效担保的,人民法院应均予支持。由于土地、房产、车辆等实物在执行中需要拍卖、变现等程序,较为麻烦,当事人申请财产保全一般要求冻结被保全人银行结算账户,因品种权人与侵权者没有直接经济往来,无法获知侵权者的银行账户,主要依靠法院通过人民银行查询,但令人遗憾的是,最高人民法院办公室与中国人民银行却联合规定只有在案件判决后的执行阶段才提供被执行人的账户查询服务,〔4〕姑且不谈这一规定的合法性,在判决执行难已成为人民法院面临的首要问题的今天,在因执行难问题使法律的权威面临巨大挑战的今天,其合理性又在哪里呢?希望有关部门能够重新慎重考虑这一规定的合法性及合理性,重新作出正确的司法解释。诉讼禁令是指人民法院在诉前或诉讼过程中,先行作出裁定,责令被申请人立即停止某项行为的临时性强制措施,无论是 TRIPs 协议还是我国专利法、最高人民法院司法解释,对此均有规定,但司法实践中此类案例极为罕见,这主要是因为,法院对是否侵权难以直观判断,诉讼风险大,涉及农民利益的保护、种子的市场供应等〔5〕问题。笔者认为,人民法院应加强诉讼禁令在实务中运用的探讨,在积累审判经验的基础上,将诉讼禁令在制度上进一步细化,出台操作性强的司法解释,使此项司法措施在知识产权保护特别是植物新品种保护中真正发挥作用。

加大司法保护力度的另一个重要方面是如何利用证据规则,将举证责任合理地分配给被告负担,以加大赔偿数额。知识产权案件中,原告因侵权遭受的损失、被告侵权获利均难以计算的,人民法院可以根据侵权情节,酌定在 50 万元以内判决。大田作物的制种面积较大,获取的利润可能远远高于 50 万元,对植物新品种侵权案件在 50 万元以内裁量,显然不符合生产经营实际,不能有效打击侵权。笔者认为,合理的举证责任分配是解决此问题的有效办法。民事诉讼遵循"谁主张,谁举证"的举证责任分配原则,即原告对其主张的事实有证明责任,否则应承担不利的法律后果,但这并不排除法官将部分举证责任合理地分配给被告承担,因为

〔4〕 参见最高人民法院、中国人民银行联合下发的《关于人民法院查询和人民银行协助查询被执行人人民币银行结算账户开户银行名称的联合通知》(法发〔2010〕27 号)。

〔5〕 参见王怀庆:《审理植物新品种侵权案件法律适用问题探析》,载《科技与法律》2011 年第 1 期。

被告就其抗辩、否认的事实也有义务举证证明，在事实真伪不明时，法官根据案件的实际情况，合理的分配举证责任，客观、公平、公正的平衡当事人的利益，这正是法官合理利用自由裁量权的体现。《种子法》第三十六条、最高人民法院《关于民事诉讼证据的若干规定》第七十五条规定被告有提供其种子生产经营档案的能力和义务，若原告已举证证明了被告制种的面积、估计产量、合理成本，可以推算出侵权获利，被告否认了这一事实，但没有提供种子生产经营档案，法院可将举证责任合理分配给有举证能力的被告一方承担，按原告所举证据确定侵权赔偿数额。

（五）行政机关、人民法院相互沟通

行政机关、人民法院应加强信息互通、扩大宣传，从不同环节加强侵权预防、共同打击侵权，指导、帮助企业制定并实施企业知识产权战略，为农业知识产权保护，特别是植物新品种保护创造良好的法律环境和社会氛围。

农业行政机关与法院建立信息互通平台，可以使法院及其他机关及时掌握种业企业的生产经营许可证办理，品种权申报及授权，种子质量、收购数量、包装及销售，检验、检疫及运输，维权或被查处情况等。行政机关查扣的实物及询问、调查笔录，可作为人民法院判决的证据使用，人民法院裁判文书认定的事实也可作为行政机关行政处罚的依据。信息互通节约了时间成本，使行政机关及法院对品种权人及侵权者有了全面的了解，对侵权行为具有威慑作用。有利于行政机关、人民法院互相监督和工作经验的积累，也为以植物新品种为核心的农业知识产权保护创造了良好的宣传氛围。农业行政部门及法院在进行个案处理的同时，应就实务中遇到的问题及时与企业沟通指导，通过召开座谈会、研讨会等方式，邀请有关专家对种业企业的知识产权管理、保护等提供帮助，以快速提高种业企业的知识产权特别是植物新品种保护意识和保护能力。

他山之石

日本知识产权与反不正当竞争案件中的民事保全制度

高革慧*

一、前言

我国最高人民法院2018年12月发布的《关于审查知识产权纠纷行为保全案件适用法律若干问题的规定》,于2019年1月1日起已正式开始施行。

2001年12月11日,中国正式加入世界贸易组织,为履行《与贸易有关的知识产权协定》中关于临时措施的规定,中国陆续在专利法、商标法和著作权法等中增加了关于诉前停止侵害知识产权行为的相关规定,确立了知识产权诉前行为保全制度。同时,最高人民法院也颁布了相关司法解释。[1] 2012年,中国第一次全面修订《民事诉讼法》,此次修订中,第一百条和第一百零一条增加了关于诉前和诉中行为保全的规定,正式将行为保全制度扩大至所有民事领域。为贯彻落实新修订的民事诉讼法,最高人民法院制定了《关于适用〈中华人民共和国民事诉讼法〉的解释》《关于人民法院办理财产保全案件若干问题的规定》等司法解释。

任何新制度的发展都会经历一个产生、发展、完善的过程。自我国出台民事保全制度以来,在不同阶段都进行了相应的调整,其中行为保全制度也正处在发展与完善的过程中。而这一过程不仅需要不断汲取司法案例中的实践经验,也可以从他国的司法实践中借鉴其研究成果。

---

* 高革慧,上海市锦天城律师事务所上海办公室高级合伙人,早稻田大学法学博士;擅长领域为跨境投资、收购兼并、企业重组、知识产权保护、防伪技术、IPO、劳动管理、争议解决等。

〔1〕 最高人民法院《关于对诉前停止侵犯专利权行为适用法律问题的若干规定》(2001年7月实施)和最高人民法院《关于诉前停止侵犯注册商标专用权行为和保全证据适用法律问题的解释》(2002年1月实施)。

2018 年,在中日和平友好条约缔结 40 周年之际,中日两国双边关系似有回暖迹象。2018 年 5 月李克强总理访日,10 月日本首相安倍晋三时隔 7 年再度访华,两国随即重启货币互换协议。中日两国企业还就中国“一带一路”经济带沿线的第三国基础设施开发等项目签署了多份备忘录。特别是近年来,中日投资关系已由日本对华单向投资逐渐转变成双向投资,中国对日投资起步虽晚,但增势显著。中国企业在日本投资时不仅会遇到经济贸易上的问题,也可能会遇到不同法域所带来的法律风险与挑战。

在此司法和经济的双重背景下,笔者借此文介绍分析日本的民事保全制度,特别是知识产权与竞争纠纷中的行为保全制度,期待对我国行为保全制度的完善有所借鉴,也希望能对已经或者准备对日投资的中国企业面临纠纷寻求司法救济时的一些法律上的注意点有所启示。

二、日本民事保全制度概述

日本的民事保全制度,借鉴了德国的“假处分”(“假”在日语中为“暂时”的意思)制度。[2] 1989 年,日本在结合《旧民事诉讼法》(1890 年制定)第六编第四章关于保全命令的规定以及《民事执行法》(1979 年制定)第三章关于保全执行的规定的基础上,进行全面修订,制定了《民事保全法》[3],就财产保全及行为保全作出系统性规定。

日本民事保全制度的体系,主要分为财产保全(称为“假扣押”,《民事保全法》第二十条至第二十二条)和行为保全(称为“假处分”,《民事保全法》第二十三条至第二十五条之二)。其中,行为保全又细分为“关于标的物的假处分”(第二十三条第一款)以及“基于假定地位的假处分”(第二十三条第二款)。

在日本,“基于假定地位的假处分”是知识产权被侵害时的重要救济手段之一。根据日本《民事保全法》第二十三条第二款规定,就争议中的权利关系,为避免对债权人产生重大损害或者处于紧急的现实危险,而有必要先暂时假定权利人具有相应的权利地位时,裁判所可以作出假处分命令。

在日本,专利权等知识产权受到侵害时,权利人可选择的司法救济手段除了直接提起诉讼外,还可以向裁判所先行申请假处分。相较于直接提起民事诉

〔2〕 我国台湾地区“民事诉讼法”中也使用“假处分”“假扣押”等术语。

〔3〕 関述之『民事保全手続』金融財政事情研究会,416 頁(2018 年)。

讼,申请假处分的成本较低,且手续更加便捷。这是因为,知识产权诉讼的审理过程中,通常需要对权利是否有效、被诉行为是否构成侵权,以及如何计算损害赔偿的金额等问题进行判断,而假处分程序则不需要对损害赔偿额进行算定,审理时间相应较短。另外,日本民事诉讼中,若无特别规定,对当事人主张的案件事实及权利关系等的举证责任原则上采取"证明"说,而假处分程序中,对被保全权利的存在及保全的必要性的举证责任采用的是"初步证明"说。[4] "证明"要求原告对请求事项的事实,需达到让法官确信的程度,而"初步证明"则仅要求达到让法官相对确信的程度即可。[5] 因此,一般情况下,相较于民事诉讼程序,假处分程序对举证责任的要求相对较低。但在日本司法实务中,对"初步证明"的要求往往和"证明"相差无几,申请人举证和被申请人的质证也是必经程序,加之专利等知识产权案件争议点往往具有较强的专业性,案情又常趋于复杂,导致知识产权案件的假处分程序审理时间难以缩短,与直接提起侵权诉讼相比往往并无太大优势。[6]

但在一些特定的情形下,例如相比损害赔偿,权利人更重视尽快阻止侵害行为时,或者若不尽快停止侵权行为就会给权利人造成无法弥补的重大损失时,权利人会优先考虑申请假处分。

日本的民事诉讼采用三审制,但是,民事保全程序则采用两审制。具体程序流程如图1所示:

〔4〕 日本民事保全法第十三条第二项规定:"应保全的权利或权利关系以及保全的必要性,必须予以初步证明。"

〔5〕 関述之『民事保全手続』金融財政事情研究会,77頁(2018年)。

〔6〕 根据日本最高裁判所网站上公开的判例集显示,截止到2019年1月15日,知识产权民事诉讼判例共5086件,其中2018年一年共有196件。而知识产权假处分案例,从1965年至今仅有131件,来源日本最高裁判所主页:http://www.courts.go.jp/app/hanrei_jp/search7。

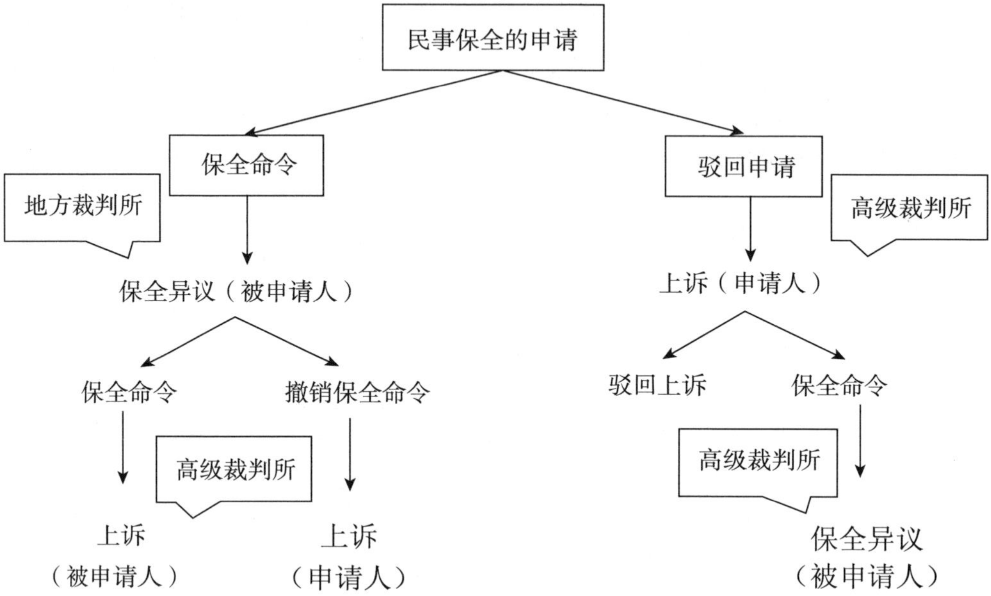

图 1　日本民事保全程序

三、日本法项下的行为保全的要件

日本《民事保全法》第十三条第一项规定,"申请保全命令的,应明确申请的目的、应保全的权利或权利关系以及保全的必要性"。据此,申请保全的要件包括:(1)被保全权利(或权利关系)的存在;(2)保全的必要性。以下结合具体案例,对该要件在实践中的认定及运用进行分析和介绍。

(一)被保全权利的存在

下面通过两个近年来颇受关注的案例,就"被保全权利的存在"这一要件进行说明。

【案例 1】《著作权判例百选》保全上诉案〔7〕**(2016 年)**

案情简介:某大学法学教授(被上诉人)主张自己为编辑作品《著作权判例百

〔7〕 平成 28(ラ)第 10009 号 对保全异议申请决定的上诉事件,决定书参见日本最高裁判所主页:http://www.courts.go.jp/app/files/hanrei_jp/269/086269_hanrei.pdf。该事件的保全命令决定以及保全异议申请,请参照,"平成 27(ヨ)第 22071 号 假处分命令申请事件",以及"平成 28(モ)第 40004 号 保全异议申请事件"。

选》(第 4 版)(涉案作品)的共同作者之一,出版社有斐阁株式会社(上诉人)计划发行的《著作权判例百选》(第 5 版)(涉案杂志)是对涉案作品的改编,侵犯了涉案作品的著作权。被上诉人向东京地方裁判所申请行为保全,请求裁判所命令上诉人停止侵害涉案作品的改编权,及改编作品原作者享有的复制权、转让权以及出租权等。东京地方裁判所于 2015 年 10 月 26 日作出行为保全命令。上诉人不服提出异议,原裁判所于 2016 年 4 月 7 日作出维持原保全命令的决定。上诉人仍然不服,于是向知识产权高等裁判所提起上诉,要求撤销原保全命令。

裁判所的判断:知识产权高等裁判所经审理认定,被上诉人在涉案作品创作过程中,并未具体主动参与,而只是接受指示被动参与其中。另外,在发表具体意见的过程中,其发表的意见内容可以认为具有一定的独创性,但该独创性程度并不高。综合各项事实考虑,裁判所认定,被上诉人虽以"编者"之一的身份参与本件作品的编辑,但实质上只具有提供想法和辅助性的顾问作用,不能认定其为作者之一,即不能享有著作权的财产权以及署名权等人格权。据此,裁判所最终以不存在被保全的权利为由,撤销了原保全命令。

【案例 2】三星电子对苹果日本公司申请保全案〔8〕(2013 年)

案情简介:申请人三星电子拥有名称为"移动通信系统中预先设定的使用长指示符收发包数据的方法及装置"的发明专利(本件发明专利)。申请人认为被申请人苹果日本公司的产品(本件产品)侵犯了本件发明专利,故向东京地方裁判所提起停止侵害以及将本件产品的占有转移给执行官的行为保全申请。

裁判所的判断:东京地方裁判所先就涉案产品是否落入涉案发明专利的保护范围进行了判断,认定涉案产品的技术特征全部符合涉案发明专利的权利要求,落入保护范围。其次,裁判所对申请人行使该专利请求权是否构成权利的滥用进行了判断。裁判所首先确定,以专利权属地涉案国法的日本法为判断的准据法。根据日本法,申请人应在遵循"公平、合理、和不带歧视性"原则的许可合同的缔约准备阶段,将重要的信息提供给苹果日本公司。申请人未提供重要信息的行为,违反了日本法中的诚实信用原则。因此,对本件发明专利申请停止侵害属于权利的滥用,不被允许。最终,裁判所以本件保全申请对被保全权利的初步证明欠缺为由,驳回了该保全申请。

---

〔8〕 平成 23(ヨ)第 22027 号 专利权假处分命令申请事件,决定书参见日本最高裁判所主页:http://www.courts.go.jp/app/files/hanrei_jp/870/083870_hanrei.pdf。申请被驳回后,三星电子向知识产权高等裁判所提起上诉(平成 25(ラ)第 10007 号),知识产权高等裁判所裁定维持原决定。

从上述两个案件可看出,实务中,日本裁判所从各种角度,通过对诸多因素的综合考虑,来最终判断被保全权利是否存在。其中,既包括权利人的适格性,权利的有效性,被诉侵权产品的技术特征是否落入涉案知识产权的权利保护范围等与知识产权本质相关的判断,也包括对是否构成权利的滥用等一般民法原则的判断。

(二)保全的必要性

日本《民事保全法》第十三条第一项以及第二项要求申请人对“保全的必要性”作出“初步证明”。例如,若不及时采取保全措施,将来即使通过民事诉讼取得胜诉判决也可能难以实现强制执行的效果的情况下,便可认定为有采取先行保全的必要性。但实务中,具体哪些因素会对保全必要性的判断有所影响,根据个案有诸多不同情况。笔者总结分析日本知识产权相关的保全命令决定,认为主要有以下 3 类因素。[9]

1. 知识产权是否有可能被认定为无效

对知识产权的有效性争议,本应该是直接关系到知识产权是否存在的问题,但实务中也有不少案例以知识产权本身有可能被认定无效为由,判定没有保全的必要性。早在 1968 年,东京地方裁判所就在判决中指出,作为被保全权利基础的实用新型专利,正处于被申请无效的程序中且有很大可能被宣告无效,在这样的情况下,与其将视线放在被保全的权利是否存在的要件上,不如将其作为保全必要性的问题来讨论更加妥当。[10]

2. 行为保全对申请人与被申请人带来的利弊程度比较

若同意申请人的行为保全申请,所导致的结果将对被申请人造成极大损失,而对申请人产生的利益却相对很小的情况下,裁判所可能会据此判定为没有保全的必要性。如神户地方裁判所姬路支部 1981 年的保全申请案中[11],裁判所认为,判断是否有保全的必要性时,不仅要站在维护申请人利益的角度考虑,也要同时考虑被申请人方的利益。而在该案件中,行为保全命令的执行有可能导致被申请人破产,而对申请人一方来说则只关系到一小部分许可费的权益。裁判所最终

〔9〕 有日本学者进行了更细致的分类,参见,中村彰吾「特許・実用新案権民事仮処分における『保全の必要性』」パテント57 卷 10 号 37 頁(2004 年)。

〔10〕 东京地方裁判所昭和 43 年 10 月 16 日判决(判例タイムズ230 号 244 頁)。其他以此为依据判断保全必要性的事件还包括,大阪地方裁判所昭和 56 年(ヨ)52 号事件,名古屋地方裁判所昭和 59 年(ヨ)318 号事件。

〔11〕 神户地方裁判所姬路支部昭和 56 年(ヨ)215 号事件。

判定该保全申请没有“保全的必要性”。

相反，若保全命令导致的结果对被申请人造成的损失不大，也可以作为肯定保全必要性的判断依据。如岐阜地方裁判所多治见支部1969年的保全申请案中〔12〕，裁判所认为，即便被申请人停止实施涉案专利，也有其他可替代的方法，因此行为保全命令不会给被申请人造成巨大损失，故而进一步肯定了保全的必要性。

3. 申请人对涉案知识产权的使用情况

申请人对涉案知识产权的实际使用情况也是判断“保全的必要性”的重要因素，在司法实践中经常被提及。申请人有足够证据表明其已经使用涉案知识产权，或已经为使用做好准备的，可作为认定“保全的必要性”的依据。岐阜地方裁判所多治见支部1969年的保全申请案中，裁判所指出申请人已着手准备实施涉案专利，且已与诉外第三方签订了专利实施许可合同，以此作为认定存在“保全的必要性”的依据。〔13〕

实务中，裁判所并非只依据一个因素来判断是否具有“保全的必要性”，而是根据具体案件的具体情况，综合多个要素，通过多方面的考量做出判断。

四、对行为保全的对抗手段

民事保全命令对于申请人来说是个强有力的法律手段，与此相对应，一旦因涉嫌侵权而成为行为保全命令的被申请人，作为化解被动的方法，了解和掌握对行为保全命令的对应方法便显得非常重要。

日本民事保全制度为被申请人提供的对应方法主要有：提起保全异议，提起撤销保全的上诉申请，要求裁判所责令申请人提起诉讼的申请和缴纳担保金。〔14〕

根据日本《民事保全法》第二十六条，地方裁判所作出保全命令的，被申请人可以向作出保全命令的裁判所提起保全异议。该保全异议相当于我国《民事诉讼法》第一百零八条对保全裁定提出的复议申请。〔15〕 日本司法实务中，提起异议的

---

〔12〕 岐阜地方裁判所多治见支部昭和44年(ヨ)53号事件。

〔13〕 岐阜地方裁判所多治见支部昭和44年(ヨ)53号事件。

〔14〕 相应的，针对债权人，保全申请被驳回时，债权人拥有向决定不予保全的原裁判所提起“即时抗告”的救济权利，此外，当保全命令因被申请人提起保全异议而被取消时，债权人也有向上一级裁判所提起“保全上诉申请”救济手段。

〔15〕 最高人民法院2018年12月发布的《关于审查知识产权纠纷行为保全案件适用法律若干问题的规定》第十四条也规定“当事人不服行为保全裁定申请复议的，人民法院应当在收到复议申请后十日内审查并作出裁定”。

理由通常有:(1)不存在被保全的权利;(2)担保金额不足;(3)执行标的物不属于被申请人所有等。对于被申请人提出的保全异议,日本《民事保全法》第三十二条第一项规定,裁判所可以做出维持、变更或撤销保全命令的决定。另外,《民事保全法》第三十七条、第三十八条以及第三十九条分别规定了可以撤销原保全命令的三种情形。分别为:"不提起本案诉讼时的撤销保全"(第三十七条),(2)"情势变更所引起的撤销保全"(第三十八条),以及"特殊情况的撤销保全"(第三十九条)。其中,第三十九条的"特殊情况"指假处分命令可能会导致难以挽回的损失的情形,此种情况下,若被申请人提供一定的担保,裁判所可以撤销原保全命令。

被申请人提出保全异议被驳回的,被申请人可以向上一级裁判所提起上诉(《民事保全法》第四十一条)。相较之下,我国民事保全制度没有规定上诉程序,只能申请复议。

前述《著作权判例百选》事件(案例1)中,被申请人针对东京地方裁判所作出的保全命令〔16〕,以申请人不应被认定为作者以及被申请人的行为不构成侵权等为由,向该裁判所提起了保全异议。〔17〕针对该保全异议,东京地方裁判所作出了维持原保全命令的决定。其后,被申请人向知识产权高等裁判所提起了上诉,请求撤销原保全命令。知识产权高等裁判认定申请人并非适格的著作权人,遂以被保全的权利不存在为由,撤销了原保全命令。

另外,依据日本《民事保全法》第37条,当保全命令执行后,若申请人未提起本案诉讼的,被申请人可以向裁判所提起"责令起诉的申请",裁判所应当责令申请人提起诉讼,若申请人在一定时期内仍不起诉的,裁判所可以撤销原保全命令。著名的"大林精工保全事件",率先确定了向外国司法机关提起的诉讼也属于《民事保全法》第37条第1款所称的"本案诉讼"。鉴于该案例在学术研究以及实践中有较高的启示作用,特详细介绍如下。

【案例3】大林精工保全上诉案〔18〕(2013年)

案情简介:申请人是开发制造液晶显示屏的韩国法人,从韩国法人LG电子股份公司承继液晶显示屏业务。被申请人大林精工是汽车零部件制造商。2006年,申请人基于和被申请人签订的专利无偿转让协议,向东京地方裁判所申请禁止被申请人对涉案专利权进行转让、质押、实施许可等行为的假处分命令。东京地方

---

〔16〕 东京地方裁判所平成27年(ヨ)22071号事件。

〔17〕 东京地方裁判所平成28年(モ)40004号保全异议申请事件。

〔18〕 知识产权高等裁判所平成25年(ラ)第10014号事件。

裁判所下达了保全命令。随后,申请人在韩国提起了诉讼,一审首尔中央地方法院做出申请人败诉的判决。2009 年,申请人向首尔高等法院提起上诉,二审法院做出撤销一审判决,支持申请人全部诉讼请求的生效判决(以下简称本件韩国判决)。2011 年,东京地方裁判所做出责令起诉的裁定,要求申请人在裁定送达之日起 2 个月内,向裁判所提出其已提起诉讼的书面证据。随后,被申请人以申请人未提供能证明已经提起诉讼的书面证据为由,于 2012 年向东京地方裁判所申请撤销原保全命令。2013 年,东京地方裁判所指出在外国司法机关提起的诉讼不属于《民事保全法》第 37 条第 1 款所称的"本案诉讼",裁定撤销原保全命令。申请人遂向知识产权高等裁判所提起上诉。

裁判所的判断:要认定某一诉讼符合《民事保全法》第 37 条第 1 款所称的"本案诉讼",应具备如下要件:(1)该诉讼的审理对象与民事保全的被保全权利的权利关系必须一致;(2)该诉讼是确定被保全权利是否存在等问题的终局程序。根据日本《民事诉讼法》第 118 条关于承认和执行外国判决的相关规定,涉案韩国判决应该被认定为是具有既判力的确定判决,且诉讼审理的对象与民事保全案件的被保全权利具有同一性,故应认定该诉讼属于《民事保全法》第 37 条第 1 款的"本案诉讼"。据此,知识产权高等裁判所裁定被申请人申请撤销原保全命令的理由不成立。

除了以上的保全异议和上诉之外,日本《民事保全法》第 25 条和第 57 条规定了假处分的"担保金"制度。第 25 条规定,可以以支付金钱的方式达到保全目的的,裁判所在听取申请人意见后,可在作出假处分命令的同时,设定被申请人为了停止假处分命令的执行所应承担的"担保金"金额,或撤销已执行的假处分而应承担的"担保金"金额。第 57 条规定,被申请人按照第 25 条第 1 款的规定,支付了相应数额的担保金的,应当停止假处分的执行。

通过以上日本行为保全制度中对被申请人提供的救济方法可以看出,我国现行法律中都有与之相对应的类似程序与制度。例如,我国司法制度也为被申请人提供了通过担保解除保全的救济途径,如最高人民法院《关于审查知识产权纠纷行为保全案件适用法律若干问题的规定》第十二条规定,被申请人提供担保的,经申请人同意,人民法院可以解除所采取的行为保全措施。[19]

---

〔19〕 参见最高人民法院《关于审查知识产权纠纷行为保全案件适用法律若干问题的规定》第十二条:人民法院采取的行为保全措施,一般不因被申请人提供担保而解除,但是申请人同意的除外。

五、结语

本文主文第二部分,对日本行为保全制度进行了简单的梳理与介绍。在第三部分,通过对实际案例的分析,着重介绍了日本知识产权纠纷案件中行为保全的实际应用,并分别介绍了日本法中的行为保全的两个认定条件,即“被保全权利的存在”以及“保全的必要性”。第四部分则着重从被申请人的角度,介绍了几种对抗保全命令的救济手段。

本文希望能让读者对日本知识产权纠纷相关行为保全申请案件中可能出现的争议点以及日本裁判所对争议点的判断标准有一个较为直观和清晰的了解,并希望能对我国知识产权纠纷相关行为保全制度的完善起到些许的借鉴作用。

参考文献

著作类

1. [日]関述之:《民事保全手続》,金融財政事情研究会 2018。
2. [日]中村彰吾:《特許・実用新案権民事仮処分における『保全の必要性』》,载《パテント》2004 年第 10 期。

案例类

1. 知识产权高等裁判所平成 28(ラ)第 10009 号 对保全异议申请决定的上诉事件。
2. 知识产权高等裁判所平成 28(モ)第 40004 号 保全异议申请事件。
3. 东京地方裁判所平成 28 年(モ)40004 号保全异议申请事件。
4. 东京地方裁判所平成 27 年(ヨ)22071 号事件。
5. 知识产权高等裁判所平成 27(ヨ)第 22071 号 假处分命令申请事件。
6. 知识产权高等裁判所平成 25(ラ)第 10007 号专利权假处分上诉事件。
7. 知识产权高等裁判所平成 25 年(ラ)第 10014 号事件。
8. 知识产权高等裁判所平成 23(ヨ)第 22027 号 专利权假处分命令申请事件。
9. 名古屋地方裁判所昭和 59 年(ヨ)318 号事件。
10. 大阪地方裁判所昭和 56 年(ヨ)52 号事件。
11. 神户地方裁判所姬路支部昭和 56 年(ヨ)215 号事件。
12. 岐阜地方裁判所多治见支部昭和 44 年(ヨ)53 号事件。
13. 东京地方裁判所昭和 43 年 10 月 16 日判决(判例タイムズ230 号 244 頁)。

知识产权争议解决新趋势
——知识产权纠纷可仲裁性研究

池振华[*]　龚未云[**]

随着知识产权争议案件的迅速增长,单一的诉讼解决途径也面临着更多的问题和挑战。2018 年 10 月 26 日,第十三届全国人大常委会第六次表决通过了最高人民法院提请审议的《关于专利等案件诉讼程序若干问题的决定》,专利等案件的二审审理权限将集中到最高人民法院知识产权法庭,〔1〕成为近期知识产权审判改革的标志性事件,对知识产权诉讼产生了重大影响。与之相应的,2018 年 1 月 1 日起,香港地区有关知识产权仲裁的修订将开始生效,不仅规定了知识产权侵权可以申请仲裁,更可针对专利的有效性问题通过仲裁予以解决,更引发了关于知识产权可仲裁性的界限探讨。

另外,从知识产权纠纷的案件情况来看,法院所面临的压力也越来越大:"以 2017 年为例,法院新收的一审、二审、申请再审等知识产权案件高达 237242 件,审结 225678 件(含之前未结案案件),比 2016 年分别上升 33.50% 和 31.43%,法院新收知识产权民事一审案件上升幅度达到 47.24%。"〔2〕在此大环境下,仲裁作

---

* 池振华,上海市锦天城律师事务所上海办公室合伙人,法学硕士;擅长领域为知识产权法、合同法、公司法相关的仲裁、诉讼及其他非诉法律服务。

** 龚未云,上海市锦天城律师事务所上海办公室律师,法学硕士;擅长领域为知识产权法相关的仲裁、诉讼及其他非诉法律服务。

〔1〕 人民法院新闻传媒总社:《专利等案件的二审审理权限将集中到最高人民法院知识产权法庭》,载最高人民法院网:http://www.court.gov.cn/zixun - xiangqing - 125391.html,最后访问日期:2019 年 1 月 30 日。

〔2〕 王亦君:《2017 年全国法院新收知识产权一审民事案件上升近五成》,载中青在线:http://news.cyol.com/yuanchuang/2018 - 04/19/content_17114597.htm,最后访问日期:2019 年 1 月 30 日。

为多元纠纷解决机制的一种,如何在明晰知识产权仲裁界限的情形下,充分利用仲裁的优势,高效地解决知识产权纠纷,是目前亟须解决和探讨的问题。

作为知识产权争议解决领域的专职律师,虽然锦天城在不断感受着知识产权审判体制改革的有效成果,但是,知识产权争议解决较大程度上仅依赖单一的诉讼途径,司法仍然负重累累。特别在涉外案件中,我们成功服务某著名的科研机构将仲裁作为知识产权争议解决方式,并取得诉讼途径可能较难达到的成效。知识产权可仲裁性的问题在实践中已经产生。

为此,本文将从立法现状入手,进一步剖析知识产权侵权争议和知识产权有效性争议的可仲裁性问题,以期对知识产权争议解决新趋势进行探讨。

一、我国知识产权纠纷可仲裁性现状

总体而言,我国立法机关就仲裁所适用的范围采取的是比较严格的限制性态度,但也保留了一些特色,为知识产权纠纷的可仲裁性留下了探讨的余地和可能性。[3]

(一)关于《仲裁法》中的仲裁范围

《仲裁法》对可仲裁的事项进行了规定,须是平等主体之间产生的合同纠纷和其他财产权益纠纷;[4]同时,也对不可仲裁的事项进行了规定,即涉及人身性质的纠纷和行政争议。[5] 因此,判断是否具有可仲裁性的基本原则为:(1)平等主体;(2)合同争议或其他财产权益争议;(3)属于可自由处分争议事项,非人身性纠纷或行政争议。

《专利法》第四十五条规定,如对专利权授予有异议的,可向专利复审委员会提起专利无效宣告申请。[6] 因此,关于专利的有效性需由专利复审委员会予以认定。但《仲裁法》目前尚未对知识产权侵权争议、著作权有效性争议等予以具体规定或明确予以排除,知识产权纠纷可仲裁性的"生存空间"还具有进一步探讨的必要。

---

〔3〕 郑书前、宋新宇:《论知识产权侵权纠纷之可仲裁性》,载《河南省政法管理干部学院学报》2002年第5期。

〔4〕《中华人民共和国仲裁法》第二条。

〔5〕《中华人民共和国仲裁法》第三条。

〔6〕《中华人民共和国专利法》第四十五条。

(二)关于知识产权法律中的仲裁范围

综观知识产权领域的三部核心法律,仅《著作权法》中明确规定了著作权纠纷可采取调解、仲裁、诉讼等解决方式,若存在书面仲裁协议或明确约定了仲裁条款,即可申请仲裁。[7] 同时,在该法律中也不再明确区分“著作权侵权纠纷”[8]和“著作权合同纠纷”[9],而是统称为“著作权纠纷”。因此,无论著作权侵权纠纷还是著作权合同纠纷,只要约定了仲裁条款,即可申请仲裁。

然而《专利法》和《商标法》及相关司法解释等均未规定商标权纠纷[10]或专利权纠纷[11]的可仲裁性,仅规定相关的纠纷可由当事人协商解决、通过诉讼方式解决或由相关的行政部门处理。

因此,并没有法律法规明确限定知识产权纠纷可仲裁性的范围,但知识产权合同争议、知识产权侵权争议和知识产权有效性争议[12]是否可申请仲裁,除了知识产权合同纠纷可仲裁性争议较小外,知识产权侵权争议和知识产权有效性争议是否可申请仲裁仍需进一步予以明确,以便指导实务操作。

二、关于知识产权侵权争议可仲裁性

相对传统理论而言,因申请仲裁前提在于仲裁协议的存在,而就知识产权侵权争议而言,双方当事人较难事先达成仲裁协议或仲裁条款,且争议发生后,更难协商一致,故而,司法实践中,通过仲裁途径解决知识产权争议的案例较少。[13] 但因《专利法》和《商标法》均规定专利侵权争议和商标侵权争议均可协商解决,这也为知识产权侵权争议的可仲裁性提供了一定的法律支撑。[14] 虽然知识产权侵权争议具有可仲裁性,但世界上大多数国家在较长的一段时间内不仅从立法上,也从司法上否定了知识产权争议的可仲裁性。[15]

---

[7] 《中华人民共和国著作权法》第五十五条。

[8] 《中华人民共和国著作权法》(1991 年)第四十八条。

[9] 《中华人民共和国著作权法》(1991 年)第四十九条。

[10] 《中华人民共和国专利法》第六十条。

[11] 《中华人民共和国商标法》第六十条第一款。

[12] 参见张耕:《知识产权民事诉讼研究》,法律出版社 2004 年版,第 58 ~ 59 页。

[13] 参见刘晓红:《论知识产权争议仲裁的法理与实践基础专题研究》,载《当代国际法论丛》(第 6 卷),北京大学出版社 2006 年版,第 321 页。

[14] 卢青峰:《论知识产权纠纷的仲裁解决》,载《经济与法制》2010 年第 5 期。

[15] 参见朱榄叶、刘晓红:《知识产权法律冲突与解决问题研究》,法律出版社 2005 年版,第 74 页。

近年来,越来越多的国家通过相关立法或司法实践对知识产权侵权争议的可仲裁性予以确认,知识产权侵权争议的可仲裁性逐渐在世界范围内被认可。

(一)专利侵权争议可仲裁性

除非符合相关法律或衡平法规定的协议可撤销的原因,否则若双方当事人约定将认定专利效力或涉及专利侵权纠纷的未来争议或现有争议以及任何涉及专利权事实受到阻碍的未来争议或现有争议向仲裁机构申请仲裁的,此约定是有效的、不可撤销的,并且是可以强制执行的。[16] 在“Rhone – Poulenc Specialities Chiniques v. SCM Corp. 案”[17]中,原被告于1979年1月1日签订原告第3925485号专利的独家许可协议并约定了两种收费方式并用,其后被告受让另一专利后要求重新谈判并只愿意支付最低使用费,原告于1983年7月5日通知被告终止协议,并于7月15日向联邦地方法院提起诉讼,指控被告违约、盗用商业秘密以及侵犯专利权,主张禁令、三倍赔偿金以及被告承担律师费。被告根据协议条款向法院提起中止诉讼、先行仲裁的动议,协议约定“由本协议或其违反行为引起的或与之相关的任何争议或索赔,除非另行通过友好调整,否则应根据国际商会规则在佛罗里达州通过仲裁解决”。地方法院驳回了被告动议,被告不服,向联邦巡回法院上诉,原告认为上诉法院无管辖权,上诉法院认为根据联邦法律地方法院及上诉法院均有管辖权,并指出法院必须“确定当事人是否同意仲裁该争议”“当事人意图可普遍解释为可仲裁性问题”。上诉法院指出,地方法院认定涉案争议不是由协议产生或与协议有关的结论是明显错误的,因为“专利的保护范围和侵权的认定是协议的精髓,当事人意图将这些核心决定纳入广泛的仲裁条款范围内”,并且认为被告并未放弃其仲裁的权利,由此撤销地方法院判决并发回重审。

(二)著作权侵权争议可仲裁性

著作权侵权可仲裁性已经在案例中进行了确认,如在“KAMAKAZI MUSIC CORP. v. ROBBINS MUSIC CORP. 案”[18]中,原告指控被告在许可协议终止后未经授权复制、销售原告享有著作权的作品,提起仲裁后向法院请求确认仲裁裁决,被告认为仲裁员超出仲裁范围,请求法院撤销仲裁裁决,地方法院认为“虽然

---

〔16〕 35U. S. C. § 294 & § 135(d).
〔17〕 769 F. 2d 1569(Fed. Cir. 1985).
〔18〕 684 F. 2d 228 (2 Cir. 1982).

仲裁员在这种情况下通常被认为缺乏确定版权有效性的管辖权……但本案中仲裁员的裁决不涉及著作权有效性，这是确认侵权的先决条件”，从而指出“涉案协议的仲裁条款范围足够广泛，包括原告提出的侵权索赔”，故确认了法院对著作权侵权案件享有管辖权。

（三）商标侵权争议可仲裁性

涉及商标的侵权纠纷也可申请仲裁予以解决，如在“Saucy Susan Products Inc. v. Allied Old English Inc. 案”[19]中，原告指控被告构成商标权侵权以及不正当竞争，被告向法院提出中止诉讼、强制仲裁的动议。原被告双方之间的协议约定“由本协议引起或与之相关的任何争议或索赔，应根据美国仲裁协会规则在纽约市通过仲裁解决，裁决可约束任何具有司法管辖权的法院”。1961 年 9 月 25 日，被告提起仲裁，10 月 2 日原告向联邦地方法院提起诉讼。最终法院准许被告中止诉讼、强制仲裁的动议。

因此，美国早于 20 世纪 80 年代即通过立法和相关司法实践认可了知识产权侵权争议的可仲裁性。“与此同时，一些欧洲国家，如比利时、瑞士、瑞典等国法律也开始认为涉及专利方面的争议属于可仲裁的范围。”[20]

无论是从理论还是实践来说，知识产权侵权争议的可仲裁性并不存在明显障碍，立法和实践具有突破的基础。

三、关于知识产权有效性争议可仲裁性

在我国，理论界和实务界对知识产权有效性争议均较大，如有学者认为，知识产权有效性是相关国家行政机关赋予个人或单位在一定时间对某项知识产权予以独占的一种社会垄断权。知识产权有效性是国家公权力机关予以认定的，而仲裁是独立于公权力之外的私力救济途径。同时，若仲裁机构作出与国家行政机关认定结果完全不同的裁决，也是对公权力的否定。[21] 但也有学者持反对意见，其认可知识产权有效性争议的可仲裁性，其认为因国际商事仲裁制度的发展和目前知识产权有效性仲裁的必要性和可行性，知识产权有效性争议的可仲裁性能够更

---

〔19〕 200 F. Supp. 724(S. D. N. Y. 1961).

〔20〕 参见宋连斌：《国际商事仲裁管辖权研究》，法律出版社 2000 年版，第 125 页。

〔21〕 参见杜新丽：《国际商事仲裁理论与实践专题研究》，中国政法大学出版社 2009 年版，第 136 页。

好地解决现有问题。[22]

(一)专利有效性争议可仲裁性

目前,专利有效性争议的可仲裁性已经在立法和判例中确认。《美国法典》第35编第294节规定:“有关专利或者专利权利项下的合同可以约定通过仲裁方式解决任何由该合同引起的与专利效力或者侵权有关的争议。如果在合同中无此约定,当事人可以另外通过书面形式约定通过仲裁方式解决专利有效性和侵权争议,这种提交仲裁的约定是有效的,不可撤销的和可以强制执行的,除非存在法定的衡平法上的撤销协议的理由。”在“Deprenyl Animal Health,Inc. v. University of Toronto Innovations Foundation 案”[23]中,联邦巡回法院认为:“DAH 公司与 UTIF 公司约定了相关争议由仲裁庭解决,尽管 164 专利的有效性不属于合同中约定的争议,但应当解释为合同约定的争议,可以以仲裁方式解决知识产权有效性争议。”

(二)著作权有效性争议可仲裁性

著作权有效性争议的可仲裁性在判例中已有确认。如在“Saturday Evening Post Co. v. Rumbleseat Press. Inc. 案”[24]中,原告指控被告在著作权许可协议终止后仍继续使用涉案作品,向地区法院起诉并获得胜诉,被告不服向联邦第七巡回法院上诉后,上诉法院维持原判。被告上诉中提出的新问题是著作权有效性是否可以仲裁、著作权许可中禁止被许可人对著作权有效性提出异议的条款是否可以强制执行。原被告协议约定仲裁条款“由于本合同或与本合同有关的任何争议或索赔,或者违约行为,应根据美国仲裁协会规则通过仲裁解决”以及“任何具有司法管辖权的法院受仲裁员裁决约束”,但被告基于国会授予联邦法院对著作权诉讼的专属管辖权而反对著作权有效性的可仲裁性,上诉法院认为这是不合理的,指出“联邦法律不禁止对著作权有效性进行仲裁,至少在著作权有效性成为合同纠纷需要仲裁时”。

---

〔22〕 刘冰心:《论知识产权有效性的可仲裁性》,载《重庆科技学院学报》(社会科学版)2014 年第 10 期。

〔23〕 297 F. 3d 1343(Fed. Cir. 2002).

〔24〕 816 F. 2d 1191, 1198 - 1199(7th Cir. 1987).

(三)商标有效性争议可仲裁性

商标有效性争议的可仲裁性也已经在判例中予以认可。如在“Saucy Susan Products Inc. v. Allied Old English Inc. 案”[25]中,原告主张双方无意使转让商标引起的或与之相关的任何争议成为仲裁对象,被告主张的商标之一并非协议标的物,因此不适用协议的仲裁条款。地方法院指出涉案争议源于原被告之间一项商业交易,“由协议产生或与协议有关”,因此应予以仲裁。关于原告主张的涉案商标之一“Saucy Susan”不属于涉案协议中的交易,地方法院认为被告转让涉案商标之一为“Saucy Sue”,原告受让“Saucy Susan”商标两年后才登记,被告对“Saucy Susan”商标的主张与具有可仲裁性的涉案协议是充分相关的,至此,商标有效性争议的可仲裁性予以确认。

因此,知识产权有效性争议在各国实践中不仅通过法律予以规定,更通过相关的判例予以明确,且意大利[26]和法国[27]也通过司法实践确定了知识产权有效性争议具有可仲裁性。知识产权有效性争议的可仲裁性在我国也并不存在明显障碍,具有立法和实践进一步予以突破的基础。

四、结语

知识产权侵权争议和知识产权有效性争议在我国具有可仲裁的基础。“现代意义上的知识产权被普遍承认为一种私权,一种特殊的民事权利,当事人可以自由处分这种民事权利,只要这种处分不违反法律、不损害公共秩序即可。”[28]《仲裁法》规定可仲裁事项需要求当事人能够自由处分,知识产权的私权性特点正好也满足此要求,知识产权侵权争议与知识产权的合同争议一样也应能够通过仲裁予以解决。“就知识产权有效性争议而言,限制其可仲裁性的因素主要是公共政策。”[29]“事实上,以公共政策作为否定知识产权有效性争议可仲裁性的理由,缺乏严密的逻辑说服力。从国际层面而言,《纽约公约》更多指向的是‘国际公共政

---

〔25〕 200 F. Supp. 724(S. D. N. Y. 1961).

〔26〕 Giordani v. Battiati, Cass., 3Oct. 1956, No. 3329.

〔27〕 Liv HiDRAVLIKA D. O. O. v. S. A. Diebolt, 28 Feb. 2008, 1st chamber, JurisData No. 2008 - 359055.

〔28〕 王安培:《知识产权侵权纠纷的可仲裁性研究》,重庆大学2013年硕士学位论文。

〔29〕 李喆:《论知识产权有效性争议的可仲裁性问题》,载《河北北方学院学报》(社会科学版)2011年第4期。

策’的概念,而这一概念比国内公共政策概念更为宽泛和笼统,因而对争议可仲裁性事项的限制程度更低;从国内层面而言,即便是仲裁庭对知识产权效力的审查,各国也应当谨慎适用‘公共政策’的反对理由,以鼓励知识产权仲裁机制的发展。”[30]

鉴于知识产权效力性、侵权性纠纷与公权力理论的冲突,到目前为止,此类案件在我国实践领域还有待破冰,然而,知识产权侵权争议和知识产权有效性争议具有可仲裁性的问题目前已经存在于部分国家和地区司法实践中,一些国家已在相关法律和判例中对知识产权可仲裁性的范围予以明确,我国香港地区也正在实践。

随着未来知识产权争议解决正在向着更加专业化、复杂化的方面发展,面对更加高标准、专业化的要求和挑战,如何使权利人免于累诉之苦、及时解决知识产权纠纷、提高解决知识产权案件争议效果,也是我国目前迫切需要解决问题。因此,对于单一的诉讼途径,仲裁争议解决机制有着诸多优点,也必将能作为多元化的知识产权争议解决方式,成为知识产权争议解决新趋势。

参考文献

著作类

1. 张耕:《知识产权民事诉讼研究》,法律出版社2004年版。
2. 朱榄叶、刘晓红:《知识产权法律冲突与解决问题研究》,法律出版社2005年版。
3. 宋连斌:《国际商事仲裁管辖权研究》,法律出版社2000年版。
4. 杜新丽:《国际商事仲裁理论与实践专题研究》,中国政法大学出版社2009年版。

期刊类

1. 崔国斌:《美国专利有效性仲裁制度评析》,载《知识产权》1998年第3期。
2. 李晓桃、袁晓东:《知识产权纠纷的可仲裁性研究》,载《科技管理研究》2012年第16期。
3. 李喆:《论知识产权有效性争议的可仲裁性问题》,载《河北北方学院学报》(社会科学版)2011年第4期。
4. 郑书前、宋新宇:《论知识产权侵权纠纷之可仲裁性》,载《河南省政法管理干部学院学报》2002年第5期。
5. 卢青峰:《论知识产权纠纷的仲裁解决》,载《经济与法制》2010年第5期。

---

〔30〕 倪静:《论知识产权有效性争议的可仲裁性——对公共政策理由的反思》,载《江西社会科学》2012年第2期。

6. 刘冰心:《论知识产权有效性的可仲裁性》,载《重庆科技学院学报》(社会科学版)2014 年第 10 期。

7. 倪静:《论知识产权有效性争议的可仲裁性——对公共政策理由的反思》,载《江西社会科学》2012 年第 2 期。

对我国技术调查官选任和培养的思考与建议

——以技术调查官的职能定位为视角

余海燕*

最高人民法院《关于知识产权法院技术调查官参与诉讼活动若干问题的暂行规定》(以下简称《技术调查官暂行规定》)将技术调查官定位于司法辅助人员,其中第六条对技术调查官的职责作了明确的规定:"技术调查官根据法官的要求,就案件有关技术问题履行下列职责:(一)通过查阅诉讼文书和证据材料,明确技术事实的争议焦点;(二)对技术事实的调查范围、顺序、方法提出建议;(三)参与调查取证、勘验、保全,并对其方法、步骤等提出建议;(四)参与询问、听证、庭审活动;(五)提出技术审查意见,列席合议庭评议;(六)必要时,协助法官组织鉴定人、相关技术领域的专业人员提出鉴定意见、咨询意见;(七)完成法官指派的其他相关工作。"由此可以看出,最高人民法院引入技术调查官制度作为技术事实查明制度,将技术调查官作为法院的常设性职位,其设置并不是为了减轻案件当事人的举证责任,而是要求技术调查官根据法官的要求产生技术辅助作用,作为当事人与法官在技术层次的沟通桥梁,协助审判法官查明技术事实,使法官与当事人就案件所涉技术性问题的沟通能够顺利进行,使知识产权审判趋于专业化。《技术调查官暂行规定》第六条目前主要适用于法官在具体案件审理中限定技术调查官的职责范围;而技术调查官制度是我国知识产权技术审查机制中的一个重要构成要素,因此还需要进一步在合理合法的基础上扩大技术调查官的职能范围,以职定岗,重视技术调查官的选任和培养,使人民法院真正实现内部技术智库积累与外部技术专家支援相互辅助的技术事实查明机制。

---

* 余海燕,锦天城律师事务所成都办公室合伙人。

一、域内外代表性国家知识产权审判技术审查机制比较分析

（一）域外代表性国家知识产权审判技术事实审查制度

1. 日本的技术调查官和韩国的技术审查官制度

日本知识产权法院的调查官，即技术调查官，作为审判事务的技术辅助员的地位而设置，在法官的命令之下审理案件和履行与审判有关的必要的调查工作，用以弥补法官在专利技术知识方面的不足。技术调查官的角色定位为法院的正式在编人员，属于司法人员，主要是从日本知识产权特许厅中的审查员中选任。[1] 技术调查官对案件技术事实做出的审查报告仅对法官具有参考作用，并不能绝对约束法官。此外，日本还有专业委员制度作为补充，技术调查官并不是行业权威技术专家，其主要作用在于解决案件中的一般性技术问题，在案件所涉技术问题过于复杂、尖端时，则需要专业委员会来协助解决。

韩国专利法院将技术审查官定位为司法辅助人员，绝大多数是韩国知识产权局派遣的。现今韩国技术审查官与日本技术调查官虽在职位名称上有所不同，但诉讼职能基本相同，其目的均是以技术调查官所具有的技术知识构成审判组织的内部知识储备，使绝大多数涉技术类案件可以直接由法院进行技术审查，提高审判效率。[2]

2. 英美的技术背景法官、法官技术助理和专家陪审员

美国的法官一般都是复合型人才，审理技术类知识产权案件的法官不仅具有法律专业背景，也同时具有技术背景，但由于法官所能掌握的专业技术领域往往有限，美国还通过配置法官技术助理，弥补法官在所涉技术领域的局限性，协助法官更好地进行技术事实认定，该法官技术助理的任职资质也同样需要具有技术背景和法律背景。对涉及技术极强且难度很大的案件，则由专家陪审团进行协助解决。

英美专家陪审团制度中的陪审员一般由具有专业知识、受过专业训练和具备丰富经验的专家担任，是英美知识产权诉讼中查明技术事实的另一重要制度。专家陪审团主要适用于涉及技术问题专业性极强的知识产权案件，解决案件中涉及的高难度技术专业问题。英美法系还具有较为完善的专家证人制度，专家证人的

---

〔1〕 郃中林：《境外知识产权专门法院制度对我国的启示与借鉴》，载《法律适用》2010 年第 11 期。

〔2〕 王晶晶：《韩国专利法院介绍》，载《中国发明与专利》2015 年第 1 期。

专家报告及发表的意见经双方当事人质证而具有证据效力。[3] 专家证人制度成为英美知识产权审判中来自知识产权审判组织以外的高水平技术智力支持。

(二)我国现有的知识产权审判技术事实查明机制

根据我国各地法院已有的知识产权审判司法实践,当前技术事实查明的途径大体上可以分为四类:第一类是受当事人聘请而出庭,并负责对案件中涉及的专门性问题进行说明的专家辅助人;第二类是对专门性问题进行鉴别、分析、判断,并给出鉴定意见的司法鉴定机构;第三类是同时具有专业知识优势和一定法律知识的技术专家陪审员;第四类是向法官提供技术咨询的技术咨询专家。[4]

专家辅助人由当事人向法院申请出庭,就鉴定报告或有关专业问题提出意见,该意见视为当事人的陈述。专家辅助人实际上是当事人的技术专家,弥补的是当事人由于缺乏相应的专业知识而为其提供的专业技术支持,其提出的意见具有一定主观性。同时,因原被告双方都有权利申请具有专门知识的人出庭提出意见,不同的专家提出的意见可能不同甚至相左,因而往往不能实现帮助法官查明事实的目的,只能具有一定的辅助作用。

司法鉴定是在法官难以对案件的技术问题作出判断时,通过委托相关技术鉴定机构为其查明案件事实提供技术性帮助的途径。但在技术类案件审判实践中,因涉案技术产生的法律问题和技术事实认定之间往往缺乏清晰的界定,可能出现法官因缺乏相应专业技术知识而过度依赖司法鉴定的情况,因而可能忽略当事人的异议。最高人民法院为此曾专门出台司法解释确定专利审判中的司法鉴定意见证明范围的问题。

技术专家陪审员系由具有特定专业知识的人民陪审员参与审判的技术查明途径。大部分法院都通过聘请或特邀技术专家担任陪审员实现了专家陪审员制度。如成都市中级人民法院实行知识产权民事审判特邀陪审制,由相关领域具有较高水平的专家担任陪审员直接参加合议庭审理案件,这些专家可能来自专利审查机构、高等院校、科研机构等。专家陪审员在解决涉及专业技术问题的知识产权案件中起到了较为积极的作用,但是,专家陪审员依赖于人民陪审员的形式,不

---

[3] 夏磊:《证据问题和专家证人——中国知识产权法官代表团访美实录片段之三》,载《江苏科技信息》2008 年第 6 期,第 25 页。

[4] 俞风雷、杨再扬:《论知识产权审判中专家辅助制度的改革》,载《湖北社会科学》2015 年第 2 期,第 145 页。

仅具有查明技术事实的职能，更有审判职能，其选任应当符合人民陪审员选择随机的原则性要求，并不能因案件审理的技术需要定向固定选择，专家陪审员在技术事实查明中所发挥的作用也因此受到影响。

技术咨询专家是以非公开的方式向法官提供技术咨询的各领域技术权威人士。2009 年 12 月上海法院聘请来自清华、北大、同济等高校以及中国科学院等科研机构的权威人士为其技术咨询专家库成员，涉及机电、机械、计算机、电子通信、食品等多个技术领域。此后，福建、天津等地法院也相继建立了知识产权审判技术咨询专家库。法官可以在案件审理过程中就技术问题向各领域技术专家寻求支持与帮助。技术咨询专家库的技术领域广泛，技术尖端性和权威性较强。但是，法官在知识产权案件审理中以非公开的方式向技术专家咨询意见，往往使当事人对判决的接受度不高，司法公信力也受到一定影响。

（三）我国技术审查机制缺乏各发达国家已经完备的内部技术积累环节

通过对各国技术审查制度的初步了解，可以看出，无论是日韩的技术调查官、技术审查官还是英美的技术型法官和法官技术助理，都属于审判组织内部智库，是技术自给的主要力量。而专业委员会、专家陪审团和专家证人则是外部高度专业化的技术权威人士，对于凭借审判组织内部技术积累无法解决的一些重大、复杂技术问题，依当事人申请或者法官依职权可以启动外部专家的技术支持。这些国家的技术审查制度都体现了审判组织内部技术智力积累与权威技术专家外援相结合的特征。而我国当前知识产权审判主要依赖外部技术专家智力支持，知识产权审判组织自身的技术知识储备是空白的，没有形成技术智力自给。外部专家大多十分繁忙，在为法官提供技术支持的时间保障方面难以持续支持，在协助法官便捷地进行技术事实调查方面存在一定的“瓶颈”，从而使法官难以及时地、客观地进行技术事实的认定，降低了审判效率。

二、技术调查官在我国知识产权审判中的职责定位

如前文所述，技术调查官的设置并不排除我国已有的技术审查途径的适用，他与司法鉴定、技术专家陪审员、技术咨询专家等是内部与外部的相辅助关系。技术调查官作为知识产权审判组织的内部智力支持处理一般性技术事实审查，当出现重特大技术疑难问题或者某领域的高度专业化技术问题时，启动外部专家智力支持机制。因此，设置技术调查官不仅是为了使其在具体案件审理过程中发挥

技术审查作用,而是要建立起内外协同的完善的技术审查机制。

(一)技术调查官是为案件审理提供技术知识储备和支持的司法辅助人员

对于技术型案件,技术调查官应当在开庭前提供案件技术背景的分析说明,对案件的技术争议焦点形成初步的审查意见,帮助法官理解专业性术语,有效地掌握庭审技术调查重点问题。在技术专业性较强的调查取证、现场勘验等活动中,技术调查官经法官同意提出具体的实施方案或者预案并参与具体执行,可以提升调查取证、现场勘验的技术质量。在技术鉴定中,法官可以直接通过技术调查官对技术鉴定意见进行更加专业和客观的分析,从而有效提高技术事实调查的公信力和可信度。

(二)技术调查官是帮助技术案件当事人与法官进行专业化沟通的技术翻译

经法官同意,技术调查官可以根据案件需要组织当事人围绕技术争议事实召开庭前会议,也可以结合案件的技术争议问题向当事人进行询问,协助法官就当事人提供的技术意见进行客观、准确的判断,能够取得"兼听则明"的效果。庭审后,技术调查官应当就案件涉及的技术问题出具技术审查意见,并列席合议庭评议,发表与技术事实相关的技术审查意见供合议庭参考。在一些技术性较强案件的调解、和解过程中,技术调查官可以协助法官就技术事实与当事人作必要的说明和沟通,让当事人明晰案件的技术争议,消除相关的技术事实疑虑,进而促进纠纷解决。

(三)技术调查官是帮助法官技术知识积累的技术型法律人才

考虑到当前大多数知识产权法官均是法学专业出身,并不具有理工专业背景,对于案件审理中随时可能遇到的技术问题,法官除了可以通过技术调查官方便、及时地予以解决,还可以在处理案件过程中不断自我学习一般性技术知识,从而提高案件审理的效率。技术表达和法律表达是完全不同的两种思维表达方式,而技术性案件需要在技术与法律之间找到稳定的桥梁,如果法官和技术调查官能够共同相互积累技术与法律知识,形成稳定的工作团队,将极大地提高知识产权审判的效率。

三、当前实现技术调查官职责目标定位面临的困难

（一）技术事实与法律事实难以界分决定了技术调查官的培养具有长期性

虽然技术调查官的工作职责被严格限定在仅与案件技术事实相关的范围之内，但是，知识产权审判中的技术事实与法律事实的区分边界并不清晰，如相关技术方案是否属于公知常识、技术特征是否等同、技术改进是否容易想到等问题是属于技术问题还是法律问题难以清晰界分。从这个角度讲，技术审查意见应如何撰写，判决书中的技术型表达与法律表达如何结合等，是技术调查官在发挥司法辅助作用过程中尤其需要关注的问题。因此，技术调查官应当是对法律思维和司法审判方式有较完整认识，具备一定的法律素养的技术型法律人才。这类人才的培养必然需要法官和技术人才的共同努力，并不是一个短期的过程。

（二）技术门类的广度和技术发展的速度与技术调查官来源和数量的有限性之间难以调和

法院能够配置的技术调查官在专业领域和数量上都是有限的，而科技发展的日新月异和专业分工的日益精细化使未来对技术调查官专业化程度要求越来越高，并且需要不断提升技术经验和技术知识积累，否则难以对技术事实作出合理的认定。然而，集技术专长与法律为一体的复合型人才并不易得，设置一定数量的专职技术调查官有利于保证技术调查官队伍的稳定性，这是实现技术审查高效合理的前提和保障，也能够保障技术调查室对其能够实行有效管理。可见，技术的发展更新与技术调查官的稳定性之间的冲突是我们目前必须正视的现实问题。

（三）职业发展空间的空白现状不利于技术调查官人才的积累

职务划分与工资收入密切相关，也是对技术调查官工作能力的肯定 ，而合理的职务晋升机制则与工作积极性的激发紧密联系。由于技术调查官的职业身份和职务层次问题目前缺乏明确的方向性指引，技术调查官难以在短期内形成职业荣誉感。目前我国大多数优秀技术人员都不属于行政体制序列，仅仅在有限的体制内选拔技术调查官恐难实现制度目标。在职业发展空间不明的情况下，人才的稳定性和技术能力的持续进步也都难以保障，技术调查官的选任途径需要实现开放性。

四、探索开放性的技术调查官选任和培养制度

(一)技术调查官的选任途径和任职方式应当多样化

多数观点赞同以挂职交流形式直接从知识产权局选拔专利审查员或者专利复审员担任技术调查官。本文认为,专利审查员挂职交流是目前急需用人的情况下可以采用的最适当方式,但不能作为唯一的常态化形式。专利审查员长期的单纯技术审查和行政审查的思维习惯与司法审判原则、程序和法律思维方式可能产生冲突,这会在一定程度上降低技术调查官在配合法官进行技术审查时的效率,也可能使技术调查官人才队伍人员组成单一。考虑到目前技术类知识产权案件不断增加,案件涉及的技术领域日益广泛,开放性的技术调查官选任途径和多样化的任职方式显得尤为必要。未来技术调查官的选任应当面向更加丰富的群体,专职和兼职并行。我们应当看到大型企业、高等院校、科研机构等还有许多长期处在专业技术前沿战线的优秀技术人员,他们应当能够在法官引导下更快地抓住技术特征的关键因素。他们具有更加开放的思维和更加丰富的专业经验,如果将他们作为兼职技术调查官的人选,可以很好地弥补技术调查官选拔途径单一的问题。

(二)专职技术调查官应是本技术行业内中级以上技术水平人员

多数观点认为,专职技术调查官应当是本技术领域的高级技术人才或者权威技术专家。本文认为,结合我国技术调查官制度刚刚起步的现实状况,不能从专业技术专家、科研专家的角度来要求专职技术调查官,这部分人选可以通过兼职技术调查官和外部专家的方式予以适当弥补。

日本、韩国及我国台湾地区都曾经要求技术调查官具有较丰富的专利审查经验或者较长期的专业工作经验,然而实际任职人数并不理想,导致从专利局派遣审查员的形式任职问题。对技术调查官任职要求过高,是上述国家和地区技术调查官任职情况并不理想的主要原因之一。参考各国和地区的已有经验,作为司法辅助人员,他们的技术调查官或者法官技术助理主要负责协助法官对于受理的技术类知识产权案件涉及的技术问题进行技术事实查明,不需要对涉及的技术问题进行创造性工作,要求技术调查官在专业领域具有权威专家资质实在没有必要。考虑到我国目前具有一定科学技术成就或者具有较丰富工作经验的技术人员其所能获得的社会地位、发展前景以及收入状况均要优越于技术调查官,高级权威

技术专家愿意以专职形式担任技术调查官的几乎没有,因此对技术调查官的技术背景要求必须与这一国情相结合,不宜过高。作为法院内部的一个常设性岗位,专职技术调查官并不需要保有本领域最先进的技术,反而抓住技术争议焦点,完成思维方式转变才是技术调查官区别于专业技术人员的新能力体现,而经过培养的中级技术人员完全能够达到这一职位要求。

(三)保持技术调查官的职业稳定性

多数观点认为,基于技术更新的日新月异,技术调查官如果长驻法院而不到技术领域参与技术创新,容易与最新技术脱节,因此技术调查官的任期不宜过长并且兼职的技术调查官一般不再续聘。

本文认为,虽然技术的发展更新与技术调查官的稳定性之间可能存在冲突,但这些问题可以通过外部专家智力支持等途径弥补,而不能因此频繁更换技术调查官。由于技术调查官一般不具备法科背景,每一位新任技术调查官必须要在法官指导下熟悉审判程序及自己的职责范围,完成思维方式的转变,具备技术特征询问技巧,抓住技术争议焦点,而这一能力的培养并不是短时间能够完成的,无论专职还是兼职的技术调查官,都需要在长期实践中逐渐具备这种技术与法律复合型的工作能力。如果两年或三年一换,特别是对兼职技术调查官不续聘,法院就需要不断地重新培养新的技术调查官;这在一定程度上会加重法官办案负担,降低技术调查官配合法官进行技术事实调查的效率。因此,保持技术调查官职业的长期性和稳定性就显得尤为必要。

五、结语

我国需要构建技术调查官制度以填补审判组织内部技术知识储备的空白,争取培养出一批掌握技术特征询问的技巧,迅速抓住技术争议焦点的复合型司法辅助人员,以期建构完善的技术事实查明机制,更大程度上提高审判专业性和公信力,逐渐与主要国家的通行做法接轨,从而加强我国知识产权司法保护的力度,并进一步向知识产权保护国际化靠拢。本文的研究仅从职能定位的视角对技术调查官的选任来源、理念、任职形式等作了粗浅的分析,但就技术调查官的专业培养、职业评价与未来发展等多方面问题,仍需要我们更进一步的研究。

参考资料

期刊类

1. 杜颖、李晨瑶:《技术调查官作用及定位分析》,载《知识产权》2016 年第 1 期。
2. 易涛:《日本知产高级法院》,载《科技与法律》2015 年第 1 期。
3. 马浛菲、韩元牧:《简述技术事实之审查——从我国知识产权法院设立技术调查官制度谈起》,载《中国发明与专利》2015 年第 5 期。
4. 宋晓华、王闯、吴蓉:《关于知识产权法院技术调查官参与诉讼活动若干问题的暂行规定的理解与适用》,载《人民司法》2015 年第 7 期。
5. 朱理:《我国知识产权法院诉讼制度革新:评价与展望》,载《法律适用》2015 年第 10 期。
6. 宋健:《专家证人制度在知识产权诉讼中的运用及其完善》,载《知识产权》2013 年第 10 期。
7. 郭寿康、李剑:《我国知识产权审判组织专门化问题研究——以德国联邦专利法院为视角》,载《法学家》2008 年第 3 期。

报纸类

刘冠男、姚凯丽、范贞、韩亚圻:《“技术调查官”首次亮相国内法庭——广州知识产权法院率先探索技术调查官制度》,载《南方日报》2015 年 4 月 23 日,第 A(04)版。

“诉权受让人”的当事人适格问题研究
——以知识产权商业化诉讼为例

董文涛*

近年来,知识产权民事案件数量逐年上升,其中,占比重最高的是“知识产权商业化诉讼”(以下简称商业化诉讼),主要表现为:针对网站、网吧、高校、KTV 等侵害电影、计算机软件、图片、音乐著作权的案件,针对超市、市场商贩、网络平台及网店经营者等侵害商标权的案件等。[1]

根据原告主体不同,商业化诉讼大致有两种类型:一类是知识产权权利人(包括原始权利人和受让权利人)以自己的名义,针对多数侵权人提起的批量化侵权损害赔偿诉讼;另一类是知识产权权利人将诉权转让或授权给知识产权代理公司等专业机构,专业机构经规模化侵权搜索和专业取证后,以自己的名义针对多数侵权人提起的批量化侵权损害赔偿诉讼。本文探讨的是第二类商业化诉讼,由于该类诉讼中的原告是专业机构而非知识产权权利人,专业机构受让取得的仅是“诉权”而非实体权利,因此,司法实践中引发了专业机构是否为适格原告的争议。

一、问题的提出

(一)商业化诉讼概述

商业化诉讼,在本质上是知识产权权利人的维权意识逐渐增强与社会公众知识产权意识相对淡薄之间矛盾的集合体。有四个基本特征:(1)以侵权行为普遍

---

* 董文涛,上海市锦天城律师事务所上海办公室资深律师,法学博士;擅长领域为文化传媒产业、知识产权及争端解决。

〔1〕 以上海市杨浦区人民法院为例,2009 年至 2012 年,该院共受理知识产权民事案件 1257 件,其中商业化诉讼案件 744 件,占收案总数的 59.2%。

存在为事实前提。当前，销售盗版制品、贩卖假冒商品、通过网络非法传播影视、音乐及文字作品等知识产权侵权行为仍普遍存在，权利人存在保护知识产权的客观需要。(2)以获取侵权赔偿为主要目的。商业化诉讼在客观上可以起到清理盗版、净化市场的效果，但主要目的是通过获取赔偿而盈利。在该类诉讼中，赔偿数额是专业机构与侵权人之间最大的争议焦点。〔2〕 (3)以权利人“维权营销”为主要媒介。由于知识产权权利人往往并不擅长诉讼维权，于是将“诉权”有偿转让或授权(如“打包出售”“利益分成”等)给专业机构，专业机构获得授权后以自己的名义提起商业化诉讼。对权利人而言，有偿授权不仅为其带来了经济收益，而且也弥补了维权能力相对较弱的缺陷；对专业机构而言，通过商业化诉讼获取侵权赔偿，赔偿总额减去其支付给权利人的诉权受让成本及诉讼成本，即为自身的获利。〔3〕 (4)以“一对多”为基本诉讼结构。代表人诉讼、消费者诉讼、环境诉讼等群体性诉讼的诉讼结构是“多对一”，而商业化诉讼的诉讼结果则为“一对多”，专业机构面临的是多数侵权人。

(二)专业机构是否为适格原告

在原告上海国惠知识产权代理有限公司诉云南瑞升烟草技术(集团)有限公司侵害计算机软件著作权纠纷一案中，美国磊若软件公司授权上海国惠知识产权代理有限公司以原告的名义在中国处理侵犯该公司软件著作权之事宜，包括调查、取证、谈判、和解、提起民事诉讼等。云南省昆明市中级人民法院一审认为，诉权为合法权益受到侵害或发生争议的民事主体所享有的司法保护的一种资格，该资格由实体权利义务所决定或由法律特别规定，不具有单独让渡性。本案中，美国磊若软件公司并未将涉案软件的著作权项下的实体权利授予原告，且原告也不符合依法律特别规定而取得或行使诉权的资格，原告不符合我国民事诉讼法对原

---

〔2〕 司法实践中存在不少对商业化诉讼的质疑，认为会导致专业机构的“恶意维权”，比如陷阱取证、“钓鱼诉讼”、合法敲诈等，从而使诉讼制度异化为盈利的工具，背离诉讼制度的基本功能。孔祥俊认为，知识产权诉讼的商业化本身也是知识产权财产属性的应有之义，要辩证地看待这一问题，尝试以是否合乎特定知识产权保护的目的、是否有利于激发知识产权的正能量和正价值为标准来判断商业维权的正当性，并以适当的司法措施遏制不正当或者过度的商业维权。参见孔祥俊：《以创新的思路保护创新——当前知识产权审判新思考》，载《人民司法》2013年第9期，第33页。

〔3〕 广东省高级人民法院发布的《广东2010年知识产权司法保护状况白皮书》中提到，越来越多的权利人将维权业务外包给律师事务所或专业公司，由这些机构负责某个地域的维权活动，双方签订风险代理合同，对诉讼成果实行利润分成。参见林劲标、过雪晖、李世寅：《华盖风波 诉讼维权的商业化》，载《人民法院报》2011年5月23日，第6版。

告的规定,其在本案中不享有诉权,故裁定驳回原告的起诉。原告不服一审裁定,提起上诉。云南省高级人民法院二审认为,诉权是指由于民事权益受到侵犯或与他人发生争议,权利人请求法院行使审判权保护其民事权益或者解决民事纠纷的权利。诉权由实体权利和程序权利共同构成。由于美国磊若软件公司并没有将相关著作财产权益授权给上诉人行使,只是授权其行使维权等诉讼权利,上诉人不能因此获得诉权,因此,上诉人不是本案适格原告。〔4〕

事实上,如果仅依据《民事诉讼法》第一百一十九条第一项之规定,"原告是与本案有直接利害关系的公民、法人和其他组织",恐怕很难得出"诉权由实体权利和程序权利共同构成""诉权不具有单独让渡性""原告不是适格原告"等结论,也就是说,一审、二审两级法院在裁判文书的说理部分其实已经从诉权、当事人适格等诉讼法学理论的角度对上述法律条文进行了法律解释。那么,这样的解释是否正确、合理呢?

二、诉权学说与当事人适格

(一)六大诉权学说

简单来讲,当事人就其与相对人之间发生的私法上权利的纷争,请求法院加以裁判,即为起诉,而此项请求法院作出裁判的权利,就是诉权。在诉讼法学理论中,存在多个诉权学说,以下六个最具代表性:〔5〕

一是私法诉权说认为,私权被侵害则能转化为请求权,请求权不能得到满足,转化为诉权。将诉权与实体请求权视为一体,其缺陷在于,不能兼顾法院与当事人之间关系,在消极确认之诉中,亦很难作出合理解释。〔6〕

二是抽象诉权说认为,诉权是当事人能够向法院提起诉讼、请求某种合法裁决的权利,其缺陷在于,该种学说过于空洞,其诉权之含义与宪法上所谓的"起诉自由"之权利似乎没有分别了。〔7〕

---

〔4〕 云南省高级人民法院(2013)云高民三终字第99号民事裁定书。

〔5〕 其实,还有一种"诉权否认说",认为私人提起民事诉讼要求法院就此进行审判,是法治国家公民人格权及一般权利的作用使然,这种权利并不具有特定内容。就民事诉讼制度与当事人的关系而言,这种关系的内容不过反映了国家基于解决民事纠纷的需要设置了民事诉讼制度,而当事人则利用这种制度服从于国家审判权这样一种事实而已。诉权不过是对诉讼制度目的的主观投影,将这种权利作为一种制度上的权利来对待并具有任何意义。

〔6〕 参见[日]富坚贞夫:《德国诉权论的成立过程》,载《民事诉讼法杂志》1965年第11期。

〔7〕 参见[日]新堂幸司:《新民事诉讼法》,林剑峰译,法律出版社2008年版,第176页。

三是本案判决请求说认为,诉权是要求法院就当事人之间的纠纷作出本案判决的权利。[8] 其缺陷在于,当法院作出驳回起诉的裁判时,仍坚持“诉权已经得到满足”的观点就不存在什么实质意义了。

四是具体诉权说(权利保护请求说)认为,诉权是原告要求法院作出有利于自己的判决的权利。[9] 其缺陷在于,把诉权看作是保护实体权利的公法性质的手段,但将原告的主观希冀作为权利的内容,同样在原告败诉时难以作出圆满阐释。

五是司法行为请求说认为,任何人都可以向法院求助并寻求法院裁判。[10] 该学说认为诉权包括两层含义:第一,无条件诉诸法院的权利,第二,要求法院公正审理和裁判的权利。[11]

六是二元诉权说认为,诉权具有程序意义和实体意义两重性。程序意义上的诉权,指原告向法院提起诉讼的权利和被告进行答辩的权利;实体意义上的诉权,是指原告通过法院向被告提出实体上要求的权利和被告可以通过法院反驳原告请求和反诉的权利。[12]

(二)诉权学说的实践价值

在形形色色的诉权学说中,“二元诉权说”作为主流观点是立足于实践、服务于实践的结果。

一方面,“二元诉权说”中关于“程序意义上的诉权”之界定,肯定了“抽象诉权说”和“司法行为请求说”关于诉权系公法下的权利的属性。其实,“诉权”这一概念从未见诸《民事诉讼法》以及其他相关立法,抑或最高人民法院关于民事诉讼的司法解释,反而在与司法、法治相关的政策性文件中多次出现。比如,中共中央《关于全面推进依法治国若干重大问题的决定》中提到:“改革法院案件受理制度,变立案审查制为立案登记制,对人民法院依法应该受理的案件,做到有案必立、有

---

〔8〕 德国、日本民事诉讼中都有“本案判决”的概念,与之相对的是“诉讼判决”。诉讼判决是法院针对程序性问题作出的判决,本案判决是法院针对实体性问题作出的判决。我国民事诉讼法中“驳回起诉”的裁定,就相当于“诉讼判决”。

〔9〕 参见[日]渡边纲吉:《增补法·诉讼·裁判》,东京青林书院1985年版,第68页。

〔10〕 [德]奥特马·尧厄尼希:《民事诉讼法》,周翠译,法律出版社2003年版,第196页。

〔11〕 与此相应,法院也有两个层面的裁判义务:一是通过裁判对起诉作出终局性回应。包括终局性的程序裁判和实体裁判。例如,驳回起诉的裁定就属于终局性程序裁判,通常是因认定某些诉讼要件不具备而作出的,它导致案件未经实体判决而结束。二是必须依据正当程序进行审理,依据实体法公正作出裁判。参见严仁群:《回到抽象的诉权说》,载《法学研究》2011年第1期。

〔12〕 参见江伟主编:《民事诉讼法学原理》,中国人民大学出版社1999年版,第235~239页。

诉必理，保障当事人诉权。"不难看出，"诉权"更多是在"保障原告（公民）诉权"之政治语境中被使用的，它的字面含义毋宁被理解为"老百姓告状的权利"。"二元诉权说"显然照顾到了这一点，认为公民、法人以及社会组织均享有程序意义上的诉权。

另一方面，"二元诉权说"中关于"实体意义上的诉权"之界定，也与"私权诉权说"、"具体诉权说"和"本案判决请求说"一样，回答了"原告凭什么可以起诉"的问题。原告只要是形式原告，那么就可以提起诉讼，即享有程序意义上的诉权；如果原告属于适格原告，即有资格就诉讼标的之权利义务关系进行诉讼，那么就认为其还享有实体意义上的诉权。可以说，"二元诉权说"既积极倡导诉权保障，但又并非空洞而不接地气，它具有较强的可操作性。

（三）当事人适格

当事人，其实是程序当事人或形式当事人，简单来讲，就是原告和被告。根据"二元诉权说"，只有适格原告才享有实体意义上的诉权，形式原告不享有实体意义上的诉权。自然而然，接下来就需要讨论什么样的原告才是适格的。

适格当事人包括三类主体：一是利害关系人，即实体法上的权利义务主体或者法律关系主体，该类主体兼具诉权与实体权利，因此不存在太多争议。二是法定的诉讼担当人，它属于诉权与实体权利相分离的形态，其之所以能够就他人之权利以自己的名义进行诉讼，完全基于实体法或程序法的规定。比如，遗嘱执行人或破产管理人在发生遗产或破产财产被侵占等事由时以自己的名义提起诉讼，还有代表人诉讼、公益诉讼。[13] 三是实体权利主体授权的诉讼担当人，学理上又称任意的诉讼担当，也属于诉权与实体权利相分离的形态。下面重点阐述第三类主体。

关于任意的诉讼担当，历来都有很大争议，但普遍认为，不能盲目扩大任意的诉讼担当。理由在于，广泛的、毫无约束的任意的诉讼担当可能产生滥诉现象，导致非律师以实质的代理人身份进行诉讼活动甚至"包揽诉讼"，从而损害当事人利

---

〔13〕 代位诉讼与法定的诉讼担当在形式上有些类似，但实际上两者有本质差别。代位诉讼是债权人以自身名义向第三人（债务人的怠于主张债权的人）提起的给付之诉。在法定的诉讼担当中，诉讼担当人与第三人之间的诉讼判决结果对被担当人具有拘束力，而代位诉讼的判决结果则未必对债务人及第三人的债权债务关系产生拘束力，债权人在代位诉讼中败诉后，债务人仍然可以再行向第三人主张债权。

益和律师代理制度，甚至损害到整个司法运行机制；而且，如果实体权利授权的诉讼担当人属于适格原告，那么，实体权利人就成为本诉之外的第三人，根据诉讼担当理论，第三人与被告之间的权利义务关系理应受本案判决的既判力约束，但是，第三人毕竟才是真正的实体权利人，如果该第三人或者其重复授权的其他诉讼担当人在另案中就相同权利义务关系再次向被告主张权利的话，那么被告是否可以提出第三人或其重复授权的其他诉讼担当人不享有诉权的抗辩呢，这无疑充满不确定性。正是基于这两方面考虑，大陆法系国家司法实践认为，单纯转让诉权但无任何实体法律关系上的授权不能成立诉讼担当。〔14〕 当然，实务中亦认可，当任意的诉讼担当人存在自己的"固有利益"时，可以成为适格当事人。所谓"固有利益"就是要求担当人与诉讼结果有法律上的利害关系，如果该担当人没有参与某一法律关系，只是有事实上的或者经济上的利害关系，那么也不应视为"固有利益"。〔15〕 比如，日本司法实务中认为执行合伙事务的合伙人，可以代表合伙组织，作为诉讼担当人以自己的名义提起诉讼。〔16〕

三、商业化诉讼中的"诉权受让人"

法治国家应保障公众接近司法的权利，程序意义上的诉权属于公法下的权利，不能放弃或转让；任何公民、法人或其他组织都享有程序意义上的诉权，都可以成为形式当事人，但只有适格当事人才享有实体意义上的诉权；适格当事人包括实体上的利害关系人和法定的诉讼担当人；通常情况下，任意的诉讼担当人并非适格当事人，只有具有自己的"固有利益"才在部分大陆法系国家司法实践中被谨慎接受。

（一）固有利益

专业机构在商业化诉讼中能否获胜以及获得多少赔偿款，直接影响其自身经

---

〔14〕 参见［日］谷口安平：《口述民事诉讼法》，第264页以下，转引自台湾民事诉讼法研究基金会：《民事诉讼法之研讨（六）》，台北，三民书局1997年版，第78页以下。

〔15〕 律师风险代理业务或许可以作为例证进一步解释。在风险代理业务中，律师是否可以获取律师费或者获取多少数额的律师费完全取决于诉讼的结果，在此情况下，律师显然与案件具有事实上的或者经济上的利害关系，但律师自身并没有参与到法律关系之中，因此，律师不能以诉讼担当人而只能以代理人的身份出现在诉讼当中。反之，如果承认事实上或者经济上的利害关系属于"固有利益"，那么风险代理律师在拿到当事人的授权之后，没有必要以被代理人的名义提起诉讼，而可以自己的名义提起诉讼了，这显然是不恰当的。

〔16〕 肖建华：《诉权与实体权利主体相分离的类型化分析》，载《法学评论》2002年第2期。

济利益。然而,尽管如此,商业化诉讼的结果所能体现的专业机构的自身经济利益,并非前述中所谓的"固有利益",因为,知识产权侵权法律关系的主体仍然是知识产权权利人和侵权人,专业机构并没有参与到这一法律关系当中。由于专业机构并非实体权利人,也并非法定的诉讼担当人,同时也不具有"固有利益"从而不宜认定为任意的诉讼担当人,因此,专业机构在商业化诉讼中不能成为适格原告。

细心的读者也许会进一步追问,到底何种情形下才算是具有"固有利益",从而可以构成任意的诉讼担呢?知识产权许可是在权利人在保留权利所有的情况下设定负担的行为,将权利的行使权或者使用权让渡他人。知识产权权利许可包括独占许可、排他许可和普通许可三种。独占被许可人可以排除包括权利人在内的任何主体的使用行为,排他被许可人并不能排除权利人而只能排除一般主体的使用行为,普通被许可人只能自行使用而不具有排他性的使用权。针对他人的侵权行为,独占被许可人完全可以自己名义提起诉讼而无须引用诉讼担当理论,因为其自身已经几乎具有了实体权利人的地位;排他被许可人可以自己的名义、为自己的那部分利益提起诉讼,此时,该侵权诉讼中仅处理损害该被许可人的部分,无法处理侵害实体权利人的部分;普通被许可人通常不能以自己的名义提起诉讼。但是,如果权利人授权排他被许可人、普通被许可人行使诉权的话,排他被许可人、普通被许可人便可以被认为具有"固有利益",从而可以自己的名义代表实体权利人提起诉讼。

(二)诉讼信托

我国《信托法》第十一条第四项规定,专以诉讼或者讨债为目的设立的信托无效。对此的官方立法解释是,防止发生以营利为目的而替代律师承揽诉讼的社会滥诉现象,同时,当事人的诉讼权利不能作为信托的标的,不属于财产管理的活动,而且当一些有特殊背景的个人或组织担当了"讨债公司"的角色,还会引发侵害债务人和债权人权益的其他问题。为此,不少国家的信托法都有基本相同的禁止性规定,这样有利于维护国家的司法秩序,维护诉讼当事人的合法权益。[17] 由此可见,诉权本身不能作为信托财产,"帮别人打官司"也不是一种财产管理活动,因此立法禁止诉讼信托。

首先,"讨债公司"游走于法律的边缘,私权救济渠道多样化的现实需要并不

〔17〕 卞耀武主编:《中华人民共和国信托法释义》,法律出版社2002年版,第29页。

能为“讨债公司”提供充足的合法性注脚。如果《信托法》没有禁止诉讼信托的规定，那么“讨债公司”将明目张胆地存在并滋生更多负面影响。相比于公力救济，私力救济尽管是灵活的且起到补充作用的，但又是不够规范的，它在实现私权时不免会张扬野性的正义甚至导致非正义，尤其是“强力型”私力救济还会导致敌意、矛盾与暴力。[18] 其次，《信托法》已经明确诉讼信托非法，那么，如果司法突破了立法明令禁止的行为，就意味着司法权架空了立法权，以所谓的“个别正义”代替了“普遍正义”。因此，对于诉讼信托问题，司法不应僭越本分，而是应保持保守的品格。再次，《信托法》否定诉讼信托的立法精神，还可以从“二元诉权说”的角度得到印证。诉讼的启动依赖于程序意义上的诉权，它具有保障公民接近司法的重要意义，它并不体现权利人与对其他平等主体之间的关系，而是反映当事人与司法机关之间的关系。程序意义上的诉权属于公法下的权利，而非可以任意处分的私权，承认这一属性，改立案审查为立案登记，才不会使审判权对诉权在起点上进行无端限制，才可以彻底解决“告状无门”问题。正因如此，任何公民、法人或者其他组织既不能通过合同约定、授权、信托等方式放弃自身的诉权，也不能转让或委托他人行使或管理自身的诉权。最后，《信托法》否定诉讼信托的立法精神，与德国、日本等大陆法系国家司法实务严格限制任意的诉讼担当人的范围具有相同的初衷，前文述及，任意的诉讼担当人仅当存在“固有利益”时才被司法实务谨慎适用，其目的也是在于防止非律师以实质代理人的身份介入诉讼甚至“包揽诉讼”。

（三）著作权集体管理

与商标侵权商业化诉讼有所不同，涉及著作权侵权的商业化诉讼中还有特有的著作权集体管理问题。

我国《著作权法》第八条第一款规定，著作权人可以授权著作权集体管理组织行使著作权，著作权集体管理组织被授权后，可以以自己的名义为著作权人主张权利，并可以作为当事人进行涉及著作权的诉讼、仲裁活动。根据上述规定，著作权集体管理组织经权利人授权后可以作为适格原告，以自己的名义进行诉讼，这似乎属于法定的诉讼担当。但是，由于我国目前并未采取延伸性集体管理制度，很多权利人目前并未将自己的著作权授权给著作权集体管理组织。也就是说，实

---

〔18〕 参见范愉：《私力救济考》，载《江苏社会科学》2007 年第 6 期。

际上存在大量的非会员权利人。针对非会员权利人的权利,著作权集体管理组织无权以自己的名义提起诉讼。由此可见,著作权集体管理组织可以作为适格原告的基础,仍然是基于权利人的授权,因此,毋宁将其称为"法律规定的任意的诉讼担当"。

四、结语

民事诉讼法律制度,本质上是一种私权的公力救济机制,法官作为中立的裁决者,以原告的诉讼请求为基础,以经过原被告举证质证、直接对抗而查明的事实为依据,通过正确适用法律作出公正裁决,从而终局性解决纠纷。从这个意义上讲,民事诉讼是权利人借以保护私权、解决纷争的"工具",而且这个"工具"也是现代法治国家理应向公众提供的社会公共产品,任何人合法利用该"工具"的行为均是正当和无可指责的。但是,利用民事诉讼制度的方式并非毫无限制,在本文开篇引述的案件中,昆明中院及云南高院根据"二元诉权说"这一主流诉权理论在一审、二审判决中正确地指出了权利人应当遵循的限制。

本文的研究表明,根据"二元诉权说"理论,程序意义上的诉权具有宪法意义上的诉权保障功能,属于公法下的权利,任何公民、法人或其他组织不能放弃、转让或对外授权其程序意义上的诉权,因此,严格来讲,"诉权转让"是不正确、不严谨的表达方式;对于任意的诉讼担当,应当沿袭德国、日本等大陆法系国家司法实务的做法,不能仅以知识产权人具有维权的现实需求为由而任意扩张,否则将导致非律师以实质代理人的身份"包揽诉讼",只有那些存在"固有利益"的诉讼担当人(如知识产权被许可人)才能被认定为适格原告,若专业机构仅仅是"诉权受让人"而并不存在"固有利益",则无法被扩大认定为任意的诉讼担当,不能以自己的名义提起诉讼。具体到著作权侵权领域,如果权利人将实体权利的整体或部分权能授权给专业机构,无论该专业机构从某个著作权人或者多个著作权人处获得了多个作品的授权从而是否实质上从事著作权集体管理行为,都不影响专业机构作为适格原告以自己的名义提起诉讼,也不影响侵权法律关系的成立。

参考文献

著作类

1. [日]新堂幸司:《新民事诉讼法》,林剑峰译,法律出版社 2008 年版。
2. [日]渡边纲吉:《增补法 · 诉讼 · 裁判》,东京青林书院 1985 年版。

3. [德]奥特马·尧厄尼希:《民事诉讼法》,周翠译,法律出版社2003年版。
4. 江伟:《民事诉讼法学原理》,中国人民大学出版社1999年版。
5. 柴发邦:《民事诉讼法学新编》,北京大学出版社1992年版。
6. [日]高桥宏志:《民事诉讼法:制度与理论的深层分析》,林剑峰译,法律出版社2003年版。
7. [日]新堂幸司:《新民事诉讼法》,弘文堂平成2010年版。
8. [日]谷口安平:《口述民事诉讼法》,转引自台湾民事诉讼法研究基金会:《民事诉讼法之研讨(六)》,台北,三民书局1997年版。
9. 卞耀武:《中华人民共和国信托法释义》,法律出版社2002年版。

期刊类

1. 孔祥俊:《以创新的思路保护创新——当前知识产权审判新思考》,载《人民司法》2013年第9期。
2. [日]富坚贞夫:《德国诉权论的成立过程》,载《民事诉讼法杂志》1965年第11期。
3. 段厚省:《民事诉讼标的与民法请求权之关系研究》,载《上海交通大学学报》(哲学社会科学版)2006年第4期。
4. 严仁群:《回到抽象的诉权说》,载《法学研究》2011年第1期。
5. 肖建华:《诉权与实体权利主体相分离的类型化分析》,载《法学评论》2002年第2期。
6. 徐卫:《论诉讼信托》,载《河北法学》2006年第9期。
7. 范愉:《私力救济考》,载《江苏社会科学》2007年第6期。

报纸类

林劲标、过雪晖、李世寅:《华盖风波　诉讼维权的商业化》,载《人民法院报》2011年5月23日,第6版。

2018年ALB China知识产权经典案例回顾

齐宝鑫*

一、引言

2001年，中国正式加入WTO，中国的对外开放进入新阶段，中国的知识产权保护也拉开新篇章。入世以来，中国的知识产权保护从最初的饱受海内外诟病，到现在的“脱胎换骨”，知识产权已经提到国家战略高度。

众所周知，知识产权法律服务一直是锦天城的传统强项。一路走来，锦天城既是见证者，也是引领者。锦天城不仅见证了知识产权的日渐重要并逐渐完善，更以自己卓越的专业服务，为中国知识产权建设添砖加瓦。

本文以下选取了四个由锦天城齐宝鑫律师团队经办的经典案例。这四个案例的主体既涵盖民营企业，也包括国家事业单位，既涉及国内知识产权的问题，也远渡重洋到美国维权，可谓集中体现了各行各业、国内国外的知识产权法律问题。

二、齐“鑫”协“利”
——吉利汽车知识产权与“一带一路”专项法律服务

（一）案情简介

浙江吉利控股集团有限公司（GEELY）是中国国内汽车行业十强中唯一一家民营轿车生产经营企业，2012年开始一直系世界500强企业。2014年至2016年，锦天城高级合伙人齐宝鑫律师受聘担任吉利汽车首席法律顾问和集团法务总监，参与并部分见证了吉利和沃尔沃汽车品牌并购整合过程，并代表吉利汽车参与在

---

* 齐宝鑫，上海市锦天城律师事务所上海办公室高级合伙人，复旦大学法律硕士、北京大学管理学博士；擅长领域为知识产权（包括商标、专利、著作权、不正当竞争及商业秘密）、国际贸易、资产收购与重组、企业常年法律顾问、“一带一路”等非诉讼法律服务，以及相关的诉讼与仲裁代理服务。

美国举办的吉利、沃尔沃、福特三方知识产权会议。

在吉利汽车"一带一路"企业项目和海外市场项目上,齐宝鑫律师带领法务团队协助完成一系列相关法律事宜,包括但不限于项目接洽、初期谈判、尽职调查、合同设计与谈判、配合完成并购、控制审查批准等,相关法务工作成果涉及俄罗斯、乌克兰、白俄罗斯、伊朗、乌拉圭等国家。

(二)争议焦点

本案的争议焦点主要体现在以下三个方面:

一是,吉利汽车收购沃尔沃时,部分"限制性知识产权"和"排除性知识产权"条款使吉利汽车在并购后整合沃尔沃知识产权资源过程中存在诸多限制,如何协调知识产权使用和顺利完成沃尔沃知识产权剥离需要进一步谈判确定。同时,基于"吉利是吉利,沃尔沃是沃尔沃"的既定战略,如何充分发挥沃尔沃与吉利汽车各自优势,使两个品牌相融合,实现双方共赢,也需逐渐完善明确。

二是,白俄罗斯项目是中国与白俄罗斯的重要汽车合资项目,不仅是中白工业园示范项目,更是"一带一路"示范项目。为了实现两国间及企业间的多元合作目的,如何确定并实现"战略上可行、法律上可靠、商业上可赚、政治上可信"的法律与商业高度融合的创新性解决方案,是本案一大争议点。

三是,为了顺利终止吉利汽车与乌拉圭企业的 Nordex 项目,双方如何解决国际物流滞期费等事宜是本案一大争议点。

(三)案件难点

尽管外界认为"吉利收购了沃尔沃全部的知识产权",但不可避免地,正如有观点认为"知识产权问题谈的也是比较艰苦的,但吉利花那么多的钱去买一个世界顶级的豪华汽车公司,如果没有知识产权的支持,买来的这个公司也是苍白无力的"。

依据跨国收购经验,东道国政府、被收购企业往往针对知识产权转让及使用等设置较苛刻的限制条款。在整合资源的过程中势必会涉及知识产权使用的限制,因此必须提前在制度设计上尽可能避免违约。且福特已于 1999 年开始与沃尔沃深度融合,两者之间的知识产权关系错综复杂,如何顺利实现沃尔沃与福特的剥离,继而实现沃尔沃与吉利的共赢,也是本案一大难点。

另外,跨国并购需解决跨国企业文化差异和"Arm's Length"等难题,律师在工作中如何开创性地融合不同利益相关者的诉求,最大限度地实现收购的目的,也是不可避免的巨大挑战。

白俄罗斯项目是吉利汽车非常重要的海外投资项目,也是企业实践“一带一路”项目中最重要的战略安排之一,如何尽快圆满地处理滞期费纠纷以继续推进双方合作是本案难点。

基于乌拉圭经济不景气、产能下降的大背景,律师不仅需要就终止合同与乌拉圭企业进行多轮谈判,还需同时解决更换经销商的问题,如何实现上述两件事宜的完美对接是本案一大难题。

(四)律师策略

1. 制度设计,预防纠纷

齐宝鑫律师代表吉利汽车参与与沃尔沃和福特进行的三方知识产权会谈,针对吉利汽车在整合沃尔沃技术资源过程中势必会接触到的按协议吉利汽车无权使用的相关知识产权进行协调,并在协议中直接予以约定,从而避免使用方面存在的摩擦,从制度设计上避免相关知识产权纠纷。

2. 准确定位,根本解决

在白俄罗斯项目中,齐宝鑫律师多次参加纠纷专题研讨会,参加项目汇报会,了解项目实施进展情况,主导重要条款的合规性审查,同时针对国际物流滞期费等事宜提出切实可行的解决方案,全程参与白俄罗斯项目。且在此项目中,不仅考虑了法律因素,还充分考虑了政治和商务等因素,最终圆满解决所涉纠纷。

3. 立足实地,综合统筹

齐宝鑫律师多次赴乌拉圭及南美某大国进行实地考察,与乌拉圭就终止 Nordex 项目后拟产生的一系列法律问题进行协商谈判,以尽可能减少非必要损失。同时齐宝鑫律师还积极展开与南美某大国经销商的谈判,最终顺利将 Nordex 项目中关于乌拉圭的权利义务转移给南美某大国的经销商。

(五)案件结果

齐宝鑫律师代表吉利汽车参与与沃尔沃、福特三方的知识产权会谈,为吉利汽车最大化地争取了可使用的知识产权范围,减少收购方与被收购方及其关联方之间关于知识产权使用的摩擦,实现知识产权利益最大化。

白俄罗斯项目中关于国际物流滞期费纠纷顺利解决,项目合作按期继续推进,为吉利汽车增加产能及扩展欧亚经济联盟的新市场奠定良好基础。

齐宝鑫律师代表吉利汽车处理与乌拉圭的 Nordex 项目纠纷,顺利终止与乌拉圭的合作,同时通过积极谈判顺利促成与南美某大国经销商的合作,最大化地维护吉利汽车的利益。

(六)案件意义

吉利收购沃尔沃汽车,是当时名震海内外的事件。它不仅是中国汽车"走出去"的里程碑,也是中国律师逐步活跃于国际舞台的重要事件。

知识产权是汽车行业并购的核心法律问题之一,稍有不慎,则可能出现违规的风险。齐宝鑫律师代表吉利汽车参加吉利、沃尔沃、福特的三方知识产权会议,减少三方在知识产权使用过程中的摩擦,为吉利汽车使用被收购方知识产权争取到最大利益。齐宝鑫律师团队以出色的法律服务,协助吉利成功地完成"蛇吞大象"。

吉利汽车成功签约收购沃尔沃,是中国汽车行业走向海外战略开始成熟的标志,不仅提升了民族品牌吉利的知名度,也让中国汽车开始屹立于世界舞台。吉利汽车成功签约收购沃尔沃,也是中国律师走向世界开始成熟的标志,不仅提升了中国律师的品牌和形象,也引领中国律师逐步活跃于国际并购的舞台。

吉利汽车大力开展海外投资项目,在"走出去""引进来"战略中遇到了大量知识产权争议,齐宝鑫律师在技术类协议审核、知识产权合规、日常侵权风险控制中为吉利汽车提供了诸多切实可行的法律意见,为中国企业海外发展保驾护航。

在"一带一路"项目层面,齐律师作为中国律师协助吉利汽车处理涉及多个法律辖区的项目纠纷,在管理跨境项目和处理复杂合规问题上提供全面法律服务,为中国企业实施"一带一路"项目布局提供切实可行的解决方案以面对复杂多变的国际环境。

三、出"齐"制胜

——2010 年中国法院知识产权司法保护十大案件之首"世博会法国馆案件"

(一)案件概括

2010 年 3 月,王某向上海市第一中级人民法院提起侵权诉讼,主张上海世博会在建的法国馆建筑侵犯其 200410033851.2 号名称为"高架立体建筑物"的发明专利权,请求法院判令停止使用、赔礼道歉、在法国馆建筑物上标明王某姓名和专利标识,并连带赔偿经济损失。齐宝鑫律师作为案件代理律师参与了案件的一审、二审,并最终胜诉。

(二)争议焦点

本案的主要争议焦点如下:

一是专利权人所主张的200410033851.2号名称为"高架立体建筑物"的发明专利权利要求范围是什么?

二是世博会法国馆的设计、建造是否属于现有技术或公知常识?

三是世博会法国馆的设计、建造与原告专利权利要求的技术特征是否相同或等同,是否会落入原告专利权的保护范围,是否采用了涉案专利技术?

(三)案件难点

本案的特殊之处是它发生于上海世博会期间,受到全球瞩目,国内外影响甚是重大。在这样敏感的背景之下,本案的难点不仅体现在技术上,更体现在策略上。具体如下:

一是如何根据发明专利说明书中所记载的发明目的、附图以及专利权人在专利授权审查过程中所作的陈述等内容,合理解释专利权利要求的含义,准确界定专利的保护范围。

二是采取何种策略有效地进行专利不侵权抗辩,防止原告专利权不当扩张,维护委托人的合法权益。

三是本案系涉及上海世博会期间展馆的专利侵权案件,具有重要社会影响,如何迅速解决纠纷,既维护世博会展馆的正常运行,又能够达到良好的社会效果,是本案面临的重大挑战。

(四)律师策略

1. 勘查现场,细致取证

齐宝鑫律师亲赴法国馆建筑物进行现场勘验,对原告的专利技术方案和法国馆建筑物的技术特征进行了详细比对,并在现场进行案件证据的细致取证。

2. 研究技术,专业分析

本案中,对专利权人的专利权利要求保护范围和法国馆建筑物的技术特征的比对是案件的关键,齐宝鑫律师为此组织了大量的技术研究分析会议,咨询技术专家意见,对案件进行了专业分析。

3. 策略精准,全面应对

齐宝鑫律师结合专利权人所提交的证据以及现场勘查取证情况,精准地选择了专利侵权应对策略。针对涉案专利权利要求 1 中"固接于地基的空间支架四周空间及表面布置有若干房屋单元;该空间支架有连接地面的交通设施,该空间支架的顶面为道路"的技术特征;世博会法国馆中所使用的螺旋体通道及房间单元的布局是否属于现有技术或公知常识;世博会法国馆的设计、建造与原告专利权利要求的技术特征是否相同或等同,是否会落入原告专利权的保护范围,是否采用了涉案专利技术等进行了明确、具体的分析,全面地进行了应对,获得了法院的认可和支持,案件得以圆满解决。

(五)案件结果

上海市第一中级人民法院认为法国馆建筑物恰恰仅在坡道表面设置有房间,此与涉案专利权利要求一中记载的技术特征之一"空间支架四周空间及表面设置有若干房屋单元"既不相同,也不等同,其建造方式不足以实现王某在专利文件中所描述的拓展建筑空间的功能和效果。法国馆和中建八局建造、使用法国馆建筑物的行为不构成对涉案专利权的侵犯,判决驳回王某的诉讼请求。

上海市高级人民法院认为王某的上诉请求与理由没有事实和法律依据,遂驳回上诉,维持原判。

本案一审、二审均获得胜诉,世博会法国馆也在上海世博会期间未受任何影响地正常运营。

(六)案件意义

在知识产权领域,本案无疑是一件里程碑式的案件。本案被最高人民法院列为 2010 年中国法院知识产权司法保护十大案件之首,同时列为 2010 年上海法院知识产权司法保护十大案件。

最高人民法院高度评价"本案是上海世博会期间涉世博的专利侵权案件,受到社会的广泛关注。审理法院经现场勘验法国馆的被诉侵权技术特征,依法准确解释专利权利要求,作出了法国馆未构成专利侵权的判决。本案判决体现了人民法院依法平等保护当事人权益的司法原则,维护了上海世博会的正常运行秩序,获得了良好的社会效果”。

上海市高级人民法院也表彰“本案是一起正确运用专利侵权判定方法,防止专利权不当扩张,压缩创新空间和损害公共利益的典型案例。其在法律上的突出意义在于,根据原告发明专利说明书中所记载的发明目的、附图以及王某在专利授权审查过程中所作的陈述等内容,合理解释了专利权利要求的含义,准确界定了专利的保护范围。由于本案发生在世博会举办期间,被控侵权的对象系世博会热门馆法国馆,因而广受社会关注,本案判决及时解决了世博会法国馆的知识产权争议,有利于世博会的成功举办”。

四、运筹出“齐”

——中国科学院大连化学物理研究所常年法律顾问及知识产权专项法律服务

(一)概况

中国科学院大连化学物理研究所是一个基础研究与应用研究并重、应用研究和技术转化相结合,以任务带学科为主要特色的中国一流研究所,该所先后有 19 位科学家当选为中国科学院和中国工程院院士。

自 2017 年 8 月 1 日担任中国科学院大连化学物理研究所的常年法律顾问及知识产权专项法律顾问以来,齐宝鑫律师、池振华律师提供的法律服务不仅涵盖知识产权确权、知识产权维权和成果转化、知识产权尽职调查与交易、知识产权战略保护和布局等,还开创性地建立了贯通“创新链、产业链、资本链”的创新型知识产权法律服务平台,创新科技、产业融合发展新模式。

(二)焦点

本案不同于一般的知识产权案件,本案的争议焦点不仅仅局限于知识产权保护,而且延伸到知识产权的转化和适用上,具体来说:

一是在现有传统知识产权法律服务的基础上,如何更好地解决科研院所长期存在的产学研融合和知识产权成果转化等问题,是打破现有模式、创造出新的保护模式,还是依托现有模式予以保护,需要结合实际情况予以确定。

二是如何结合中国科学院大连化学物理研究所实际情况建立创新型知识产权法律服务平台,如何选择具体适用项目,以何种方式先行适用,如何提供针对性、有效性的项目法律服务也存在选择上的争议。

（三）难点

科研成果转化过程中涉及诸多法律问题，如何既保护科研成果，又能有效解决科研成果转化现实难题，如对技术成果的归属或具体使用约定不明等易造成纠纷，而如何在明确界定权利归属的情形下，有效地进行知识产权许可，促进技术成果的有效使用，是亟待解决的难题。

因知识产权价值的不确定性及知识产权价值评估规范和方法不健全等因素，导致知识产权价值难以准确地予以评估。但中国科学院大连化学物理研究所具有众多高价值的知识产权，如何既能实现知识产权有效转化，又能防止资产流失，也是目前面临的重大问题。

（四）策略

齐宝鑫律师、池振华律师自担任常年法律顾问及知识产权专项法律顾问以来，提供的法律服务涵盖知识产权确权、知识产权维权和成果转化、知识产权尽职调查与交易、知识产权战略保护和规划、并购交易中的知识产权等，给高水平、大规模科研成果创造和有效实施提供坚实的法律保障。

立足于基础研究与应用研究并重的科研项目，在与国家能源战略相关的洁净能源化工产业项目中，齐宝鑫律师开创性地建立了贯通“创新链、产业链、资本链”的创新型知识产权法律服务平台，为促进科技成果以市场为导向的转化提供了高品质的法律服务。

（五）结果

齐宝鑫律师、池振华律师已建立贯通“创新链、产业链、资本链”的创新型知识产权法律服务平台，为推进洁净能源国家实验室的建设，打造国内顶尖、国际一流的洁净能源研发基地，推进国家能源战略作出了法律贡献。

以保护中国科学院大连化学物理研究所的知识产权为着眼点，通过全面、系统的高品质的法律服务促进科技成果转化，获得了中国科学院大连化学物理研究所院士的高度赞扬。

（六）意义

本案可谓为我国科研成果的转化和适用确立了“新模式”，树立了“新标杆”。

针对科研机构一直以来所面临的产学研融合和知识产权成果转化难题，齐宝鑫律师团队开创性地建立了贯通"创新链、产业链、资本链"的创新型知识产权法律服务平台，为推进洁净能源国家实验室的建设，打造国内顶尖、国际一流的洁净能源研发基地，推进国家能源战略做出了法律贡献，更为法律服务如何完善以市场为导向的科技成果转化新机制，促进科技成果转化做出了标杆示范。

五、"齐"高一着
——DaVinci Editrice S. R. L vs. Ziko Games, LLC et al.

（一）案件概括

2013 年，DaVinci Editrice S. R. L.（以下简称 DaVinci 公司）以 YOKA Games（以下简称游卡公司）《三国杀》卡牌游戏涉嫌侵犯其 Bang！卡牌游戏著作权及不正当竞争为由起诉游卡公司及其美国经销商 ZIKO GAMES, LLC。

DaVinci 公司诉称被告公司《三国杀》桌游使用了与 Bang！实质相同的游戏规则、玩法以及角色，只是替代以古代中国的主题。该案由美国德克萨斯州南方地区法院受理，于 2016 年 4 月 27 日作出判决，驳回了原告 DaVinci 公司的诉讼请求。

（二）争议焦点

该案争议点主要在于卡牌游戏是否构成实质性相似而侵犯著作权，具体包括以下方面：

1. 游戏的整体布局和理念；
2. 角色设置、互动和每个角色的取胜条件；
3. 角色属性和他们的能力；
4. 游戏规则和玩法。

该案核心焦点在于：卡牌游戏角色、人物及其互动——介于不受保护的游戏玩法与受保护的表达性内容之间的交叉地带——是否受著作权法保护？

（三）案件难点

由于本案涉及跨国涉外知识产权纠纷，需要深刻理解国家法律制度差异并进行相应的调整，还需要协调当地律师资源。

不仅如此，诉讼周期耗时长、花费高，需要律师与当事人良好的沟通、理解和合作。

此外，保护游戏开发者利益在实践中受到了更多的保护。虽然美国法院在“Spry Fax 案”中认可“游戏规则只受到最有限的保护”，但其后的“Tertris 案”（“俄罗斯方块案”）中法院的判例否认了单纯以“游戏规则不构成权利保护对象”进行抗辩，在判决上越来越倾向于游戏开发者。

（四）律师策略

齐宝鑫律师、池振华律师积极与诉讼所在地律师通力合作，在案件诉讼地参与案件审理过程，以游戏受法律保护的范围和游戏的独创性应对原告的侵权指控，通过丰富的涉外法律服务经验克服中美两国诉讼在法律制度上的差异而带来的困难，并取得积极效果。

齐宝鑫律师、池振华律师先与原告方就“构成游戏玩法的规则、程序和限制要求不属于受保护的表达”及“两款游戏在视觉描绘和主题相关要素上不构成实质性相似”达成共识，为案件的顺利推进奠定了基础。

根据美国相关判例法证明含有互动性角色的游戏并不都落入著作权法保护范围，引用了美国法院在“Spry Fax 案”中的观点以证明 Bang！游戏中 4 种角色间的互动只是一种不受著作权法保护的类型化、非独创的游戏玩法。

齐宝鑫律师、池振华律师就 Bang！游戏的具体故事情节、角色的互动方式是否具有可预测性等问题进行论证，结合 Bang！游戏每一局人物与角色根据发牌随机匹配的事实，否认其具有可预测的具体情节，且人物借鉴自套式角色，不属于受著作权法保护的独创性表达，律师观点获得了法院的认可和支持。

（五）案件结果

法院驳回 DaVinci 公司对认定被告不正当竞争的诉讼请求，判决被告方不构成著作权侵权，判决结论如下：

1. 原告 DaVinci 公司的 Bang！卡牌游戏与被告游卡公司的三国杀桌游在整体布局上和主题上不成立实质性相似；

2. 涉诉两款游戏中构成实质性相似的角色设置及其互动不是受著作权法保护的权利对象；

3. 涉诉两款游戏中受著作权法保护的独创性表达不成立实质性相似。

（六）案件意义

游戏产业是目前全球范围内发展最为迅速的娱乐产业之一，本案是桌游知识产权侵权纠纷领域一个影响力巨大的司法判例。

以往法院判例中,游戏规则往往被简单等同于思想而被排除在著作权法的保护范围之外。然而,本案可以体现法院在游戏知识产权侵权纠纷案中态度的转变:法院认为不能仅因游戏规则不受著作权法保护就认为任何与游戏规则相关的表达都不受保护。所以,本案给其后类似案件的启示是,在游戏自主开发中,具体游戏规则中的独创性表达已经落入了著作权保护范围,律师需要由此调整自己的诉讼策略和技巧。

本案亦是中国公司在海外被提起知识产权侵权诉讼后成功维权的经典案例之一。越来越多的中国公司急速拓展海外市场的同时,早于法律诉讼的风险也在剧增,尤其是涉及知识产权的诉讼。在以往诸多此类的诉讼中,中国公司往往因法律体系迥异、诉讼程序陌生等重重困难而不得不选择息事宁人,本案为中国企业海外涉诉时如何积极维权提供了成功的借鉴与指导。

六、结语

经济发展逸脱不出周期性规律,中国亦然。中国已经结束高速增长阶段,正在转向为高质量增长阶段,高质量的经济增长离不开知识产权建设,这是经济走向成熟的必然。另外,知识产权问题是 2018 年中美贸易争端的一个重要触发点,严峻的国际形势也会倒逼中国全面提高知识产权,进一步完善产权制度和营商环境。

在这样的历史背景下,知识产权建设必然是国家战略的题中应有之义。中国正在稳步推进知识产权管理体制机制改革,改革完善知识产权重大政策,深化知识产权"放管服"改革。可以预见,知识产权将迎来制度的"春天",而知识产权律师,也将大有作为。

知识产权诉讼趋势研究
——基于最高法院全国十大知识产权案例

齐宝鑫*

一、导语

知识产权的基本要义是产权保护，如果说知识产权运用是创新发展的基本路径，那么知识产权保护则是创新发展的基本保障。新一轮的创新创业大潮再被掀起，如何守护好以智慧成果为内核的知识产权，为经济社会发展提供更有力的支撑，是值得每一位法律人思考的问题。最高人民法院每年定期发布知识产权案件年度报告，此项举措不仅是最高人民法院指导知识产权审判工作的重要载体，更是已经成为社会公众了解最高人民法院知识产权审判发展动态的最要渠道。笔者结合自己作为代理人经办入选 2010 年中国十大知识产权案件之首的案件，对 2010 年至 2017 年最高人民法院发布的各年度中国法院十大知识产权案件进行了统计，并从案件的类型、地域分布、涉案主体、案由、标的、赔偿数额等进行了分析研究。

二、案件概述

我们对 2010 年至 2017 年最高人民法院发布的各年度中国法院十大知识产权案件进行信息整合，主要以数据、图表的形式展现这 80 起案件的概况：

---

* 齐宝鑫，上海市锦天城律师事务所上海办公室高级合伙人，复旦大学法律硕士、北京大学管理学博士；擅长领域为知识产权（包括商标、专利、著作权、不正当竞争及商业秘密）、国际贸易、资产收购与重组、企业常年法律顾问、“一带一路”等非诉讼法律服务，以及相关的诉讼与仲裁代理服务。

（一）案件基本类型

通过统计，我们看到在这 80 起典型案例中，民事案件所占比例最多，共计 56 件，占比 70%；行政案件屈居第二，共计 16 件，占比 20%；刑事案件位于第三，共计 8 件，占比 10%（见图 1）。

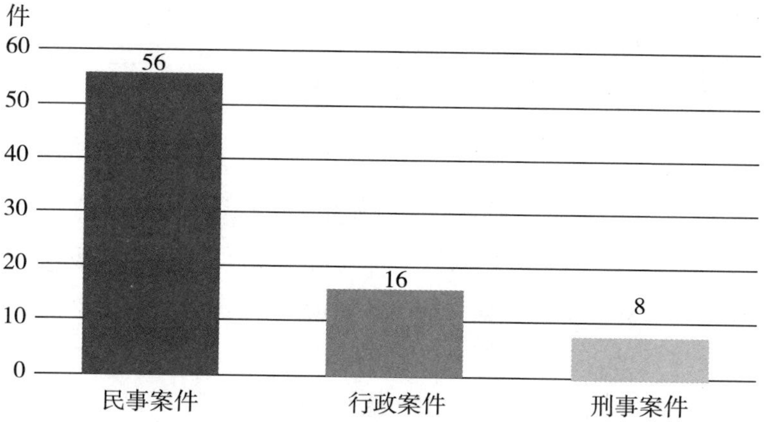

图 1　案件类型分布

从图 1 中我们可以看出，在这 80 起典型案例中，民事案件独占鳌头，占比高达 70%，这从侧面反映出，现阶段知识产权所表现的，更多的是一种商业权益，在科技创业引领发展的新时代，企业想要站稳脚跟，在百舸争流中取得好成绩，必须做好知识产权战略布局工作，“兵马未动，知产现行”已经成为现代商业竞争的一条共识。虽说行政案件与刑事案件占比不大，但也启发我们，明确知识产权中民事责任与刑事责任的边界，合理运用提起行政复议、行政诉讼的权利，可以最大化地维护自身知识产权权益，规避风险。

（二）地域分布

在 80 起典型案例中由北京地区法院审理的案件数量有 28 件，位居第一位，占比 35%；由广东地区法院审理的案件数量有 12 件，位居第二位，占比 15%；由江苏、上海、浙江地区法院审理的案件数量分别为 10 件、8 件、4 件，共计占比约 28%（见图 2）。

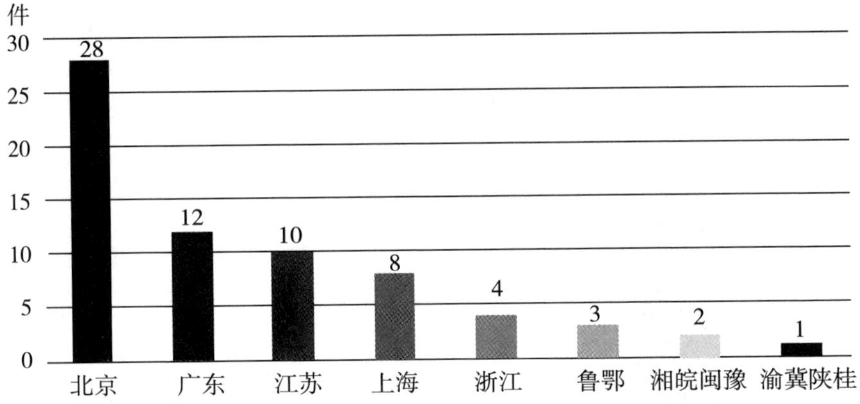

图 2　案件地域分布情况

从图 2 中我们可以看到,北京以 28 件遥遥领先其他地区,造成这一现象的原因不仅是由于北京企业大体量与国际化的特点,更是因为北京作为国家首都得天独厚的司法资源优势;广东以 12 件案件的数量排在第二,主要是因为华为、腾讯等一大批国内顶尖的科技公司总部位于广东;而江浙沪地区以长三角联盟的态势称雄东部。综观整体,案件主要集中在北上广江浙等发达地区和沿海地区,显示出集中性和地域性的特点。这也反映出我国经济发展的地域态势和不同地区知识产权保护的经验情况。企业在自身发展布局和知识产权战略规划时可将知识产权保护的地域特征也作为考量因素之一。

(三)审理法院级别

在统计的 80 件经典案件中,由最高人民法院再审核提审的案件共计 25 件,高级人民法院二审结案的案件共计 36 件,中级人民法院一审结案的案件共计 16 件,基层人民法院一审结案的案件为 3 件(见图 3)。

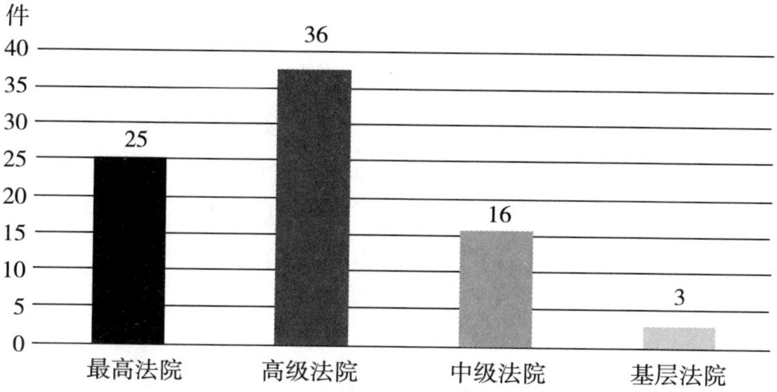

图3　案件审理法院级别

在图3中，由最高法院提审或再审结案的案件和由高级法院二审结案的案件数量分别为25件和36件，占比高达76%，这反映出在知识产权经典案例中当事人一旦开启维权之路，无论原告还是被告，都倾向于将法律规定的程序作为反击手段，维护自身的合法利益。

（四）案件胜诉率

从统计的结果中，我们看到：原告胜诉的案件为52件，占比为65%，远高于被告胜诉的案件（见图4）。其中16件行政案件（包括专利行政案件和商标行政案件）原告胜诉率约为57%（见图5）。

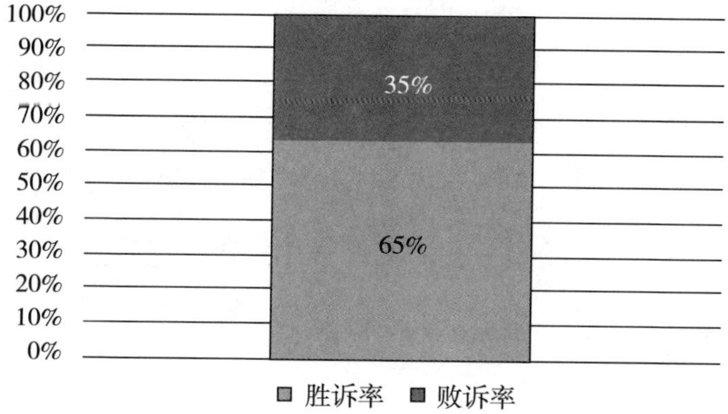

图4　案件原告胜诉率

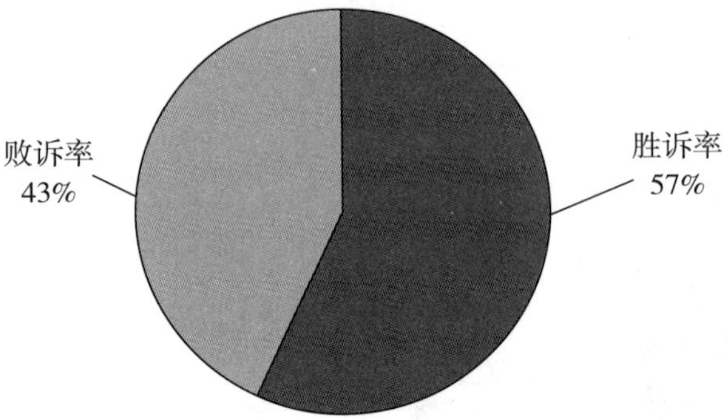

图5　行政案件原告胜诉率

原告胜诉率高于被告,即使在行政案件在原告的胜诉率也处于上风,这无异于向广大知识产权权利人释放出鼓励维权的友好信号,也警示不法分子侵权行为背后所隐藏的巨大风险。

三、涉案主体

本文统计的80起案件既涉及国内主体,也涉及国外主体;既有自然人主体,也有非自然人主体;既有知名度较高的主体,也有知名度一般的主体,具体情况如下:

(一)涉外主体

外国人或外国企业作为涉案主体的案件共计19件,如拉科斯特股份有限公司、鳄鱼国际机构私人有限公司、上海东方鳄鱼服饰有限公司北京分公司侵犯商标专用权纠纷案等(见图6)。

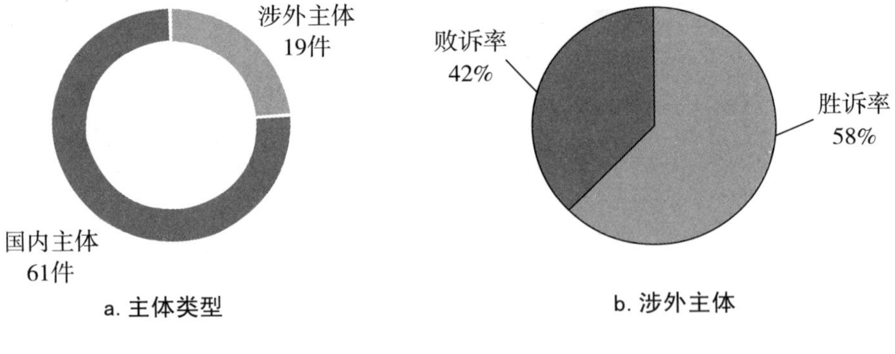

图6　涉外主体案件情况

（二）自然人主体

涉及自然人主体的案件共计20件，如“韩寒与北京百度网讯科技有限公司侵犯著作权纠纷案”“陈喆与余征等侵害著作权纠纷案”。值得注意的是，在80件经典案例中，刑事案件几乎都是以自然人为主体的案件（见图7）。

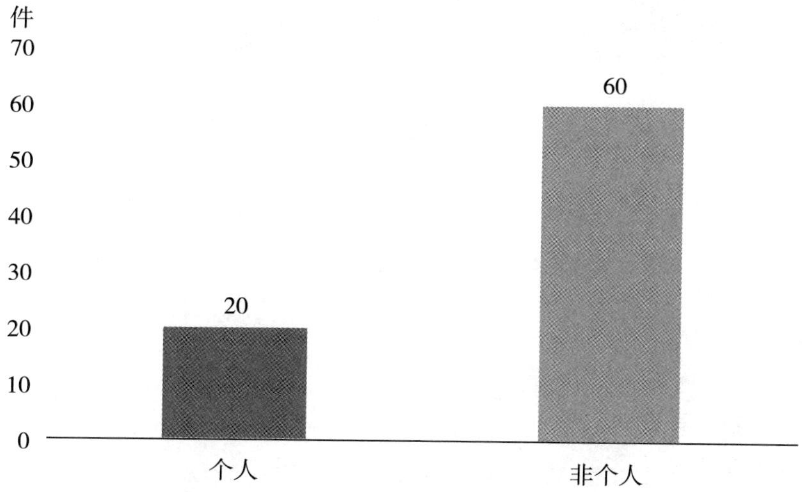

图7　案件主体类型

（三）企业知名度

在80起经典案例中，世界500强企业（包括其子公司和分公司）作为涉案主体的案件一共12件，其中胜诉的案件为7件，胜诉率为58%（见图8）；中国500强企业（包括其子公司和分公司）作为涉案主体的案件一共15件，其中胜诉的案件为12件，胜诉率高达80%（见图9）。

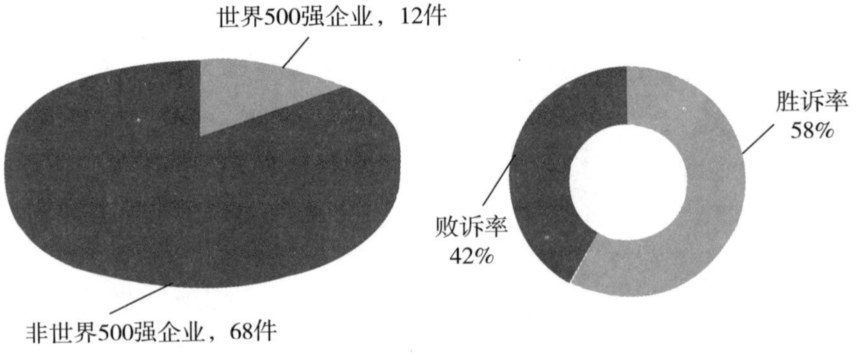

a. 知名度　　　　b. 世界500强企业胜诉率

图 8　世界 500 强占比及其胜诉率

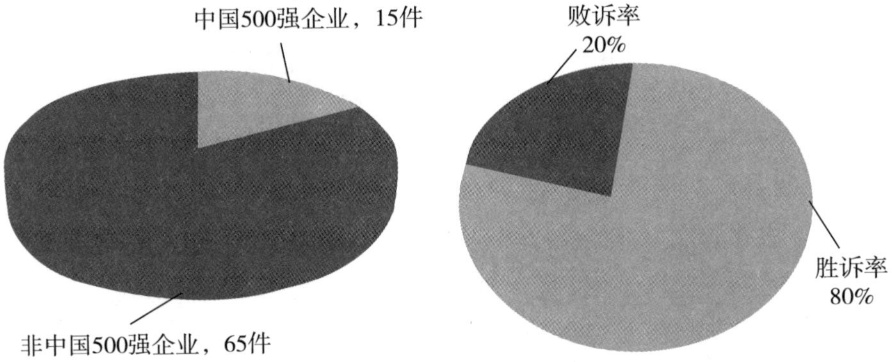

a. 知名度　　　　b. 中国500强企业胜诉率

图 9　中国 500 强占比及其胜诉率

从图 8、图 9 中可以看出，中国 500 强企业胜诉率要远远高于世界 500 强企业，这从一定层面上也给本土企业知识产权维权予极大信心。

（四）案件代理情况

在 80 起案件中，委托律所或者知识产权代理机构代理的案件共计 69 件，未委托他人代理的案件共计 11 件（见图 10）；在委托代理的案件中，上海市锦天城律师事务所代理的案件共计 3 件，分别为："王群诉上海世博会法国馆、中国建筑第八工程局有限公司侵犯发明专利权纠纷上诉案"（代理人：齐宝鑫、金飒）、"浙江淘宝网络有限公司与衣念（上海）时装贸易有限公司侵犯商标权纠纷案"（代理人：陈博）以及"圣莱科特国际集团、圣莱科特化工（上海）有限公司与华奇（张家港)化工有限公司、徐捷侵害商业秘密纠纷案”(代理人:陈乃蔚、陈博)。

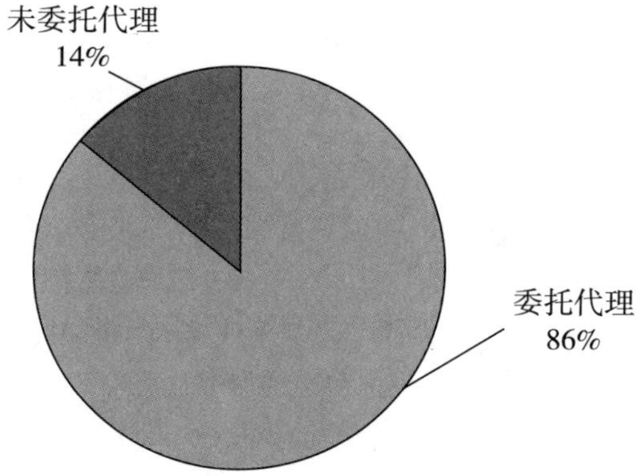

图 10　案件代理情况

(五)案由

在 80 件十大知识产权案件中,一共有六种案由,分别为:“商标权纠纷”、“专利权纠纷”、“不正当竞争纠纷”、“著作权纠纷”、“商业秘密纠纷”和“植物新品种纠纷”;其中,在商标权纠纷中,原告有时也会提起不正当竞争纠纷之诉。(见图 11)

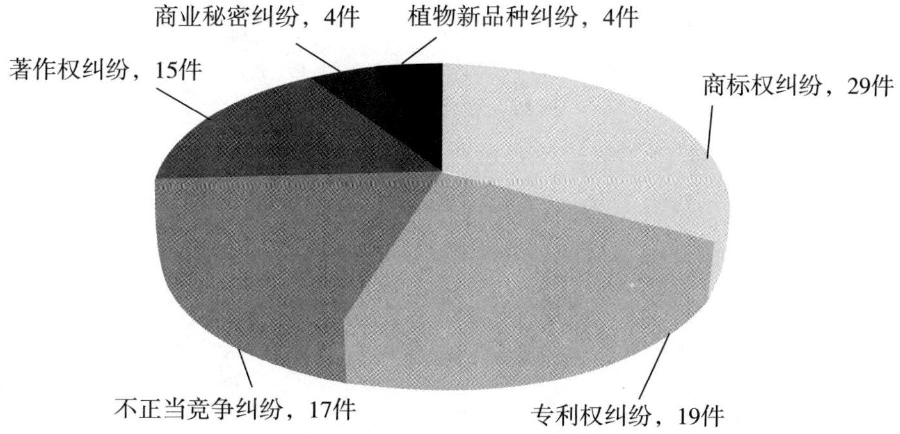

图 11　案件案由分布情况

从图 11 中可以看出,商标权纠纷和专利权纠纷是 80 件十大知识产权案件中的主要案由,这是由各权利的性质和特性不同所决定的;此处也提醒广大企业,要尤其注意对自身专利权和商标权的保护,以免带来诉累,增加企业运行成本。

(六)案件标的

经过统计,标的在10万元以下的案件(含商标行政案件和专利行政案件)共计29件,每年平均3.625件;标的在10万~100万元的案件共计21件,每年平均2.625件;标的在100万~1000万元的案件,共计20件,每年平均2.5件;标的在1000万~5000万元的案件共计6件,每年平均0.75件;标的在5000万元以上的案件共计5件,每年平均0.625件(见图12)。

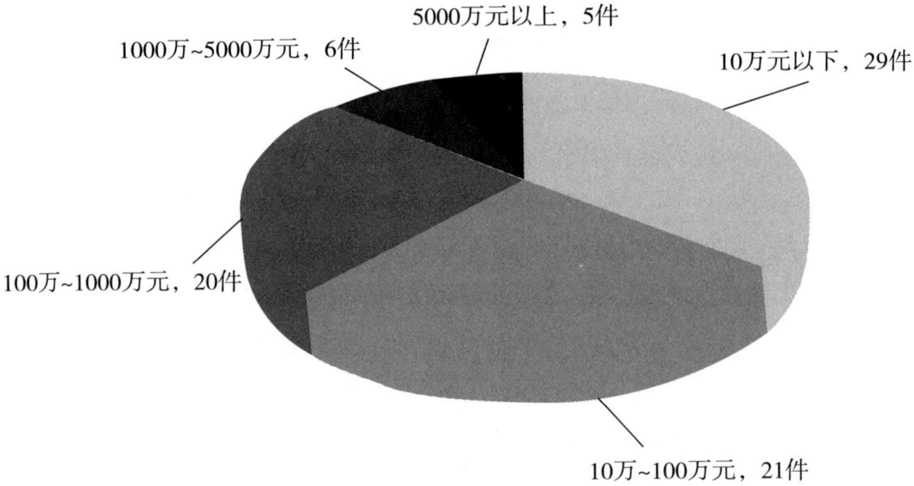

图12　案件标的情况

虽然案件标的为10万元以下的案件数量占比很大,但若除去商标行政案件和专利行政案件,平均每个案件的标的高达2300.94306万元。其中,标的最大的案件为"北京北大方正电子有限公司与暴雪娱乐股份有限公司、上海第九城市信息技术有限公司、九城互动信息技术(上海)有限公司、北京情文图书有限公司侵犯著作权纠纷案",涉案标的为408,980,110元。

(七)赔偿数额

综观80件全国十大知识产权案件的赔偿数额:赔偿数额在10万元以下的案件数量最多,高达51件,平均每年6.375件;赔偿数额在10万~100万元的案件共计17件,平均每年为2.125件;赔偿数额在100万~1000万元的案件共计10

件,每年平均 1.25 件;赔偿数额在 1000 万 ~5000 万元的案件共计 2 件,每年平均 0.25 件;赔偿数额为 5000 万元以上的案件共计 1 件,每年平均 0.125 件(见图 13)。

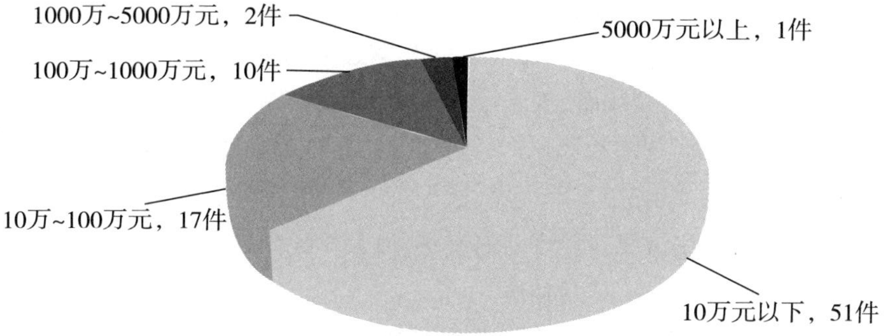

图 13　案件赔偿数额情况

虽然赔偿数额为 10 万元以下的案件数量占比最大,但若除去商标行政案件和专利行政案件,平均每个案件的赔偿数额也高达 870.925027 万元。其中,赔偿数额最高的案件为:“苹果公司、IP 申请发展有限公司与唯冠科技(深圳)有限公司商标权权属纠纷上诉案”,赔偿数额高达 6000 万美元。从这项数据中我们可以看出,企业知识产权诉讼维权,虽然消耗大量的财力、物力,不过一旦胜诉也将给企业带来尤为客观的社会效益和经济效益。

(八)总结

知识产权制度的核心是知识产权保护,而司法保护又是知识产权保护的核心环节。如今经济和技术日趋融合,无形资产日益重要,知识产权的市场价值日益得到彰显。中国市场巨大,被世界所看好,中国知识产权立法和保护机制不断完善,加上高效的司法审判速度,越来越多的跨国巨头开始选择中国作为知识产权诉讼的主战场(如三星 vs 苹果、高通 vs 苹果等),中国企业更是应该拿起这把利剑,打好知识产权保卫战。

通过对最高人民法院发布的 2010 年至 2016 年知识产权十大案件进行分析研究,我们应该意识到:

1. 知识产权保护作为当代企业发展的重要一环,在国内各地的实践情况是有所差别的,在知识产权审判实务中,北京、广东以及江浙沪地区法院有着较为丰富的司法资源和审判经验,企业在作知识产权战略布局时,应当结合地域特征,做好地理规划。

2. 当知识产权遭到侵害时,一个可以称为成功的知识产权维权诉讼应达到两个目的:其一,及时有效制止侵权人的侵权行为,控制侵权损害范围;其二,权利人因侵权受到实际损失以及为制止侵权所支付的合理费用,得到全面补偿。在实际的诉讼纠纷中,这体现为法院最终判决的赔偿数额,只有当这一数额大于权利人的实际损失以及支出的费用时,权利才称得上得到了有效的救济。数据中原告胜诉率高于被告胜诉率(即使在知识产权行政诉讼中也是如此),而且大多数当事人选择将案件进行到二审甚至再审程序,这也启发我们,在估算好诉讼成本,决定诉讼维权之后,可以利用法律在程序上的设定,最大化地维护自身知识产权权益,在制止侵权行为的同时,寻求全面补偿。

3. 通过对案件案由的分析,我们看出在知识产权纠纷中,商标权纠纷和专利权纠纷是权益遭受侵害的重灾区,商标权纠纷和专利权纠纷夹杂着不正当竞争纠纷给企业的发展带来了巨大障碍。因此,企业在作知识产权战略布局时,应当重点注意对自身商标权和专利权的保护,建立完备的商标权、专利权管理体系和审核机制,以免引纠纷带来诉累,增加企业运行成本。

4. 从最高人民法院发布的案例中释放出的信号来看,中国法院更倾向于对本土企业进行保护,作为中国本土企业应当意识到这份优势,主动、积极地拿起知识产权维权的利剑,不仅自身在事前做好知识产权战略规划与布局;在遭遇知识产权纠纷时,以专业的知识产权法律服务团队为伴,做足准备,敢于应战。

新一轮的科技竞争已经开启,知识产权保护永远在路上;生物进化的法则是适者生存,不适者淘汰,亘古未变,发展知识产权就是提高市场竞争中的核心竞争力。最高人民法院发布典型案例作为指引,其中包含的信息巨大,值得仔细揣摩。

附录:案件统计表格

本文对 2010 年至 2017 年共计 80 件案件从案件名称、代理机构、代理人、案由、标的、赔偿数额、当事人及胜诉方等进行了初步统计,详情如下:

附表　2010～2017 年案件统计信息

序号	年份	案件名称	代理机构和代理人	案由	起诉额（赔偿额）	原告	被告和第三人
1	2010	王群与中建八局系法国馆建筑物的承建单位侵害发明专利权纠纷上诉案	上海市锦天城律师事务所（齐宝鑫、金飒）；北京正理专利代理有限公司（张文祎）	发明专利权纠纷	4,216,694 元（0 元）	王群	上海世博会法国馆、中国建筑第八工程局有限公司（胜诉方）
2		（法国）拉科斯特股份有限公司、（新加坡）鳄鱼国际机构私人有限公司、上海东方鳄鱼服饰有限公司北京分公司侵犯商标专用权纠纷案	北京市万慧达律师事务所、北京市汉鼎联合律师事务所（黄义彪、高超）；北京市大成律师事务所上海分所（陶鑫良）	商标专用权纠纷	300 万元（0 元）	（法国）拉科斯特股份有限公司（LACOSTE）	（新加坡）国际机构私人有限公司（CROCODILE INTERNATIONAL PTE LTD）、上海东方鳄鱼服饰有限公司北京分公司（胜诉方）
3		（美国）伊莱利利公司、江苏豪森药业股份有限公司侵犯发明专利纠纷案	北京市正见永申律师事务所、北京市中咨律师事务所（艾宏、林柏楠）；北京市联德律师事务所（蒋洪义、刘永全）	发明专利权纠纷	550 万元（0 元）	（美国）伊莱利利公司（Eli Lilly and Company）	江苏豪森药业股份有限公司（胜诉方）
4		中国天府可乐集团公司与重庆百事天府饮料有限公司、百事（中国）投资有限公司侵害技术秘密纠纷案	重庆维桢律师事务所（徐来庆、高玉娟）；北京市金杜律师事务所、上海市方达律师事务所深圳分所/中豪律师集团（重庆）事务所（李中圣、张辉/渠勇）	技术秘密纠纷	100 万元（0 元）	中国天府可乐集团公司（重庆）（胜诉方）	重庆百事天府饮料有限公司、百事（中国）投资有限公司

续表

序号	年份	案件名称	代理机构和代理人	案由	起诉额（赔偿额）	原告	被告和第三人
5	2010	北京百度网讯科技有限公司诉中国联合网络通信有限公司青岛分公司、青岛奥商网络技术有限公司等商业诋毁纠纷案	北京市海铭律师事务所（杨晓晋）；山东北极之星律师事务所（李建新、刘子阳）	不正当竞争纠纷	480万元（20万元）	北京百度网讯科技有限公司（胜诉方）	中国联合网络通信有限公司青岛市分公司、青岛奥商网络技术有限公司、中国联合网络通信有限公司山东省分公司、青岛鹏飞国际航空旅游服务有限公司
6		福建省农业科学院果树研究所、陆修闵与卢新坤植物新品种权权属纠纷上诉案	北京市蓝鹏律师事务所（牛炳宣）；福建省亚太天正律师事务所（林传坤）	植物新品种权权属纠纷	100万元（0元）	林金山（胜诉方）	福建省农业科学院果树研究所、陆修闵、卢新坤
7		华润矽威科技（上海）有限公司与南京源之峰科技有限公司侵害集成电路布图设计专有权纠纷案	北京市隆安（南京）律师事务所（苏德军）；江苏永衡昭辉律师事务所（王峰、孙钻）	集成电路布图设计专有权纠纷	310万元（236,535.06元）	华润矽威科技（上海）有限公司（胜诉方）	南京源之峰科技有限公司
8		本田技研工业株式会社与中华人民共和国国家知识产权局专利复审委员会案	中国国际贸易促进委员会专利商标事务所（辛哲生、陈健）；河北和融兴律师事务所（刘英昆）	外观设计专利权无效行政纠纷	0元（0元）	本田科研工业株式会社（胜诉方）	中华人民共和国国家知识产权局专利复审委员会、石家庄双环汽车股份有限公司、河北新凯汽车制造有限公司破产清算组

续表

序号	年份	案件名称	代理机构和代理人	案由	起诉额（赔偿额）	原告	被告和第三人
9	2010	山西杏花村汾酒厂股份有限公司与国家工商行政管理总局商标评审委员会商标行政纠纷上诉案	山西神明律师事务所、山西民权律师事务所（梁建平、薛建兰）；安徽安贵律师事务所（孙昌伟）	商标异议复审行政纠纷	0元（0元）	山西杏花村汾酒厂股份有限公司	国家工商行政管理总局商标评审委员会、安徽杏花村集团有限公司（胜诉方）
10		刘兆龙假冒注册商标罪案	北京市嘉维律师事务所（杨劲桦、毕文胜）	假冒注册商标罪	0元（15万元）	北京市大兴区人民检察院（胜诉方）	刘兆龙
1	2011	浙江淘宝网络有限公司与衣念（上海）时装贸易有限公司侵犯商标权纠纷案	上海市锦天城律师事务所（陈博）；北京市隆安律师事务所上海分所（颜义东）	商标权纠纷	84,900元（10,000）元	衣念（上海）时装贸易有限公司（胜诉方）	浙江淘宝网络有限公司、杜国发
2		深圳市金鸿德贸易有限公司与尚杜·拉菲特罗兹施德民用公司、湖南生物医药集团健康产业发展有限公司侵犯商标专用权、不正当竞争纠纷案	北京市集佳律师事务所（张亚洲、李永波）；广东贞祥律师事务所/湖南高天律师事务所（尤武伟/陈干）	商标专用权、不正当竞争纠纷	50万元（30万元）	尚杜·拉菲特罗兹施德民用公司（SOCIETE CIVILE DE CHATEAU LAFITE ROTHSCHILD）（胜诉方）	深圳市金鸿德贸易有限公司、湖南生物医药集团健康产业发展有限公司
3		广州市红太阳机动车配件有限公司与安徽江淮汽车集团有限公司、安徽江淮汽车股份有限公司确认不侵犯注册商标专用权纠纷案	北京市集佳律师事务所（张亚洲、景灿）；北京市兰台律师事务所（田龙、姚晓敏）	确认不侵犯注册商标专用权纠纷	10万元（0元）	安徽江淮汽车集团有限公司、安徽江淮汽车股份有限公司（胜诉方）	广州市红太阳机动车配件有限公司

续表

序号	年份	案件名称	代理机构和代理人	案由	起诉额（赔偿额）	原告	被告和第三人
4	2011	环球唱片有限公司、华纳唱片有限公司、索尼音乐娱乐香港有限公司与北京百度网讯科技有限公司侵害录音制作者权纠纷上诉案	北京市正见永申律师事务所（柳爱杰）；北京百度网讯科技有限公司（苏静、李健）	录音制作者权纠纷	2050万元（0元）	华纳唱片有限公司	北京百度网讯科技有限公司（胜诉方）
5		广东美的制冷设备有限公司与珠海格力电器股份有限公司、珠海市泰锋电业有限公司侵犯发明专利权纠纷案		发明专利权纠纷	3,190,703.7元（200万元）	珠海格力电器股份有限公司（胜诉方）	珠海市泰锋电业有限公司、广东美的制冷设备有限公司
6		北京奇虎科技有限公司、北京三际无限网络科技有限公司与腾讯科技（深圳）有限公司、深圳市腾讯计算机系统有限公司、奇智软件（北京）有限公司不正当竞争纠纷案	北京市润明律师事务所（马骋）	不正当竞争纠纷	400万元（40万元）	腾讯科技（深圳）有限公司、深圳市腾讯计算机系统有限公司（胜诉方）	北京奇虎科技有限公司、北京三际无限网络科技有限公司、奇智软件（北京）有限公司

续表

序号	年份	案件名称	代理机构和代理人	案由	起诉额（赔偿额）	原告	被告和第三人
7	2011	北京开心人信息技术有限公司与北京千橡互联科技发展有限公司、北京千橡网景科技发展有限公司侵犯商标权及不正当竞争纠纷案	北京市朗新律师事务所、北京市重光律师事务所（李云德、王伟）；北京市英岛律师事务所（马婷、李文娜、滕德京）	商标权及不正当竞争纠纷	1000万元（0元）	北京开心人信息技术有限公司	北京千橡互联科技发展有限公司、北京千橡网景科技发展有限公司（胜诉方）
8		法国卡斯特兄弟股份有限公司与中华人民共和国国家工商行政管理总局评审委员会、李道之商标撤销复审行政纠纷案	北京市兰台律师事务所（董萧、陈明涛）；中华人民共和国国家工商行政管理总局商标评审委员会（张世莉）；北京市京泽律师事务所（王国强、刘东海）	商标撤销复审行政纠纷	0元(0元)	法国卡斯特兄弟股份有限公司	中华人民共和国国家工商行政管理总局商标评审委员会、李道之（胜诉方）
9		北京双鹤药业股份有限公司与湘北威尔曼制药股份有限公司、国家知识产权局专利复审委员会发明专利权无效行政纠纷案	广东胜伦律师事务所（戴锦良）；国家知识产权局专利复审委员会（毛琎、刘新蕾）；中国国际贸易促进委员会专利商标事务所（陈断、唐伟杰）	发明专利权无效行政纠纷	0元(0元)	湘北威尔曼制药股份有限公司	国家知识产权专利复审委员会、北京双鹤药业股份有限公司（胜诉方）
10		鞠文明、徐路路、华铁侵犯著作权罪上诉案		侵犯著作权罪	0元（25万元）	江苏省无锡市滨湖区人民检察院（胜诉方）	鞠文明、徐路路、华铁

续表

序号	年份	案件名称	代理机构和代理人	案由	起诉额（赔偿额）	原告	被告和第三人
1	2012	苹果公司、IP申请发展有限公司与唯冠科技（深圳有限公司商标权权属纠纷上诉案）	北京市金杜律师事务所（矫鸿彬）；广东广和律师事务所、国浩律师集团（深圳）事务所（肖才元、谢湘辉）	商标专用权纠纷	400万元（6000万美元）	苹果公司、IP申请发展有限公司	唯冠科技（深圳）有限公司（胜诉方）
2		马鞍山市永合重工科技有限公司与系第6041218号“永合”文字及图商标注册人、企业名称中最为核心的部分不正当竞争纠纷上诉案	湖南华夏方圆律师事务所、长沙市集佳知识产权咨询有限公司（任玉龙、田达良）；当涂县博望镇法律服务所、安徽华冶律师事务所（章宏业、汪合生）	商标专用权及不正当竞争纠纷	53万元（40万元）	三一重工股份有限公司（胜诉方）	马鞍山市永合重工科技有限公司（原名马鞍山市三一重工机械制造有限公司）
3		北京北大方正电子有限公司与暴雪娱乐股份有限公司、上海第九城市信息技术有限公司、九城互动信息技术（上海）有限公司、北京情文图书有限公司侵犯著作权纠纷案	北京市天元律师事务所（李琦、余明旭）；北京市浩天信和律师事务所/北京市广银律师事务所（马晓刚、朱玉子、李琳/宋刚）	著作权纠纷	408,980,100元（250万元）	北京北大方正电子有限公司（胜诉方）	暴雪娱乐有限公司（Blizzard Entertainment Inc.）、上海第九城市信息技术有限公司、九城互动信息技术（上海）有限公司、北京情文图书有限公司
4		胡进庆、吴云初与上海美术电影制片厂著作权权属纠纷上诉案	上海融孚律师事务所（孙昶林）；上海市国泰律师事务所、上海富兰德林律师事务所（曹岭、陶宏）	著作权权属纠纷	0元（0元）	胡进庆、吴云初	上海美术电影制片厂（胜诉方）

续表

序号	年份	案件名称	代理机构和代理人	案由	起诉额（赔偿额）	原告	被告和第三人
5	2012	韩寒与北京百度网讯科技有限公司侵犯著作权纠纷案	北京市中闻律师事务所（王国华、王书宁）；北京百度网讯科技有限公司（宋哲、崔玲玲）	著作权纠纷	258,038元（43,800元）	韩寒（胜诉方）	北京百度网讯科技有限公司
6		浙江华立通信集团与深圳三星科健移动通信技术有限公司侵害发明专利权纠纷上诉案	杭州中平专利事务所有限公司（翟中平）；北京中兆律师事务所（马一德、黄腾）	发明专利权纠纷	5000万元（0元）	浙江华立通信集团	深圳三星科健移动通信技术有限公司（胜诉方）
7		张锠、张宏岳、北京泥人张艺术开发有限责任公司与张铁成、北京泥人张博古陶艺厂、北京泥人张艺术品有限公司不正当竞争纠纷再审民事判决书	北京市致宏律师事务所、北京市翔鲲律师事务所/北京市京剑律师事务所、北京市博恒律师事务所（白洪涛、陈建民/金翔、贺京华）；北京市盈科律师事务所（王梅）	不正当竞争纠纷	113.6万元（1万元）	张锠、张宏岳、北京泥人张艺术开发有限责任公司（胜诉方）	张铁成、北京泥人张博古陶艺厂、北京泥人张艺术品有限公司
8		姚明与武汉云鹤大鲨鱼体育用品有限公司侵犯人格权及不正当竞争纠纷案	北京市正理律师事务所（张宏、徐进）；湖北忠三律师事务所（徐骏）	人格权及不正当竞争纠纷	1000万元（100万元）	姚明（胜诉方）	武汉云鹤大鲨鱼体育用品有限公司
9		苏州鼎盛食品有限公司与江苏省苏州工商行政管理局、东华纺织集团有限公司工商行政处罚上诉案	江苏简文律师事务所（汪彧杲）	工商行政处罚	50万元（0元）	苏州鼎盛食品有限公司（胜诉方）	江苏省苏州工商行政管理局、东华纺织集团有限公司

续表

序号	年份	案件名称	代理机构和代理人	案由	起诉额（赔偿额）	原告	被告和第三人
10	2012	赵学元、赵学保犯侵犯著作权罪案	江苏震云律师事务所（李克卫）	侵犯著作权罪	0元（87万元）	江苏省连云港市人民检察院（胜诉方）	赵学元、赵学保
1	2013	湖南科力远新能源股份有限公司与爱蓝天高新技术材料（大连）有限公司、湖南凯丰新能源有限公司侵害发明专利权纠纷再审案	北京市泽和律师事务所（王瑞明）；北京市联德律师事务所（刘永金、蒋洪义）	发明专利权纠纷	4990万元（0元）	湖南科力远新能源股份发限公司	爱蓝天高新技术材料（大连）有限公司、湖南凯丰新能源有限公司（胜诉方）
2		佛山市海天调味食品股份有限公司与佛山市高明威极调味食品有限公司侵害商标权及不正当竞争纠纷案	广东德培律师事务所（谢辉、吴海锋）	商标权及不正当竞争纠纷	1000万元（655元）	佛山市海天调味食品股份有限公司（胜诉方）	佛山市高明威极调味食品有限公司
3		杨季康与中贸圣佳国际拍卖有限公司、李国强诉前行为保全案	北京大成律师事务所律师（王登山）；北京市通商律师事务所/北京天驰洪范律师事务所（王家路、陈敬/王家本、焦铁烨）	著作权及隐私权纠纷	0元(0元)	杨季康（笔名杨绛）（胜诉方）	中贸圣佳国际拍卖有限公司、李国强

续表

序号	年份	案件名称	代理机构和代理人	案由	起诉额（赔偿额）	原告	被告和第三人
4	2013	圆谷制作株式会社、上海圆谷策划有限公司与辛波特·桑登猜、采耀版权有限公司、广州购书中心有限公司、上海音像出版社侵害著作权纠纷再审审查民事裁定书	广东伯方律师事务的所（陈曦）；上海市申达律师事务所（沈佩国、刘燕）	著作权纠纷	140 万元（50.193 万元）	辛波特·桑登猜、采耀版权有限公司（胜诉方）	圆谷制作株式会社、上海圆谷策划有限公司、广州购书中心有限公司、上海音像出版社
5		圣莱科特国际集团、圣莱科特化工（上海）有限公司与华奇（张家港）化工有限公司、徐捷侵害商业秘密纠纷	上海市锦天城律师事务所（陈乃蔚、陈博）；上海市协力律师事务所（游闽键）；北京市金杜律师事务所上海分所（翟淼、张仲波、张熙鸣、余翔）	商业秘密纠纷	200 万元（0 元）	圣莱科特国际集团（SI Group，Inc.）、圣莱科特化工（上海）有限公司	华奇（张家港）化工有限公司、徐捷（胜诉方）
6		华为技术有限公司与交互数字技术公司、交互数字通信有限公司、交互数字公司滥用市场支配地位纠纷上诉案	华为技术有限公司（王琪林、樊志勇）；上海市方达律师事务所/上海市方达（深圳）律师事务所（廖婷婷、胡斌/云劭君、余轶峰、祁放）	滥用市场支配地位纠纷	2000 万元（2000 万元）	华为技术有限公司（胜诉方）	交互数字技术公司、交互数字通信有限公司、交互数字专利控股公司 IPR 许可公司
7		圣象集团有限公司与国家工商行政管理总局商标评审委员会、河北广太石膏矿业有限公司商标争议行政纠纷再审行政判决书	北京市集佳律师事务所（桂庆凯、张亚洲）；国家工商行政管理总局商标评审委员会（杨是）；河北广太石膏矿业有限公司（张海平）	商标争议行政纠纷	0 元（0 元）	圣象集团有限公司（胜诉方）	国家工商行政管理总局商标评审委员会、河北广太石膏矿业有限公司

续表

序号	年份	案件名称	代理机构和代理人	案由	起诉额（赔偿额）	原告	被告和第三人
8	2013	武夷山市桐木茶叶有限公司与国家工商行政管理总局商标评审委员会商标异议复审行政纠纷上诉案	福建建达律师事务所、上海市协力律师事务所（方家华、马远超）；国家工商行政管理总局商标评审委员会（孙侃华）；北京金诚同达律师事务所（庞正中、张颖）	商标异议复审行政纠纷	0元(0元)	武夷山市桐木茶叶有限公司（胜诉方）	国家工商行政管理总局商标评审委员会、福建武夷山国家级自然保护区正山茶叶有限公司
9		福建超大现代种业有限公司与安徽省农业科学院水稻研究所、合肥科源农业科学研究所确认合同无效纠纷	福建三山律师事务所（商毅）；安徽华洋邦乘律师事务所、安徽经合律师事务所（王拥军、许子庆、胡伟）	确认合同无效纠纷	0元(0元)	福建超大现代种业有限公司	安徽省农业科学院水稻研究所、合肥科源农业科学研究所（胜诉方）
10		宗艳荣、李春记等假冒注册商标罪、销售假冒注册商标的商品罪、销售非法制造的注册商标标识罪案	河南中亨律师事务所、河南开达律师事务所、河南英协律师事务所、河南豫龙律师事务所、河南子建律师事务所、金博大律师事务所（郭昌贵、梁志峰、杜继清、孙振魁、郭佳楠、刘依功、徐瑞彬、吴凤伟、焦胜宇、李朋飞、马仁涛、张文涛）	假冒注册商标罪、销售假冒注册商标的商品罪、销售非法制造的注册商标标识罪	0元（27,043,000元）	郑州市人民检察院（胜诉方）	宗连贵、黄立案、陈金孝等28人

续表

序号	年份	案件名称	代理机构和代理人	案由	起诉额（赔偿额）	原告	被告和第三人
1	2014	北京奇虎科技有限公司、奇智软件（北京）有限公司与腾讯科技（深圳）有限公司、深圳市腾讯计算机系统有限公司不正当竞争纠纷上诉案	北京集佳律师事务所（张亚洲、周丹丹）；北京市立方律师事务所（谢冠斌、蔡鹏、孙喜）	不正当竞争纠纷	1.25 亿元（500 万元）	腾讯科技（深圳）有限公司、深圳市腾讯计算机系统有限公司（胜诉方）	北京奇虎科技有限公司、奇智软件（北京）有限公司
2		北京奇虎科技有限公司与腾讯科技（深圳）有限公司、深圳市腾讯计算机系统有限公司滥用市场支配地位纠纷上诉案	北京市立方律师事务所（谢冠斌、金毅）；北京市天元律师事务所（黄伟）	滥用市场支配地位纠纷	15,100 万元（0 元）	北京奇虎科技有限公司	腾讯科技（深圳）有限公司、深圳市腾讯计算机系统有限公司（胜诉方）
3		南京宝庆银楼连锁发展有限公司、江苏创煜工贸有限公司与南京宝庆银楼首饰有限责任公司特许经营合纠纷案	江苏博事达律师事务所（刘能斌、宣隽）；江苏三法律师事务所（杨冬、金磊）	特许经营合同纠纷	24 万元（0 元）	南京宝庆银楼连锁发展有限公司、江苏创煜工贸有限公司（胜诉方）	南京宝庆银楼首饰有限责任公司、南京宝庆首饰总公司
4		北京趣拿信息技术有限公司与广州市去哪信息技术有限公司不正当竞争纠纷案	北京市中伦（广州）律师事务所（王永红、许明亮）；广东晟晨律师事务所/湖南碧灏律师事务所（宋珊/欧阳拥军）	不正当竞争纠纷	50 万元（35 万元）	北京趣拿信息技术有限公司	广州市去哪信息技术有限公司（胜诉方）

续表

序号	年份	案件名称	代理机构和代理人	案由	起诉额（赔偿额）	原告	被告和第三人
5	2014	钜泉光电科技（上海）股份有限公司［原企业名称为钜泉光电科技（上海）有限公司］与深圳市锐能微科技有限公司侵害集成电路布图设计专有权纠纷上诉案	广东国欣律师事务所/北京天驰洪范律师事务所（刘军/段立红）；北京大成律师事务所、北京大成（上海）律师事务所（李志、承当）	集成电路布图设计专有权纠纷	1500万元（320万元）	钜泉光电科技（上海）股份有限公司（胜诉方）	深圳市锐能微科技有限公司、上海雅创电子零件有限公司
6		苏州稻香村食品工业有限公司与国家工商行政管理总局商标评审委员会其他二审行政纠纷案	北京天驰洪范律师事务所（马翔、刘艳峰）；国家工商行政管理总局商标评审委员会（马君丽、叶宏）；北京市正见永申律师事务所（董永森、王寒梅）	商标异议复审行政纠纷	0元(0元)	苏州稻香村食品工业有限公司	国家工商行政管理总局商标评审委员会、北京稻香村食品有限责任公司(胜诉方)
7		上海避风塘美食有限公司与国家工商行政管理总局商标评审委员会行政裁决审判监督行政判决书	北京英特普罗知识产权代理有限公司（俞棣、牛丽杰）；国家工商行政管理总局商标评审委员会（覃莎莎）；北京罗杰律师事务所、北京中北知识产权代理有限公司（罗正红、江鸿荣）	商标争议行政纠纷	0元(0元)	上海避风塘美食有限公司	国家工商行政管理总局商标评审委员会、上海磐石意舟餐饮管理有限公司(胜诉方)

续表

序号	年份	案件名称	代理机构和代理人	案由	起诉额（赔偿额）	原告	被告和第三人
8	2014	北京亚东生物制药有限公司与国家知识产权局专利复审委员会其他申诉行政裁定书	北京亚东生物制药有限公司（都丽卓、刘伟）；国家知识产权局专利复审委员会（郭婷、郭鹏鹏）	发明专利权无效行政纠纷	0元(0元)	北京亚东生物制药有限公司	国家知识产权局专利复审委员会、山东华洋制药有限公司（胜诉方）
9		深圳市腾讯计算机系统有限公司与广州网易计算机系统有限公司等侵害音乐作品信息网络传播权诉前禁令纠纷案	湖北朴诺律师事务所（张家松、周家奇）	音乐作品信息网络传播权	0元(0元)	深圳市腾讯计算机系统有限公司（胜诉方）	网易（杭州）网络有限公司、杭州网易雷火科技有限公司、中国联合网络通信有限公司湖北省分公司、广东欧珀移动通信有限公司
10		周志全等侵犯著作权罪二审刑事裁定书		侵犯著作权罪	0元 (152万元)	北京市海淀区人民检察院（胜诉方）	苏立源、寇宇杰、周志全、曹军、李赋然、贾晶详、崔兵
1	2016	迈克尔·杰弗里·乔丹与国家工商行政管理总局商标评审委员会、乔丹体育股份有限公司商标争议行政纠纷再审系列案	上海市方达（北京）律师事务所（田甜、祁放）；国家工商行政管理总局商标评审委员会（刘胤颖、马岩岩）；北京市中伦律师事务所（书之、马东晓）	商标争议行政纠纷	0元(0元)	迈克尔·杰弗里·乔丹(Michael Joffrey Jordan)	国家工商行政管理总局商标评审委员会、乔丹体育股份有限公司（胜诉方）

续表

序号	年份	案件名称	代理机构和代理人	案由	起诉额（赔偿额）	原告	被告和第三人
2	2016	北京庆丰包子铺与山东庆丰餐饮管理有限公司侵害商标权纠纷申诉、申请民事判决书	北京天驰君泰律师事务所（马翔、刘艳锋）；山东德衡（济南）律师事务所（费明君）	商标权与不正当竞争纠纷	50 万元（5 万元）	北京庆丰包子铺（胜诉方）	山东庆丰餐饮管理有限公司
3		江苏省广播电视台，深圳市珍爱网信息技术有限公司与金阿欢侵害商标权纠纷审判监督民事判决书	北京市盈科（深圳）律师事务所（肖才元、王承恩）；上海市海华永泰律师事务所、北京天驰君泰律师事务所/北京市君合律师事务所（黄武双、马翔/刘虹环、徐初萌）	商标权纠纷	0 元(0 元)	金阿欢	江苏省广播电视总台、深圳市珍爱网信息技术有限公司（胜诉方）
4		诺维信公司、江苏博立生物制品有限公司与国家知识产权局专利复审委员会再审行政判决书	国家知识产权局专利复审委员会（吴文英、程强）；北京坤瑞律师事务所、北京汇仲律师事务所（封新琴、赞宁）	发明专利权无效行政纠纷	0 元(0 元)	江苏博立生物制品有限公司	国家知识产权局专利复审委员会、诺维信公司（胜诉方）
5		拉菲罗斯柴尔德酒庄、南京金色希望酒业有限公司与国家工商行政管理总局商标评审委员会再审行政判决书	北京市金沃律师事务所、北京市兰台律师事务所（刘东海、陈明涛）；国家工商行政管理总局商标评审委员会（徐苗、张谦）；北京市集佳律师事务所（张亚洲、侯玉静）	商标争议行政纠纷	0 元(0 元)	南京金色希望酒业有限公司	国家工商行政管理总局商标评审委员会、拉菲罗斯柴尔德酒庄（CHATEAULAFITE-ROTHSCHILD）（胜诉方）

续表

序号	年份	案件名称	代理机构和代理人	案由	起诉额（赔偿额）	原告	被告和第三人
6	2016	珠海金稻电器有限公司等与松下电器产业株式会社侵害外观设计专利权纠纷二审民事判决书	北京魏启学律师事务所（陈杰、方善姬）；北京市京开律师事务所（李燕、吴慧慧）	外观设计专利权纠纷	320万元（320万元）	松下电器产业株式会社（胜诉方）	珠海金稻电器有限公司、北京丽康富雅商贸有限公司
7		杭州大头儿子文化发展有限公司与央视动画有限公司著作权权属、侵权纠纷二审民事判决书	北京观韬律师事务所、北京观韬（上海）律师事务所（梁朝玉、甘为民）；北京天驰君泰律师事务所（孙建红、郭春飞）	著作权侵权纠纷	523,520元（422,040元）	杭州大头儿子文化发展有限公司（胜诉方）	央视动画有限公司
8		上海晨光文具股份有限公司与得力集团有限公司、济南坤森商贸有限公司侵害外观设计专利权纠纷案	北京市金杜律师事务所上海分所（何放、王波）；浙江时光律师事务所、宁波天一专利代理有限公司（张炳生、徐良江）	外观设计专利权纠纷	200万元（10万元）	上海晨光文具股份有限公司（胜诉方）	得力集团有限公司、济南坤森商贸有限公司
9		河北省林业科学研究院、石家庄市绿缘达园林工程有限公司与九台市城市管理行政执法局、九台市园林绿化管理处侵害植物新品种权纠纷再审民事判决书	河北好望角律师事务所（于仁春）；吉林今典律师事务所（李文革）	植物新品种权纠纷	100万元（20万元）	河北省林业科学研究院、石家庄市绿缘达园林工程有限公司（胜诉方）	九台市城市管理行政执法局、九台市园林绿化管理处

续表

序号	年份	案件名称	代理机构和代理人	案由	起诉额（赔偿额）	原告	被告和第三人
10	2016	汪紫平侵犯商业秘密上诉案	江苏世纪同仁律师事务所、江苏纵联律师事务所（鲁民、顾晓宁）	侵犯商业秘密罪	0元(0元)	江苏省盐城市人民检察院	汪紫平(胜诉方)
1	2017	广东加多宝饮料食品有限公司、广州王老吉大健康产业有限公司擅自使用知名商品特有名称、包装、装潢纠纷二审民事判决书	北京市信睿律师事务所（杨晓岩）；广东明境律师事务所(胡福传)	知名商品特有名称、包装、装潢纠纷	50万元（0元）	广东加多宝饮料食品有限公司	广州王老吉大健康产业有限公司(胜诉方)
		广东加多宝饮料食品有限公司、广州医药集团有限公司擅自使用知名商品特有名称、包装、装潢纠纷二审民事判决书	北京市信睿律师事务所（杨晓岩）；北京市金杜律师事务所（史玉生）；北京市金杜（广州）律师事务所(孙明飞)	知名商品特有名称、包装、装潢纠纷	1.51亿元（0元）	广州医药集团有限公司	广东加多宝饮料食品有限公司(胜诉方)
2		西峡龙成特种材料有限公司与榆林市知识产权局、陕西煤业化工集团神木天元化工有限公司专利侵权纠纷行政处理案	北京市智汇律师事务所（杨存吉）、郑州知己知识产权代理有限公司（季发军）；北京恒都律师事务所（李向东、李嫄）	专利侵权纠纷行政处理	0元(0元)	西峡龙成特种材料有限公司（胜诉方）	榆林市知识产权局、陕西煤业化工集团神木天元化工有限公司

续表

序号	年份	案件名称	代理机构和代理人	案由	起诉额（赔偿额）	原告	被告和第三人
3	2017	福州米厂、五常市金福泰农业股份有限公司（原五常市金福粮油有限公司）侵害商标权纠纷再审民事判决书	北京大成（福州）律师事务所（徐军、钟彬）；黑龙江建文律师事务所（张建文、孙德仁）	商标权纠纷	345,998 元（100,000 元）	福州米厂（胜诉方）	五常市金福泰农业股份有限公司、福建新华都综合百货有限公司福州金山大景城分店、福建新华都综合百货有限公司
4		国家知识产权局专利复审委员会与北京万生药业有限责任公司、第一三共株式会社发明专利权无效行政纠纷案	北京邦信阳专利商标代理有限公司（黄泽雄、侯海燕）；中华人民共和国国家知识产权局专利复审委员会（刘洪尊、刘新蕾）；北京市金杜律师事务所（陈文平、毛珽）	发明专利权无效行政纠纷	0 元（0 元）	北京万生药业有限责任公司	国家知识产权局专利复审委员会（胜诉方）、第一三共株式会社
5		商务印书馆有限公司与华语教学出版社有限责任公司侵害商标权及不正当竞争纠纷案	北京市万慧达律师事务所（王宇明、杨敏锋）；北京市岳成律师事务所（岳运生、郑伟）	商标权及不正当竞争纠纷	3,400,000 元（3,277,989.2 元）	商务印书馆有限公司（胜诉方）	华语教学出版社有限责任公司

续表

序号	年份	案件名称	代理机构和代理人	案由	起诉额（赔偿额）	原告	被告和第三人
6	2017	沈韦宁、沈丹燕、沈迈衡与南京经典拍卖有限公司、张晖著作权权属、侵害著作权纠纷案	北京观韬中茂（上海）律师事务所（赵卫康）；北京观韬中茂律师事务所（孙静）；北京大成（南京）律师事务所（张复友、鲍菁）；江苏天哲律师事务所（张晖）	著作权权属、侵权纠纷	50万元（10万元）	沈韦宁、沈丹燕、沈迈衡（胜诉方）	南京经典拍卖有限公司、张晖
7		捷豹路虎有限公司与广州市奋力食品有限公司、万明政侵害商标权纠纷案	广东红棉律师事务所（范锦清、黄爱静）；北京市金杜（广州）律师事务所（刘军、尹吉）	商标权纠纷	2,421,494元（1,200,000元）	捷豹路虎有限公司（胜诉方）	广州市奋力食品有限公司、万明政
8		四川中正科技有限公司与广西壮族自治区博白县农业科学研究所、王腾金、刘振卓、四川中升科技种业有限公司侵害植物新品种权纠纷案	北京市尚衡律师事务所广西分所（李斌）；广西方园律师事务所（蒋晓香）	植物新品种权纠纷	1,971,600元（400,000元）	广西壮族自治区博白县农业科学研究所、王腾金、刘振卓、四川中升科技种业有限公司（胜诉方）	四川中正科技有限公司
9		鹤壁市反光材料有限公司与宋俊超、鹤壁睿明特科技有限公司、李建发侵害商业秘密纠纷案	河南世纪唐人律师事务所（张皖豫）；河南方邦律师事务所（杜宏昌、冯少娜）	商业秘密纠纷	50万元（35万元）	鹤壁市反光材料有限公司（胜诉方）	宋俊超、鹤壁睿明特科技有限公司、李建发
10		北京易查无限信息技术有限公司、于东侵犯著作权罪案	上海嘉路律师事务所（任文风）	侵犯著作权罪	0元（2.5万元）	上海市浦东新区人民检察院（胜诉方）	北京易查无限信息技术有限公司